FALÜ WENHUA GANGYAO

法律文化纲要

（第二版）

张志京　主编

编 委 会

主　编　张志京

副主编　王宵兰

编　委　王宵兰　张志京　俞　丹　顾相伟
　　　　　（按姓氏笔画排序）

编写说明
BIANXIE SHUOMING

"法律文化"一词,早由美国学者劳伦斯·弗里德曼于20世纪70年代前后使用。从20世纪80年代中期开始,"法律文化"在中国法学界成为日益关心的话题。但是,到目前为止,"法律文化"作为人们从事法律活动的行为模式和思想模式还没有权威性的定义。比较典型的说法是:法律文化是社会上层建筑中有关法律、法律思想、法律制度、法律设施等一系列法律活动及其成果的总称。

本书在内容上借鉴了学界的观点,分为"法律的基本范畴""法律的基本精神""法律的基本部门""法律的基本设施"四编,使学习者理解法律的基本特质,掌握中西法律文化的主要精神和价值取向,熟悉我国的主要法律部门,了解中外法律运行的一般设施,从而增强法治意识,提高法律修养,涵养人文精神。在体例上力求脉络清晰,每章从导读开始,依次是正文、拓展阅读、思考题,体现学习的认知规律。在行文上力求深入浅出,辅之以格言警句、相关知识、相关案例等内容,并有图片穿插其中,张弛有度,知识性和可读性并重。

本书由张志京主编,王宵兰副主编,并在初稿完成后共同统稿定稿。各章撰稿人分别为(以章节先后为序):

张志京:第一编第一章,第二编第一章,第三编第六章;

王宵兰:第一编第二章,第二编第二章、第三章,第三编第五章;

顾相伟:第三编第一章,第二章,第三章,第四章;

俞 丹:第四编第一章、第二章。

在本书编写过程中,参考了法学界已有的研究成果,在此表示感谢!

由于笔者水平的局限,疏漏与不妥之处敬请读者批评指正。

目录
MU LU

PART 01 第一编
法律的基本范畴 / 1

第一章 法律 / 3
第一节 法律的涵义 / 4
第二节 法律的起源 / 7
第三节 法律的作用 / 15
第四节 法律体系 / 17
第五节 法律责任 / 21
第六节 法治 / 25

第二章 法系 / 32
第一节 法系概述 / 33
第二节 五大法系概略 / 36
第三节 特色制度 / 45

PART 02 第二编
法律的基本精神 / 55

第一章 法律思想 / 57
第一节 儒家法律思想 / 58
第二节 法家法律思想 / 65
第三节 近代变法思想 / 70

第二章　法学流派 / 77
第一节　自然法学派 / 78
第二节　分析法学派 / 82
第三节　社会法学派 / 87

第三章　法学理念 / 93
第一节　平等 / 94
第二节　公正 / 97
第三节　秩序 / 99

PART 03

第三编
法律的基本部门 / 105

第一章　宪法 / 107
第一节　认识宪法 / 108
第二节　宪法的基本原则 / 112

第二章　刑法 / 118
第一节　认识刑法 / 119
第二节　刑法的基本原则 / 122

第三章　民法 / 128
第一节　认识民法 / 129
第二节　民法的基本原则 / 131

第四章　诉讼法 / 139
第一节　认识诉讼和诉讼法 / 140
第二节　诉讼法的基本原则 / 144

第五章　行政法 / 148
第一节　认识行政法 / 149
第二节　行政法的基本原则 / 151

第六章　社会法 / 157
第一节　社会法的形成与发展 / 158
第二节　社会法的核心价值与专有属性 / 161

目录

PART 04　第四编
法律的基本设施 / 167

第一章　机构 / 169

第一节　立法机构 / 170

第二节　司法机构 / 175

第三节　执法机构 / 180

第四节　其他法律服务机构 / 186

第二章　器具 / 192

第一节　刑具 / 193

第二节　警械 / 197

第三节　法袍和法槌 / 201

主要参考文献 / 208

PART 01

第一编　法律的基本范畴

第一章 法 律

导读

在社会生活中，无论是否意识到，人们每时每刻其实都在与法律发生着联系。从出生到上学，到就业，直至退休养老，法律与人们的生活相伴相随。那么，法律究竟是什么呢？我们将在本章中把法律作为一个整体来进行介绍，阐述法律的概念、特征、起源、作用、分类以及法律实施的理想目标——法治，让学习者对法律本身有一个最初浅的认识，逐步培养法律思维方式。这既是课程的基础性内容，也是法治社会公民应有的基本素质。

学习目标

◆ 掌握法律和法治的相关知识
◆ 理解法律的起源和作用
◆ 了解法律体系和法律责任

> 在民主的国家里,法律就是国王;
> 在专制的国家里,国王就是法律。
>
> ——[德]马克思

第一节 法律的涵义

一、法律的概念

"法律"一词对稍具社会常识的人来说并不陌生,人们公认它意味着特定的原则和规则。法律的内在是社会协作精神。正是协作精神,使我们人类能够生活在相互调节、相互适应的环境之中。众所周知的一个基本的事实是,人是群居的社会性动物,人一直生活在社会组织中,法律则是人和人相互之间的行为标准。如果人是独居动物可能就不需要法律了,所谓"哪里有社会,哪里就有法律"。

法律究竟是什么呢?关于法律的定义,从古至今众说纷纭,不同的学者有不同的见解。正如英国法学家哈特所说:"在与人类社会有关的问题中,没有几个像'什么是法律'这个问题一样,如此反反复复地被提出来并且有严肃的思想家用形形色色的、奇特的甚至反论的方式予以回答。"[①]

> **相关知识**
>
> **神意论**:神学法学家托马斯·阿奎那认为,神的智慧是一切法律的渊源。
> **理性论**:古罗马思想家西塞罗指出,法是最高的理性,理性在人类理智中稳定而充分发展之时就是法律。
> **命令说**:英国思想家托马斯·霍布斯认为,法是主权者的命令。
> **意志论**:法国思想家让·卢梭指出,法律是人民自己意志的记录。
> **利益论**:德国法学家鲁道夫·冯耶林认为,所有的法都是为了社会利益的目的而产生的。

马克思主义法学则认为,法律是由国家制定或认可的,并靠国家强制力保证实施的,反

---

① [英]哈特著:《法律的概念》,张文显等译,中国大百科全书出版社1996年版,第1页。

映统治阶级意志的行为规范的总和。从语法上分析,这一定义的核心词是"行为规范"。作为行为规范的法律,又是社会生活中评论是非、裁断争议、评价行为的标准。可以说,法律是由人类在社会状态下创造的,始终超越于人类个体的,塑造和控制人类自身的智力成果。

二、法律的特征

1. 法律是调整社会关系的行为规范

社会关系是社会中人与人之间关系的总称,根据社会关系的主体进行划分:个人与个人的关系,它是全部社会关系的起点,如父子关系、夫妻关系、朋友关系,这是社会中最简单最基本的关系;个人与群体的关系,如一个职员与公司的关系;群体与群体之间的关系,如两个企业之间的关系,它更集中地体现了社会关系的基本倾向。

法律是调整人与人之间交互行为或互动行为的规范。所谓行为规范,就是明确告诉人们应该做什么,可以做什么,禁止做什么。

> **相关知识**
>
> 《中华人民共和国婚姻法》第3条:禁止有配偶者与他人同居。
> 《中华人民共和国劳动法》第16条:建立劳动关系应当订立劳动合同。
> 《中华人民共和国劳动法》第21条:订立劳动合同可以约定试用期。

2. 法律由国家制定或认可,具有国家意志性

(1) 制定通常是指特定的国家机关通过一定的程序制定具有法律效力的规范性文件。

(2) 认可通常有三种情况:① 赋予社会上早已存在的某些道德规范、习惯礼仪以法律效力;② 承认或签订国际条约等方式,认可国际法规范;③ 由特定国家机关对具体案件的裁决作出概括性的原则,并赋予其法律效力。

3. 法律以权利义务为内容

从语义上说,权利就是人在相应的社会关系中应该得到的价值回报,即可以做什么。义务就是人在相应的社会关系中应该进行的价值付出,即应该做或必须做什么。从法理上说,权利指法律对法律关系主体能够做出或者不做出一定行为,以及要求其他人相应做出或者不做出一定行为的许可与保障。法律认可的合理、正当的需求,就可以称为权利,如公民有婚姻自由权、受教育权等。义务是权利的对称,指法律对公民或法人必须做出或禁止做出一定行为的约束,如服兵役、纳税等。

4. 法律由国家强制力保证实施

国家强制力是指军队、警察、法庭、监狱等有组织的国家暴力。法律的实施以国家强

制力为后盾,对违反法律的行为予以制裁。例如,违法犯罪就要入狱服刑,剥夺生命则是最严厉的法律制裁。这是法律的权威所在,也是法律规范区别于其他社会规范的又一重要特征。当然,法律的强制力绝不能等同于单纯的暴力,需要由专门的国家机关按照法定权限和程序来实施。

5. 法律在国家权力管辖范围内普遍适用

法律在国家主权范围内对所有社会成员都具有约束力,任何人的任何合法行为都无例外地受法律保护,任何人的违法行为都无例外地受法律制裁。不仅如此,法律对人们的行为还具有反复适用的效力。

> **相关知识**
>
> 一国主权范围包括领空、领水、领土(船舶、飞机、驻外使领馆等)。

三、法律的本质

1. 法律是统治阶级意志的体现

长期以来,关于法律的本质有多种说法:法律是上帝的意志;法律是永恒理性的表现;法律是国王的命令;法律是我们不能不敬畏的自然规律。但是,当今社会上帝并非所有人都笃信,永恒理性也受到怀疑,国王的权威不如以往,只有规律受到普遍尊敬。因此,法律与规律具有内在联系,这样一种认识有助于树立法律的权威,增加人们对法律的信服。

马克思主义认为,统治阶级经过一定程序将本阶级的意志上升为国家意志即表现为法律。因此,法律从本质上来说是一种国家意志,这种国家意志要反映自然规律。之所以要反映自然规律,因为意志的内容由物质生活条件所决定。

2. 法律的内容由统治阶级所处的物质生活条件所决定

物质生活条件是指一国经济发展程度、地理环境、人口状况等因素,其中主要是指统治阶级赖以建立其政治统治的经济基础。离开这些物质生活条件,统治阶级的意志无从产生,法律也无从谈起。

> **相关知识**
>
> 18世纪著名的法国思想家孟德斯鸠所著《论法的精神》提出"地理因素说"。他告诉我们,在热带,尤其是赤道附近国家,法律常会规定早婚和一夫多妻。温带范围内的国家,法律则出现晚婚和一夫一妻制的规定。因为,在气候炎热的地方,人们就像热带植物一样生长特别快,尤其是妇女发育速度惊人。可是,她们身体发育的速

度与智力发展并不成正比。换句话说,12岁的姑娘有成年妇女的身体但没有成年妇女的头脑。这样,法律当然要让她们早点结婚,与此同时,又让她们处于男人的从属地位,从而几个女人围着一个丈夫。在气候宜人或严寒的地方,人发育得慢多了。在这些地方,妇女发育迟缓、身体成熟较晚,到了可以结婚的年龄,她们已有相当的智力。如此这般,法律自然会让她们晚婚,让她们和男人处在平等的地位上。①

> 有二种和平暴力,那就是法律和礼节。
> ——[德]歌德

第二节 法律的起源

一、法律的起源及历史类型

1. 法律的起源

法律的起源即法律的起始和本源,初始的法律只是对习惯的认可。有意识地创制法律并形成规范体系,是法律产生之后逐步发展成熟才具备的状态。

相关知识

亚里士多德的《政治学》:"我们如果对任何事物,对政治或其他问题,追溯其原始而明白其发生的端绪,我们就可获得最明朗的认识。"

法律不是从来就有的,法律的产生经历了一个长期渐进的发展过程,它开始和发展于原始社会父系氏族公社时期,完成于奴隶社会建立之初。它经历了从习惯到习惯法再到成文法的漫长演变,是私有制、阶级出现,阶级之间利益冲突斗争的产物,代表着社会文明的发展。

对此,中西方古代先贤均有阐述。中国古代著名思想家荀子认为:"人生不能无群,群而无分则争,争则乱,乱则离,离则弱,弱则不能胜物。""物不能澹则必争,争则必乱,乱则

---

① 一正著:《西窗法语》,花城出版社1998年版,第79页。

穷矣。先王恶其乱,故制礼仪以分之……"①

古希腊智者普罗泰格拉提出,人类为避免野兽侵袭,有效保护自己,不得不联合起来,由分散的游荡到集中的定居。随着人口的集中,城市开始出现。人们不可避免地相互攻击、彼此为敌。相互依存的人们为了不至于在相互的冲突中共同毁灭而共同创造了法律,因此法律是人们为实现共同利益而必须掌握协同生活技能的一种智慧创造。

法律的起源与人类走向文明的脚步相伴相生,人类从蒙昧、野蛮走向文明的进程必然涵盖了人类对自身行为进行规范调整的过程,而人类对自身行为的规范调整必然促进人类从蒙昧、野蛮向文明迈进。例如,秩序是人类文明发展到一定程度的必然结果,秩序就是让人们先来后到,让人们在享受权利的过程中避免混乱的状态,尽最大可能地照顾最大多数人的最大需要。法律既是一定秩序的必然要求,也是一定秩序实现的保障。

2. 法律的历史类型

法律的历史类型是指按照法律的阶级本质和所依赖的经济基础而进行的分类。与国家政治制度的发展相一致,人类历史上迄今先后存在四种类型的法律制度。

(1) 奴隶制法。

奴隶制法是人类历史上最早出现的法,世界上大多数地区都存在奴隶制法。

奴隶制法的主要特点:严格保护奴隶主所有制,公开维护奴隶主的等级特权,刑罚手段野蛮残酷,长期保留某些原始习俗的残余。

著名法典有:古巴比伦的《汉谟拉比法典》、古罗马的《十二铜表法》等。

相关知识

汉谟拉比法典

《汉谟拉比法典》作为流传至今的楔形文字法中最为完整的一部法典,也是世界上最古老、最完整的法典,继承了两河流域原有的法律精华。它公开确认奴隶主阶级的统治地位,严格保护其利益,并对各种法律关系作了比较全面的规定,特别是确立了有关债权、契约、侵权行为、家庭以及刑法等方面的原则。

《汉谟拉比法典》不仅被后起的古代西亚国家如赫梯、亚述、新巴比伦等国家继续沿用,而且还通过希伯来法对西方法律文化产生一定的影响。中世纪天主教教会法中的某些立法思想和原则便渊源于该法典。《汉谟拉比法典》刻在一根高2.25米,上周长1.65米,底部周长1.9米的黑色玄武岩柱上,共3 500行,正文有282条内容,用阿卡德语写成。

---

① 《荀子·王制篇》。

(2) 封建制法。

封建制法存在历史悠久,西欧从公元476年西罗马帝国灭亡到1640年英国资产阶级革命大约1 200年,中国从公元前475年战国时期到1912年辛亥革命大约2 400年。

封建制法的主要特点:严格保护封建地主的所有权,维护封建等级特权,刑法残酷,罪名繁多。

著名法典包括中国的《唐律疏议》、阿拉伯帝国的《古兰经》、法兰西王国的《诺曼底大习惯法》。

相关知识

《唐律疏议》是中国现存最早最完整的封建刑事法典,也是东亚最早的成文法之一。它继承魏晋南北朝以来的立法成就,以礼法结合为指导思想,以律疏结合为法典形式,被认为是中国法制史上之立法典范,宋元明清历代刑律的蓝本。《唐律疏议》对古代日本、朝鲜、越南各国法典亦产生重大影响。

(3) 资本主义法。

资本主义法律萌芽开始于封建社会中后期,经历了自由资本主义、垄断资本主义和当代资本主义阶段。

资本主义法的主要特点:保护资本主义私有制,维护资产阶级代议制政府,维护资产阶级平等自由和人权。著名法典有:《美国宪法》《法国民法典》(又称《拿破仑法典》)、《德国民法典》等。

相关知识

拿破仑曾这样回顾自己的功绩:"真正的光荣并非打了40次胜仗,滑铁卢之战抹去了关于这一切的记忆。但有一样东西是不会被人忘却的,它将永垂不朽——那就是我的民法典。"

《拿破仑法典》正文共有3编35章2 281条。其基本内容可以归结为以下原则:第一,全体公民民事权利平等;第二,私有财产无限制和不受侵犯;第三,契约自由。

《拿破仑法典》是人类历史上资产阶级国家的第一部民法典,原则鲜明,编排合理,逻辑严谨,语言简洁,是世界法制史上的一个里程碑。它对后来其他资本主义国家的立法产生了巨大影响,具有广泛的世界意义,其内在的价值和思想即使在今天也仍然光彩夺目。

(4) 社会主义法。

社会主义法是在推翻旧政权旧法系前提下,建立在社会主义经济基础之上,反映工人阶级领导的广大人民共同意志的法。

社会主义法的主要特点：阶级性与人民性的统一，国家意志性和客观规律性的统一，强制实施与自觉遵守的统一。

著名法典有：《俄罗斯苏维埃联邦社会主义共和国宪法（根本法）》《俄罗斯联邦民法典》等。

二、中国法律的起源

我国法律的起源可以追溯到原始社会末期。《左传》上说"国之大事，在祀与戎"，明确指出中国古代法律来源于祭祀和战争。

1. 刑始于兵

大约五六千年前，中原大地上生活着的人类，在迈向文明社会的门槛之时，以掠夺和征服为目的的部落战争也相伴而至。掠夺，是为了本部落的经济利益；征服，则是为使本部落对其他部落具有宗主地位。

传说中的黄帝本是一位具有神性的宅心仁厚的部落领袖，致力于教导民众建筑房屋、缝制衣服。周围的部落却将黄帝的仁厚视为懦弱可欺，于是"交共谋之"，日夜侵扰黄帝的"边城"。被激怒的黄帝愤然而起，大兴讨伐。他伐炎帝、征蚩尤，经过旷日持久、流血漂杵的系列战争，终于成为众部落的盟主，原始中华民族的领袖。之后，在尧帝和舜帝时代直至大禹的儿子启，规模浩大的战争时有发生。也就是说，随着社会阶层的分化和部分部落首领权势的增强，"战争成为经常的职业了"，而"掠夺战争加强了最高军事首长以及下级军事首长的权力"。这种产生在兵戎之中的权力，就是"法律"的温床。① 具体而言：

第一，军法源于军纪。为取得战争的胜利，部落首领需要发号施令，部落中的战士需要服从。战争中权威与服从、指挥与被指挥的关系改变了部落成员间以往的平等，将赏罚大权交到了部落首领手中。部落首领则统一作战规则，约束属下成员。违抗命令者，不仅刑加于身，而且诛及子孙，所谓"师出以律"。夏启讨伐有扈氏的军令《甘誓》，就是文献最早记载的一条军法。随着战争的延续，战时的号令逐渐演变为日常的规范。

第二，战争的暴力必然产生刑罚。《汉书·刑法志》说，"因天讨而作五刑"，明确指出"五刑"的制定是出于战争的需要。"五刑"的一种说法是指"大刑用甲兵，其次用斧钺，中刑用刀锯，其次用钻凿，薄刑用鞭扑"，即最重的刑罚就是对敌对部落的军事征伐。至于斧钺、刀锯、钻凿、鞭扑等刑罚则适用于被征服者。国家产生之后，五刑演变为适用于全社会的刑罚手段。

第三，法官与军官等同。我国古代司法官被称作士师、司寇、廷尉，这些称谓原本都是

---

① 《马克思恩格斯全集》（第4卷），人民出版社1972年版，第160页。

军职,说明最初的司法官都是由军官兼任。

2. 法出于礼

作为部落风俗,礼源于祭祀活动。原始人认为,天地万物是由神灵这种超自然的力量统治的,人类的吉凶祸福莫不受冥冥之中的神明支配。神明的喜悦会给部落带来繁衍昌盛,神明的震怒会给部落带来祸患灾难。因此,求得神明的欢喜和保佑是部落的头等大事。取得神明保佑的唯一途径就是以虔诚之心把最珍贵的物品贡献给神明,这就是祭祀。每逢重大节日,部落首领都要率领部落成员举行隆重的祭拜天神和祖宗的祭祀活动。祭祀必须要有仪式程序,以体现不同身份者的等级秩序。这样,就产生了礼。

礼,本来是一种盛玉的器皿,当这种器皿广泛用于祭祀活动之后,就成为奉神祈福的专用工具和祭祀仪节规范的代名词。人们确信,只有举止如礼,充分体现出对天地鬼神的敬畏之心,神明才接受供物,否则就会惹怒神明,受到神明的惩罚。因此,礼不仅具有神秘性,而且具有强制性。虽然礼原本是部落风俗之一,但它是通过祭祀逐步确立的,通过人们的敬畏之心加以贯彻,因此更加具有权威性。当国家孕育社会巨变之时,礼的内容超越了祭祀的范围,将人世间国王的赏罚归结为神意,逐步扩大到社会生活领域,普遍适用于全社会,以神权为后盾的礼便具有了法的性质。

> **相关知识**
>
> 近代学问大家王国维先生认为礼字的多种写法"皆象二玉在器之形。古者行礼以玉,故《说文》曰:豊,行礼之器,其说古矣"①。上古祭祀至上神和祖宗神,都要用两块玉盛在一个器皿里作为供奉,以示敬意。
>
> 中国古书上记载的夏朝统帅和控制军队的权杖钺,沟通天地人的祭祀器具九鼎、神人兽面神徽、玉璜、玉琮、玄圭,以及夏特有的"社祀坛"等均在长江中下游的良渚文化遗址(浙江余杭)大量发现。

法律产生的根本原因在于经济关系的发展变化。但是,在法律的孕育过程中起促进作用的因素是多方面的,军事活动、祭祀活动都是其中的一种。"刑始于兵""法出于礼"很大程度上反映了中国法律起源的独特途径。

此外,关于我国法律的起源,还有"天讨天罚"说、"定分止争"说等。前者认为天讨有罪,违反天命则由上天神灵实施征讨惩罚,故法源于天意,具有不可抗拒的威慑力。后者把法律的产生归结为民争财货,而民争财货又因未定君臣上下名分之别,所以为止息分争而要定名分、制法律。

---

① 《观堂集林》卷六《释礼》。

三、法律的图腾

国学大师钱穆曾经指出：一切问题，由文化问题产生；一切问题，由文化问题解决。

各种法律现象，同样关联文化问题。图腾(totem)一词，意为"我的亲属"，系北美印第安人方言的译音，最早出现在1791年由英国商人J·朗格撰写的《印第安旅行记》一书中。他在书中写道："野蛮人宗教迷信中的一部分包括图腾或所宠爱的神灵，并且相信它们会监护他。"① 最早把totem一词译为汉语"图腾"的，是我国现代启蒙思想家严复。随着原始文化的演变，图腾先后包含三层涵义：血缘亲属、祖先、保护神。当原始先民视某种图腾物象为亲属、祖先和神灵之后，希望得到它们的保护，于是便产生了对图腾物象的敬畏和笃信。于是，图腾便反映了某一民族的某种观念和规则体系。法律图腾，代表一国的法律精神，是解读文化密码的一把钥匙。

1. 獬豸

(1) 獬豸的由来。

有关獬豸的传说很多，大都难以考证。目前学术界比较普遍的说法是：獬豸是东夷蚩尤部落的图腾，又称"夷兽"，是战胜之神和刑神的象征。由于蚩尤是东夷集团的领袖和中坚力量，所以獬豸为全体夷人所祭拜。蚩尤率领的东夷集团，经过规模浩大的战争之后，最终臣服于黄帝集团。黄帝建立了庞大的部落联盟并设立职官，仍以蚩尤主兵。古时兵刑不分，负责军事兼理司法审判，主兵兼主刑者便由蚩尤部落世袭。獬豸这只神奇的东夷之兽，作为公正威严的象征，从一个部落的图腾最终演变为中华民族的"一角圣兽"。②

独角兽

(2) 獬豸的寓意。

獬豸又称独角兽，中国古代传说中的一种神兽。它毛色青黑，似羊似鹿或似牛似麒麟，怒目圆睁，善辨曲直，头上一只锋利的独角，见人争执不下就会用独角抵触真正的罪犯。《说文解字》中指出，"法"字与独角神兽紧密有关。法字原写作"灋"，意思是"平之如水，触不直者去之"。古人构造"灋"字，用意深远：一是根据神意明断曲直；二是公平如水去"不直"。

在古代，獬豸拥有神秘的辨别善恶的力量，成为执法公正的化身，被誉为司法神。后世汉唐时期皇帝派出办案的御史往往带上有角的帽子，象征獬豸。明清时期御史官服的前胸上是绣有獬豸的补子，历代司法行政合一的地方官也常常

---

① 《人类学词典》，中国台湾商务印书馆1971年版，第270页。
② 王娜娜、高健编著：《法律文化通识读本》，南京大学出版社2011年版，第25—26页。

被比喻为獬豸。

(3) 獬豸的影响。

獬豸是发现犯罪之神,其怒目圆睁目的是明察秋毫。中国古代戴獬豸冠、穿獬豸服的御史,就是要替皇帝发现失职官员、检举贪腐官员,被称为"天子耳目",类似于当代检察官。中国古代法律以能够迅速稳定社会治安的刑事法律为主体,司法官以发现并迅速惩治犯罪为主要职责。

獬豸善辨曲直,但是辨别的程序和过程未见一词,意味着追求实体公正是其核心任务。也就是说,公正是追求的目标,但是在实体公正和程序公正不能两全的时候,中国古代司法往往注重实体公正,忽略程序公正。

相关知识

历史上有很多法官主动发现犯罪的故事。比如"子产闻哭",春秋时,郑国的执政大夫子产,有一次在路上听见某个妇人正在哭丧,他驻车细听,对左右说这妇人的哭声"不哀而惧",下令把那妇人抓来审问,果然她手刃亲夫。后世如子产一般闻哭而破获杀夫案的有东汉的庄遵、唐朝的韩滉、宋朝的张咏。①

2. 正义女神

(1) 正义女神的由来。

正义女神的形象主要来源于古希腊的忒弥斯女神。在古希腊神话里,主持正义和秩序的女神是忒弥斯。按照《神统纪》所记载,忒弥斯是天神乌拉诺斯和大地女神盖娅所生,后成为奥林匹斯主神宙斯的第二位妻子,忒弥斯身披白袍、头戴金冠,手持天平,负责奥林匹斯山的秩序,监管各种仪式。忒弥斯与宙斯所生的女儿贺拉(时序女神)、欧诺米亚(秩序女神)、狄克(正义女神)、厄瑞斯(和平女神)、莫伊莱(命运女神)等,分担了母亲的职责。其中的狄克掌管白昼和黑夜大门的钥匙,监视人间的生活,监督灵魂的循环。狄克经常手持利剑追逐罪犯、刺杀亵渎神灵者。罗马帝国时代,接受了希腊诸神的罗马人,结合本土诸神,又创造出了不少神灵,正义女神朱斯提提亚就是其中一例。

正义女神

(2) 正义女神的寓意。

正义女神朱斯提提亚融合了古希腊的忒弥斯、狄克诸位女神的形象。她身穿白袍,头戴金冠,容颜秀美,额发飘逸,左手高举天秤,右手持诛邪剑放在身后,双眼被紧紧蒙住。

---

① 郭建著:《中国法文化漫笔》,东方出版中心1999年版,第186页。

造像的后面刻有古罗马的法谚：为实现正义哪怕天崩地裂。

白袍，象征圣洁清白。金冠，象征高贵尊容。额发，表示诚实。蒙眼，表示用心灵观察，既不先入为主，也不受利诱，更不畏忌权势，不管什么人，都一视同仁。天秤，比喻裁量公平，在正义面前人人皆得所值，不差分毫。宝剑，象征诛杀世间一切邪恶之人、惩恶扬善。前秤后剑，表明朱斯提提亚虽主持正义，却反对不必要的杀戮，也寓指任何人不能假借正义之名，对他人无端杀戮。

（3）正义女神的影响。

正义女神表明司法的职责是"裁断"，既折射了现实的司法审判又影响了现实的司法审判。古罗马法院审理案件时，并不主动搜集或调查证据，只是根据诉讼双方提交的证据来判断哪一方所讲是事实。12~13世纪，欧洲各王国中央集权逐渐加强，陆续设立了王室检察官，侦缉起诉重大犯罪。近代以来西方法院一般实行"诉状一本主义"，就是法官在开庭审理之前不接受案件的证据材料，也不提审被告或会见原告，完全靠原告的诉状和被告的答辩状来了解案情，所有证据必须在开庭过程中经过当庭质证后才能采信。

正义女神表明"程序是正义的蒙眼布"。正义不仅体现于结果，也要体现于产生这一结果的程序与过程之中。法律必须通过科学严谨的程序来实施，法律赋予人们权利的同时，还要让人们看到权利获得的程序。否则，法律所规定的权利就是空中楼阁。因此，西方有一句法谚：程序优先于权利。

> **相关知识**
>
> 当年美国总统竞选，戈尔落败后与小布什打选举官司，法院判小布什胜诉。戈尔发表电视讲话，他说："第一，我为这个判决感到遗憾。为什么？我败诉了，当然感到遗憾。第二，由于最高法院代表了美国的精神、美国的法治，我们，生活在美国的公民，我们应该尊重这样的判决。尽管对我不利，但是程序公正了，我尊重判决。"

> 只要法律不再有力量,一切合法的东西也都不会再有力量。
>
> ——[法]卢梭

第三节 法律的作用

一、法律的作用

法律的作用即法律对人的行为、社会生活及社会关系所产生的影响。

根据法律作用对象的两个层次——行为和社会,法律的作用有四种。

(1) 规范作用——法律作为一种行为规范对人的行为的作用。

① 指引:法律规范为人们行为提供导向。

② 评价:法律规范为人们判断行为性质及程度提供标准。

③ 预测:法律规范帮助人们对行为内容与后果进行预先估计。

④ 警示:法律规范通过实施对人们产生威慑、教育、启示的诱导性影响。

⑤ 强制:法律规范对违法犯罪行为的制裁和约束。

(2) 社会作用——法律作为一种社会规范对社会关系的调整。

(3) 维护统治阶级的作用——法律对统治地位和统治秩序的维护。

(4) 执行社会公共事务的作用——法律对社会公共事务(公益性)的维护与执行。

二、法律的局限

法律以独特的方式在社会生活中发生着不可或缺、不可替代的作用,如果废法弃法,则社会的结构和秩序将无从建立。但是,法律并非完美无缺,有着自身的局限。

1. 法律不是调整社会关系的唯一手段

法律是调整社会关系的重要手段,但不是唯一的手段。调整社会关系,还有习俗、舆论、宗教信仰、道德、纪律、政策等方法。解决社会问题,并非首选法律,也并非都要运用法律,社会需要综合治理。

> **相关知识**
>
> 孔子:"道之以政,齐之以刑,民免而无耻,道之以德,齐之以礼,有耻且格。"

这段话的意思是说,作为统治者如果用政令去驱使人民,用刑罚去制裁人民,人民为避免刑罚可以努力地按照政令去做,但是内心深处并不明白违法犯罪是不道德的可耻行为;如果统治者用道理去疏导人民,用伦理道德去教化人民,那么人民就会从内心深处以违法犯罪为可耻,自觉约束自己的行为。

2. 法律自身特点而产生的局限性

法律自身应有的特性如稳定性、明确性、概括性、滞后性、普遍性等,与社会生活的具体性和复杂性之间存在矛盾。因此,法律常常会出现僵化、保守的一面,也不可避免地存在漏洞。

相关案例

例1:英国人乔治住家附近有一个皇家空军机场,一日他无聊便爬过机场铁丝网,坐在跑道上兴致勃勃地观看天上的飞机,结果影响了飞机的起落,被警察带走并送上法庭。审理此案的法官叫帕克,他手里拿着一部叫作《官方机密条例》的法律。当检控官陈述完起诉状后,帕克问乔治还有何话说?乔治说自己甘愿受罚,谁让自己这么无聊呢。可是,乔治的律师却说乔治不应受罚,因为他没有违反《官方机密条例》的规定。律师让法官读第3条规定:"不得在禁区附近妨碍皇家军队成员的行动。"律师辩解说,乔治确实妨碍了军队成员的行动,但是他不是在"禁区附近",而是在"禁区里",而法律没有提到"禁区里"。英国是个法治国家,法无明文不为罪。法官还真是为难了。①

例2:假设法律规定盗窃500元,监禁15天。甲游手好闲,好吃懒做而偷钱;乙母亲病重无钱医治,偷钱是为买药;丙家境贫寒特别好学,为学习而偷书价值500元。同样对待是否不公平?是的,所以应该把法律规定得再细一些。日常行为不良的处罚重点,动机良好的处罚轻点。可是,当作出新的规定后,发现还有问题。如动机良好,一个是偶犯,一个是屡犯,怎么处理?同是品行不良,一个偷穷人的钱(痛苦不堪),一个偷富人的钱(毫无所谓),怎样处理?你会发现不同的情况无法穷尽,法律不可能包罗万象,必然会存在空白和漏洞。②

3. 法律的制定和实施易受多种因素影响

法律的制定和实施十分依赖外部条件,其作用易受社会因素的制约。经济体制、政治体制、法律从业人员素质、公民的法律观念等,都直接制约和影响着法律作用的发挥。

法律有这么多的局限,并不能超过人的智慧,为什么还要选择法律?因为人的自觉自

---

① 一正著:《西窗法语》,花城出版社1998年版,第7页。
② 一正著:《西窗法语》,花城出版社1998年版,第100页。

第一章 法　律

律是不恒常的,法治比人治可靠。只要是人都会有弱点,都会犯错误,如美国前总统克林顿绯闻缠身,中共前重庆市委书记薄熙来贪污受贿,类似事例,不胜枚举。事实告诉人们,绝对的权力产生绝对的腐败,任何人在巨大的诱惑面前都是靠不住的,都需要法律的规范和制约。认识法律的局限性,有助于我们掌握法律特性,考虑法治代价,在运用法律、建设法治国家时,做好充分准备,克服弊端,发挥所长。

> 法律需要被信仰,否则它形同虚设。
> 在由意志而不是由法律行使统治的地方没有正义可言。
> 程序决定了法治与恣意人治之间的基本区别。
> ——[美]道格拉斯

第四节　法律体系

一、法律体系

1. 法律体系的概念及特征

法律体系指一国现行的全部法律规范按照一定的标准和原则划分成不同的法律部门,并由这些法律部门所构成的具有内在联系的统一整体。

法律体系的特征如下。

(1) 法律体系是一国全部现行法律构成的统一体系,它既不包括本国历史上已经宣布废止的法律,也不包括本国将要制定的法律或者尚未生效的法律,只反映本国现行的国内法和被本国承认的国际法,是国家主权的象征和体现。

(2) 法律体系是一国既相互独立又具有内在联系的不同类别的法律部门构成的有机整体。

2. 法律部门的概念及划分标准

法律部门是依据一定的标准和原则所划分的同类法律规范的总称。一般来说,凡是调整同一种类社会关系的法律规范的总和,即构成一个独立的法律部门。

划分法律部门的标准有两个:一是法律调整的对象,也就是说,法律调整的社会关系是划分法律部门的首要标准;二是法律调整的方法,这是划分法律部门的补充标准。

3. 当代中国法律体系的构成

法律部门是法律体系的基本组成部分,以下法律部门构成了我国现行的法律体系。

(1) 宪法。

宪法是调整公民和国家之间的根本社会关系,以规范控制政府权力和保障公民权利为最高目的的国家根本大法。

(2) 行政法。

行政法是有关国家行政管理活动的法律规范的总称。

(3) 民法和商法。

民法是平等主体之间的财产关系和人身关系的法律规范的总和,由基本法律和单行法律组成。《民法通则》是基本法律,民事单行法包括《合同法》《物权法》《婚姻法》《继承法》《专利法》等。商法是民法的特别法,以维护自然人和企业的盈利为宗旨,包括《公司法》《证券法》《保险法》等。

(4) 经济法。

经济法是调整国家在经济管理活动中所发生的经济关系的法律规范的总和。

(5) 社会法。

我国官方文件中第一次出现社会法的概念,是在 2001 年 3 月 9 日李鹏委员长在第九届全国人大四次会议上所作的《全国人大常委会工作报告》中。报告指出:"初步将有中国特色社会主义法律体系划分为七个法律部门,即宪法及宪法相关法、民法商法、行政法、经济法、社会法、刑法、诉讼与非诉讼程序法。"来自最高立法部门的对社会法地位的界定,表明我国法律体系的完善和进步。社会法实质上是国家为解决各种社会问题而制定的,以维护社会利益尤其是保护弱势群体利益为宗旨的新的法律门类。具体包括劳动法、社会保障法、环境法等。

(6) 刑法。

刑法是规定犯罪、刑事责任和刑罚的法律规范的总称。

(7) 诉讼法和非诉讼程序法。

诉讼法是有关各种诉讼活动的法律规范的总称。我国诉讼法包括刑事诉讼法、民事诉讼法、行政诉讼法三大诉讼法。

非诉讼程序法主要包括与仲裁、公证、人民调解等非诉讼程序有关的法律法规。

二、法律渊源

法律渊源是指法律的表现形式。"法律"是一个抽象的概念,是一个整体范畴,必然以某种外在形式呈现出来。我国法律渊源如下。

1. 宪法

宪法作为根本大法,在我国法律体系中具有最高的法律地位和法律效力,是我国最重

第一章 法 律

要和最主要的法律渊源。1982年制定的《中华人民共和国宪法》是我国现行宪法。

2. 法律

法律是全国人民代表大会及其常务委员会制定颁布的规范性文件的总称。其法律地位仅次于宪法，包括基本法律和其他法律。

基本法律：由全国人民代表大会制定和修改的，规定和调整国家与社会生活中某一方面带有基本性和全面性的关系的法律，如《中华人民共和国刑法》《中华人民共和国民法通则》。

其他法律：由全国人大常委会制定或修改的，规定和调整除由基本法律调整以外的，涉及国家和社会生活某一方面关系的法律，其调整范围小于基本法律，规范内容较为具体，如《中华人民共和国劳动法》《中华人民共和国公司法》。

3. 国务院制定和颁布的行政法规和其他规范性文件

行政法规是由国务院依法制定的有关国家行政管理的规范性文件的总称，其地位和效力低于宪法和法律，不得与宪法和法律相抵触，须以"条例""规定""办法"相称，不得以"法"为名称，如《婚姻登记条例》《工伤保险条例》。

国务院还有权发布命令和决定，凡属于规范性的命令与决定，其地位与行政法规相同。同时，国务院所属各部委有权在本部门的权限内发布规范性的命令、指示和规章，但其地位和效力低于国务院颁布的规范性文件，如卫生部颁布的《灾害事故医疗救援工作管理办法》、司法部颁布的《公证程序规则》。

4. 地方性法规和其他规范性文件

根据宪法和法律规定，省一级人民代表大会及其常委会有权制定或批准地方性法规，省一级人民政府也可以制定规章，但地方性法规只在本辖区内有效，不得与宪法、法律、行政法规相抵触，如《浙江省海域使用管理条例》《贵州省水土保持条例》《广东省行政审批事项目录管理办法》。

5. 民族自治地方的自治条例和单行条例

民族自治地方的自治机关依法行使自治权，有权制定颁布适合于本民族自治地方的规范性文件，包括自治条例和单行条例，报全国人大常委会批准或备案后生效，如《玉树藏族自治州社会治安综合治理条例》《西宁市清真食品管理办法》。

6. 特别行政区法律

根据宪法授权和特别行政区基本法的规定，适用于特别行政区的法律。它包括特别行政区原有的与基本法不相抵触的法律，以及特别行政区立法机关制定的新的法律。例如：香港颁布的《公证人（执业）规则》《简易处理申诉（律师）规则》；澳门颁布的《工业产权法律制度》《修改邮政局组织规章》。

7. 国际条约

国际条约是指两国或多国间就政治、经济、法律、科研、文化、军事等方面问题确定其相互间权利和义务关系的协议。

我国同外国缔结或我国参加的国际条约，经我国最高权力机关批准或者由我国政府声明承认参加后，成为我国法律的一种形式，在国内具有法律效力，如《经济、社会、文化权利国际公约》《就业政策公约》《世界版权公约》。

三、法律分类

法律分类就是从不同角度，按照不同的标准，将法律规范划分为若干不同的种类。对法律进行分类，目的在于准确理解法律的概念，把握法律的运行规律。

1. 国内法与国际法

根据法律的适用主体和适用范围，法律可分为国内法与国际法。

国内法是指在一主权国家内，由特定国家机关创制的，调整国内法律关系并于该国领域内生效的法律规范的总和。国内法的法律关系主体一般为自然人和组织。国际法是指参与国际交往的国家通过协议制定或认可，用以调整国际关系，具有法律约束力的原则、规则和制度的总称，一般表现为国际条约和国际惯例，其法律关系主体主要是国家。

2. 根本法与普通法

根据法律的地位、效力、内容、制定主体及修订程序，法律可分为根本法和普通法。这种分类通常适用于成文宪法国家，对于适用不成文宪法的国家并不特别重要。

在成文宪法国家，根本法就是宪法，它规定国家制度和社会制度的基本原则，在一国享有最高的法律地位和法律效力，其制定和修改一般需要经过较为严格的程序。普通法是指宪法以外的其他法律，以根本法为依据并服从于根本法，法律地位和法律效力均低于宪法，内容一般涉及调整某一类社会关系。

3. 实体法与程序法

根据法律的内容和功能，法律可分为实体法与程序法。

实体法是指规定和确认权利和义务以及相应法律后果的法律，刑法、民法、劳动法等都是实体法。程序法是指与保证权利和义务得以实现的步骤、方法和手续有关的法律，如刑事诉讼法、民事诉讼法、立法程序法等。

实体法与程序法并非绝对界限分明，它们在内容上存在交叉，实体法中会涉及程序性的规定，如民法中规定签订合同的程序；程序法中也会有实体权利义务的规定，如刑事诉讼法中规定的犯罪嫌疑人、被告人的辩护权利。实体法和程序法是法律体系中的两大组成部分，二者相辅相成，缺一不可。简而言之，实体法是解决矛盾争议的标准，程序法是解决矛盾争议的方法，法律的实施就是实体法和程序法的统一适用过程。

4. 一般法与特别法

根据法律的效力范围，法律可分为一般法和特别法。

一般法是指在一个国家的任何地方、对任何人、任何事项、一般时间都适用的法律。特别法是指在一个国家内对特定的区域、特定的人、特定事项、特定时间适用的法律。

第一章 法　律

一般法与特别法的法律适用原则是"特别法优于一般法"。值得注意的是，一般法与特别法的划分具有相对性，如《中华人民共和国劳动合同法》相对于《中华人民共和国劳动法》而言是特别法，而相对于《上海市劳动合同条例》来说又是一般法。

5. 成文法与不成文法

根据法律的制定方式和表达形式，法律可分为成文法与不成文法。

成文法是指由国家特定机关制定和公布，以成文形式表现的法律。不成文法是指不具有成文形式，但国家特定机关认可其法律效力的法律，如判例法。

法 律 分 类	
分类标准	法律种类
适用主体和适用范围	国内法与国际法
地位、效力、内容制定主体及修订程序	根本法和普通法
内容和功能	实体法与程序法
效力范围	一般法和特别法
制定方式和表达形式	成文法与不成文法

> 在一个法治的政府之下，善良公民的座右铭是什么？
> 那就是"严格地服从，自由地批判"。
> ——［英］边沁

第五节　法　律　责　任

一、法律关系

1. 法律关系的概念

所谓法律关系是指法律规范调整社会关系的过程中所形成的主体之间的权利义务关系。

社会关系是一个庞大的体系，只有经过法律规范的调整才能形成法律关系，如果法律对某些领域的社会关系不进行调整，人们就无法形成法律上的权利义务，法律关系也就无从形成。因此,法律规范是法律关系产生的前提。例如,朋友关系是社会关系的一种,朋友之间情感上的亲疏远近,法律是不予调整的,朋友双方也就不能因为彼此义断情绝的问题而诉诸法律,除非他们之间发生财产或人身方面的纠纷,才能得到法律的救济。

2. 法律关系的构成要素

法律关系的构成要素主要包括法律关系的主体、法律关系的内容、法律关系的客体。它们相互依存,不可或缺。

(1) 法律关系的主体。

法律关系的主体是指法律关系的参加者,即法律关系中权利的享有者和义务的承担者,一般称为权利主体和义务主体。

能否成为法律关系主体,取决于是否符合法律规定。例如,我国劳动法规定最低就业年龄为16周岁,那么16周岁以下的自然人就不能成为劳动法律关系的主体。我国法律关系的主体主要包括自然人、法人、其他组织,在特殊情况下国家也可以成为法律关系主体。

相关案例

汪峰与旭日阳刚之间因为《春天里》这首歌而发生的矛盾,能够形成法律关系吗?

董某与沈某系公司同事,董某经常搬弄是非,人称"小广播",沈某极为厌恶反感董某的行为,沈某与董某能够形成法律关系吗?

(2) 法律关系的内容。

法律关系的内容是指法律关系主体依照法律规定或者约定所享有的权利和依法承担的义务,是主体之间利益付出或获取的状态。

权利和义务是现代法律调整的特有机制,也是法律关系内容的核心。一般认为,法律权利是法律规定或确认的,主体可以作为或不作为的方式进行要求的利益。法律义务则是法律规定或确认的,主体以作为或不作为的方式予以承担的负担。

法律权利与法律义务是相互依存、对立统一的关系。没有无义务的权利,也没有无权利的义务。在劳动法律关系中,劳动者的权利是获取劳动报酬,义务是提供劳动;用人单位的权利是使用劳动力,义务是给付劳动报酬。

(3) 法律关系的客体。

法律关系的客体是法律关系主体的权利义务所共同指向的对象。法律关系客体把法律关系主体之间的权利义务联系在了一起。

我国法律关系的客体一般包括四种:一是物,这是最基本的客体,就是可以为人们利用控制的物质财富;二是行为,包括作为和不作为;三是智力成果,如商标、专利等;四是人身利益,包括人格利益和身份利益。

3. 法律关系的产生、变更与消灭

社会生活的千变万化使得法律关系处于动态之中。动态的法律关系必然具有某种流动性，从而表现为一个产生、变更与消灭的过程。引起法律关系产生、变更与消灭的直接原因就是法律所规定的法律事实的出现。

法律事实是指能够引起法律关系的产生、变更与消灭的各种事实（客观情况）的总称。根据是否以当事人的意志为转移，法律事实可分为行为和事件两大类，这是最重要最基本的分类。

法律行为是指由法律规定或调整的，与当事人意志有关的，能够引起法律关系产生、变更和消灭的作为与不作为，如婚姻登记、订立合同。

法律事件是指法律规定的，与当事人意志无关的，能够引起法律关系产生、变更和消灭的事实。法律事件包括自然事件和人为事件，前者指不以人的意志为转移而出现的客观事实，如自然灾害、人的自然死亡；后者是指当事人以外的人所引起的客观事实，如社会动荡、战争。

二、法律责任

1. 法律责任的概念

法律责任是指法律关系主体因违反法定义务或约定义务，或不当行使法律权利、权力所产生的，由行为人承担的不利后果。

作为社会责任的一种，法律责任与其他社会责任包括政治责任、道义责任等有原则性的区别。法律责任以法律义务的存在为前提，以制裁与补偿为责任方式，其构成具有因果逻辑性，其责任追究由国家强制力实施或者予以潜在保证。

2. 法律责任的构成要件

法律责任的构成要件是指构成法律责任必须具备的各种条件或必须符合的标准。一般认为，构成法律责任的要件包括主体、过错、违法行为、损害事实、因果关系五个方面。

（1）主体。

承担法律责任的主体必须是具有行为能力和责任能力的自然人和法人。就自然人来说，法律责任的主体必须是达到责任年龄和具备正常精神状态的人。

（2）过错。

承担法律责任的主观故意或者过失即为过错，就是法律所要求的违法者的主观恶性。对于没有过错和不以人的意志为转移的不可抗力或意外事件，法律一般不要求人们承担法律责任，但不是绝对。如用人单位对于劳动者的工伤，即使没有过错也要承担赔偿责任。

（3）违法行为。

违法行为是违反法律规定的义务、越界行使权利以及侵权行为的总称。没有违法行

为，一般就没有法律责任。这并不是绝对的，如：民法上的公平责任并不以违法行为为构成要件；刑法上的犯罪行为则必须是严重的违法行为。

(4) 损害事实。

损害事实包括人身、财产、精神或三者兼有的损失和伤害。损害结果必须是客观存在，符合通常的社会观念和公民意识标准。

(5) 因果关系。

法律责任的承担要求违法行为和损害事实之间必须存在确定的因果关系。

> **相关案例**
>
> **"中国式过马路"须承担法律责任**
>
> 2011年5月21日晚8时，李某逛完超市回家，过骆驼街道某路口时，因行人车辆较少，李某闯了红灯。此时朱某驾车快速通过绿灯，虽采取紧急刹车但还是撞上李某，造成李某肋骨、腿骨等多处骨折。李某因此住院64天，构成十级伤残。经交警部门认定，双方负同等责任。2011年11月，李某向镇海法院起诉要求朱某赔偿残疾赔偿金、医疗费等共计16万元，镇海法院判决朱某承担60%的责任，赔偿李某10万元。如今李某腿部残疾，不能从事重体力劳动，也给日常生活带来了影响。
>
> 法官解读：机动车与行人之间发生交通事故，本应由机动车承担赔偿责任，但本案中李某闯红灯的行为违反了道路交通安全法，对事故的发生存在一定的过错，而朱某采取了紧急刹车的必要处置措施，因此机动车与行人负同等责任，法院判决行人李某承担40%的赔偿责任。①

3. 法律责任的分类

根据违法行为所违反的法律性质，可以把法律责任分为以下四种。

(1) 民事责任。

民事责任是指违反民事法律义务、违反约定而承担的不利后果。民事责任主要表现形式为民事补偿或赔偿，在不违反法律的前提下当事人可以协商解决。

(2) 刑事责任。

刑事责任是指因违反刑事法律而应当承担的不利后果，刑事责任是最严厉的一种惩罚性的法律责任，最主要的表现形式就是刑罚，是对罪犯资格、财产、自由乃至生命的剥夺。

(3) 行政责任。

行政责任是指违反行政法上的义务而应当承担的不利后果。行政责任主要体现为行政惩罚、行政赔偿和补偿、行政行为效力否定。

---

① http://www.cnnb.com.cn，中国宁波网，2013年4月11日。

（4）违宪责任。

违宪责任是指有关国家机关制定的某种规范性法律文件，或者有关国家机关、社会组织、公民从事的活动，与宪法相抵触而产生的法律责任。

> 我们应该注意到邦国虽有良法，
> 要是人民不能全部遵循，仍然不能实现法治。
> 法治应该包含两重意义：已成立的法律获得普遍的服从，
> 而大家所服从的法律又应该本身是制订得良好的法律。
>
> ——[古希腊]亚里士多德

第六节 法 治

一、法治的涵义

1. 法治的概念

"法治"的概念有多种表达方式，如"法治天下""法律的统治""通过法律的治理""依法治国"等。法治是一种源远流长的社会文化现象，古希腊哲学家亚里士多德在《政治学》中就曾倡言法治，提出"法治应优于一人之治"的命题，认为法治比人治理智、公正，比人治正确高明、稳定可靠，并给法治下了定义："法治应包含两重意义：已成立的法律获得普遍的服从，而大家所服从的法律又应该本身是制定得良好的法律。"现代社会的法治具有以下涵义：法治是主张执政者严格依照法律来治理国家的一种治国方略或社会调控方式，基本要求是人人平等地依法办事，目标是实现一种良好的法律秩序，价值取向为体现人民主权原则，承认、尊重和保护人民的权利和自由，承认正当利益的多元化并给予无差别的保护。

相关知识

法治的假设前提是人性恶，《圣经》中的著名故事便是最好的证明。

上帝创造了世界上第一个男人亚当，由于亚当太寂寞了，总想让人陪伴，上帝便在亚当身上取下一根肋骨，做成了世界上第一个女人，取名夏娃。上帝派亚当和夏娃看管伊甸园，再三叮嘱他们不得偷吃善恶树上的"禁果"。

法律文化纲要(第二版)

夏娃在蛇的诱惑下,将上帝的命令弃置一旁,偷吃了"禁果",并且让亚当也吃了"禁果"。上帝知道后颇为震怒,将亚当和夏娃逐出了伊甸园。上帝还告诉后来的人类,第一父亲(亚当)和第一母亲(夏娃)的行为是一种罪恶,并且这种罪性传递给以后的人类。

纠正人犯罪的手段只有两个:心灵的教训和肉体的制裁。前者是道德,后者是法律。道德的方式是一种劝说,法律的方式则是一种恐吓。显然,对人性善恶的理解会影响纠正手段的选择。西方人认为人性恶,因此特别喜欢用法律规范人的行为。中国人认为人性善,确信教化的无边效力,教化肯定可以使人改邪归正。这样,具有强制性质的"法治"在西方日益发达,而在中国则到晚近时期才有了慢慢的起步。①

2. 法治与法制

法制是法律制度的简称,与乡规民约、民俗风情、伦理道德等非正式的社会规范相比,法制是一种正式的、相对稳定的、制度化的社会规范,是一种类似于经济制度、政治制度、文化制度的社会制度。

社会主义法制是社会主义国家的法律和制度的简称。社会主义法制以社会主义民主为基础,包括立法、执法、守法三个方面,中心环节是依法办事,基本要求是"有法可依、有法必依、执法必严、违法必究"。

法制与法治的关系既有区别也有联系。

区别在于:(1)法制相对于法治是较低层次的,处于相对静止状态,要解决的是有法可依的问题;法治则包括立法、执法、守法、法律实施和法律监督的全过程,是一个法律制度的运用和实施的动态系统,相对法制处于较高层次,要解决的是有法必依、违法必究、执法必严的问题。(2)法制作为一种社会制度,可以与法治结合,也可以与人治结合;法治则必须体现人民主权的价值取向,讲究"良法之治"。

联系在于:法制与法治固然有诸多区别,但两者联系密切,不可割裂对立起来。可以这样说,法制是法治的前提和基础,法治是法制的立足点和归宿。法制规定的好坏,关系到法治能否真正实现,法治是否实现,也关系到法制是否可以进一步得到发展和完备。

3. 法治与人治

人治是与法治相对立的治国方略,是指依靠统治者个人的贤明治理国家的一种政治主张。古代中国的人治强调"为政在人","其人存,则其政举,其人亡,则其政息"。西方古希腊的著名哲学家柏拉图也曾提出哲人治国论,主张建立哲学王统治,这也是人治的一种政治思想。

---

① 一正著:《西窗法语》,花城出版社1998年版,第9—10页。

第一章 法　律

法治与人治的区别不在于是否承认法律运行中人的因素,而在于:(1)主体不同,法治是众人之治(民主政治),人治是一人(或几人)之治(君主专制或贵族统治);(2)依据不同,法治依据的是反映人民大众意志的法律,人治则依据领袖个人意志;(3)冲突时的选择标准不同,当法律与领袖个人意志发生冲突时,法治强调"人依法",即法律高于个人意志,人治则强调"法依人",即个人意志高于法律。

二、法治的原则

1. 法律至上原则

"法律至上"是法治最为基本的要求,它意味着:在治理国家的规范体系中,法律居于首要地位,具有最高权威;宪法和法律是一切国家职权的来源和依据;法律高于领导者的个人意志;执政党必须在法律范围内活动。

2. 权利保障原则

"权利保障"是法治的根本性要求,其内容主要包括尊重和保护人权、法律面前人人平等、权利与义务相一致。通过法治而保障人权是法治的终极性的价值目标。

3. 权力制约原则

"权力制约"是"权利保障"的必然要求。防止国家权力的专横和滥用,保障公民的权利和自由,法治要求对国家权力进行合理的分工和有效的制约。根据职能的不同,法治要求把国家机关分为立法机关、行政机关、司法机关,分别行使国家的立法权、行政权和司法权。法治同时强调权力之间的制约,包括立法权、行政权、司法权之间的制约,也包括各项具体职权之间的制约。

> **相关知识**
>
> 孟德斯鸠在《论法的精神》中说:"当立法权和行政权集中在同一个人或同一个机关之手时,自由便不存在了;因为人们将害怕这个国王或议会制定暴虐的法律,并暴虐地执行这些法律。"
>
> "如果司法权和立法权合而为一,则将对公民的生命和自由施行专断的权力,因为法官就是立法者。如果司法权和行政权合而为一,法官便握有压迫者的力量。"

4. 正当程序原则

"正当程序"主要体现了对国家权力的制约,要求一定主体从事法律行为的过程、环节、方式应当公开、平等、稳定。法治的中心"依法办事"就是"既定规则被严格执行",法律一旦被制定出来,本身就是一种形式化的规则,因此法治更强调一种形式理性,强调法律程序的意义。

三、法治国家的标志

1. 以宪法为核心的良善而完备的法律体系

从形式上看,法律规范具有统一性、稳定性、准确性、公开性、可操作性以及制定程序的科学性;法律体系结构严谨、内容丰富、衔接有序。

从内容上看,以宪法为核心的各项立法,充分体现民主政治,保障公民权利,制约国家权力,追求公平正义。

2. 法律得到普遍遵守

任何个人和组织都必须在宪法和法律的范围内活动。法治社会的基础是公民具有较高的法律意识,自觉行使权利、履行义务;法治社会的组织保证是公务员队伍和法律职业群体忠实于法律。

3. 有独立公正的司法机构保障法律的实施

具有健全的保证司法独立和公正的各项制度,完善的法律监督机制,形成高效的法律运行机制,在约束国家权力的同时形成对人权的有力保障。

> **相关知识**
>
> 记者:中国已提出"依法治国"的目标,要建立法治国家。根据你的观察,这会是个多长的过程?
>
> 布雷耶:很多人问过我这个问题,法治在美国已经有200多年的历史。秘诀是什么?我的回答是:没有秘诀。我随身携带着美国宪法。但是,法治绝非颁布一部宪法那么简单。
>
> 记者:从确立目标到基本实现,成为法治国家需要哪些基本条件?
>
> 布雷耶:过程非常漫长。在美国,1954年,最高法院在布朗案件中判决不允许种族隔离。但是,你知道判决之后的一年,在推翻种族隔离制度这件事情上发生了什么吗?什么都没有发生!那接下来一年呢?还是什么也没发生。
>
> 1957年,阿肯色州一位法官判决,黑人孩子可以去白人学校上学。阿肯色州州长福布斯说,他区区一个法官又能如何?他只有一纸判决,我有国民卫队!最终,当时的美国总统艾森豪威尔派了101空降师的1000名伞兵,护送黑人学生去了白人学校。那一刻是法治的胜利,也是美国历史上最难忘的时刻之一。
>
> 经过很多年,美国最终废除了种族隔离制度。护送黑人孩子上学是这一切的开始。最高法院作出判决,还需要总统来执行。法治在美国也是经历了漫长的过程。
>
> 所以,对你的问题,我的答案是:习惯、教育、相互理解等。我看过一部电影,讲

的是中国小学五年级的学生选举班长。过程中有竞争,互相嫉妒,但是学生们从中也增加了对选举的了解。这与法治相通,要尊重法律,要教会别人尊重法律。这是一个过程。①

法 律 格 言

"法律格言"以其简洁精致的语言阐述法律的内涵、法律的原则乃至法律的精神,可以帮助我们更好地认识和理解法律。

1. 在一个法治的政府之下,善良公民的座右铭是什么？那就是"严格地服从,自由地批判"。

——[英]边沁

2. 只要法律不再有力量,一切合法的东西也都不会再有力量。

——[法]卢梭

3. 法律需要被信仰,否则它形同虚设。没有任何行为比起法官的徇私枉法对一个社会更为有害的了。司法的腐败,即使是局部腐败,也是对正义的源头活水的玷污。司法独立是司法公正的大前提。每一个人都不可以成为自己事务的法官。在由意志而不是由法律行使统治的地方没有正义可言。程序决定了法治与恣意人治之间的基本区别。

——[美]道格拉斯

4. 在民主的国家里,法律就是国王;在专制的国家里,国王就是法律。

——[德]马克思

5. 有两种和平暴力,那就是法律和礼节。

——[德]歌德

6. 法律就是秩序,有好的法律才有好的秩序。

——[古希腊]亚里士多德

7. 仓廪实,则知礼节;衣食足,则知荣辱。

——管仲

8. 法之不行,自上犯之。

——商鞅

9. 法不阿贵,绳不绕曲。

——韩非子

---

① 财新《新世纪》第22期。

10. 法者,天下之公器也。变者,天下之公理也。

——梁启超

思考: 选择一个你认为最能体现法律精神的格言,并说明理由。

苏格拉底之死

公元前399年的一天,501位雅典公民组成了陪审团,被告席上是一位年近七旬的老人,他就是古希腊的伟大先哲苏格拉底。控方指控苏格拉底的两项罪名是不敬雅典诸神、腐蚀败坏青年。对此,苏格拉底当庭发表了著名的《申辩》,但法庭还是以281票对220票的投票结果判定他有罪,这很有可能使他被判处死刑。按照雅典法律,苏格拉底有权提出一种较轻于死刑的刑罚,而由陪审团决定是否以此代替控方所提出的死刑。然而,苏格拉底所提出的处罚竟然是区区30米尼的罚金,这令法庭大为恼怒,于是便以多数票判定苏格拉底死刑。

五月时节,苏格拉底的家人、朋友和学生,在死囚牢中陪伴他度过最后的时光。他们原本计划帮助苏格拉底越狱逃生,甚至准备好了贿赂看守的钱财,成功的希望非常大。但是,苏格拉底拒绝了,他坚信法律是神圣的,逃避刑罚是对这种神圣的背叛,那是他作为一个雅典公民万万不能接受的。他对准备营救他的人说:我在70年间都没有离开雅典,就等于说我以自身的行为与国家签订了契约,表示服从国家的法律。越狱潜逃是蔑视法律的行为,是践踏自己曾经立下的契约,是最下贱的奴才干的勾当。如果我含冤而死,这不是法律的原因,而是由于恶人的蓄意。如果我无耻逃亡,以错还错、以恶报恶,毁伤的不仅是法律,而且是我自己、我的朋友和我的国家——苏格拉底坐在床上,神色坦然,平静地与大家谈论着灵魂的永生。最后,他打发走了自己的妻子和孩子,并与身边的人们,包括前来执行死刑的刑吏道别,并让他的学生克里托去催促那规定用来杀死他的鸠毒……毒液在他的身体里迅速蔓延,他躺下了;刑吏摸到他的身体开始僵冷,便把一块布盖在他的脸上。苏格拉底拉开了那块布说:"克里托,我还欠医生阿斯科勒皮俄斯一只公鸡,请不要忘记还他。"克里托赶紧回答:"知道了。还有什么别的吗?"没有回音——苏格拉底走了……

思考: 请结合苏格拉底之死谈谈你对法律及法治的认识。

思考题

一、名词解释

1. 法律　　　　　　　　　　2. 法律体系
3. 法律部门　　　　　　　　4. 法律渊源
5. 法律分类　　　　　　　　6. 实体法

7. 程序法
8. 一般法
9. 特别法
10. 法律关系
11. 法律责任
12. 民事责任
13. 刑事责任
14. 行政责任
15. 违宪责任

二、讨论题

1. 獬豸是中国古代法律的图腾,正义女神是西方法律的象征,请你描述对他们的第一观感,谈一谈他们分别代表的法律精神是什么?对于我们今天的法治中国建设有何借鉴?

2. 法律本身有很多的局限,比如保守、僵化、滞后,易受各种社会因素的制约,但是在国家运行和社会治理中还是离不开法律的规范。请你通过案例分析一下,人们为什么明明知道法律并非完美无缺,最终还要选择法律呢?

第二章 法 系

> **导 读**
>
> 　　法系作为法学研究领域中的重要名词术语，一般是指涉及若干国家和特定地区的、具有某种共性或共同传统的法的总称。通常我们习惯于将世界上的法律划分为五大法系，即中华法系、大陆法系、英美法系、伊斯兰法系、印度法系，其中中华法系和印度法系已经解体，而大陆法系和英美法系是世界主要的两大法系。不同法系拥有不同的特色，比如大陆法系以其完备的成文法而著称，英美法系则以判例法为其主要法源。相应地，各种不同的法律制度，比如检察制度、判例制度、违宪审查制度等在不同的国家呈现不同的特点。

> **学习目标**
>
> ◆ 掌握英美法系和大陆法系的具体内容
> ◆ 理解法系发展的趋势
> ◆ 了解五大法系的基本特点
> ◆ 了解判例、陪审、检察等各项特色制度的基本内容

第二章 法 系

> 公正或正义的规则完全取决于人们所处的特定国家和环境，
> 而这些规则的产生和存在归结于效用，
> 正是通过一贯严格遵守这些规则而产生了社会。
>
> ——[英]休谟

第一节 法系概述

一、法系的概念

法系是法学研究领域中非常重要的一个名词术语。一般来说，法系可以理解为涉及若干国家和特定地区的、具有某种共性或共同传统的法的总称。法学家们将形态各异、多种多样的各国法律按照一定的标准进行划分，将其归属于不同的类型，称之为"法系"（legal family）。我们习惯于将世界上的法律划分为五大法系，即中华法系、大陆法系、英美法系、伊斯兰法系、印度法系，其中中华法系和印度法系已经解体。

法系是在对各国法律制度的现状和历史渊源进行比较研究的过程中形成的概念。要正确把握法系的含义，必须把法系同法律体系、法学体系、法的历史类型等概念区别开来。

法律体系是指由一个国家内部各个现行法律部门所构成的有机统一整体。如我国当代法律体系由宪法、行政法、民商法、经济法、社会法、刑法、诉讼法和非诉讼程序法组成。

法学体系是指由法学的各个分支学科如法理学、宪法学、民法学等所组成的有机体系。法学体系作为一种学科体系，属于一种学理分类。

法的历史类型是按照历史上法的阶级本质和其所依赖的经济基础对法所进行的基本分类，包括奴隶制法、封建制法、资本主义法和社会主义法，这是马克思主义法学关于法的分类方法的一种。与法系比较，法的历史类型更侧重法的时间性和法的实质特征。

二、法系的发展趋势

在五大法系中，现存于世并继续发展着的是大陆法系、英美法系、伊斯兰法系。其中，伊斯兰法系因其强烈的宗教性而具有相对的封闭性。因此，所谓法系的发展趋势，主要就是指英美法系和大陆法系的未来发展特点。

这两大法系的发展呈现了以下三个特点。

1. 在法律的形式渊源上，英美法系和大陆法系的相互融合逐渐加深

英美法系与大陆法系在法律渊源、法典编纂、法律分类、诉讼程序等方面都存在着很大的差异。但是，随着世界政治、经济以及文化的交流，加上两大法系本身各有利弊，使得两大法系之间需要不断地彼此取长补短，因而两大法系呈现了逐渐融合的新特点。

就英美法系而言，成文法正日益增多。自19世纪以来，英国法的一些弱点开始暴露出来，法律的不确定性和诉讼程序的僵硬性受到了人们的批评。英国著名法学家边沁就极力主张对英国法律进行改革，主要途径是编撰法典，全面实行法典化。虽然边沁的改革当时因遭到法官和律师的反对而没有被直接接受，但现在英国制定法的比重和作用正在明显上升，制定法逐渐趋于系统化。财产法、契约法、刑法等这些传统的法律部门基本都已制定了成文。当然，虽然英国制定法的数量越来越多，但成文法的效力在英国还是难与判例法比肩。

英美法系的另一个核心国家美国对于成文法的接受要比英国更进一步。自20世纪以来，美国的成文法无论是数量上还是重要性上都有了很大的提高。现在美国各州中一半已经有自己的刑法典，有些州已经制定了自己的民法典。美国在行政程序方面的立法甚至走在了大陆法系的前面。尤为重要的是，美国在不少领域的成文法的效力是高于判例法的。

就大陆法系而言，判例法的作用也正日趋突出。进入20世纪以后，经济进一步发展，新型法律关系不断涌现，成文法的缺陷愈加明显。于是，一些大陆法系国家和地区的法律实践中也开始引入判例法。英美法系国家和大陆法系国家之间的差别虽然存在，但已大大减少。比如，制定法传统发源地法国，一改旧日固守单一制定法的传统，开始承认判例的一定作用并逐渐提升其地位。现代法国行政法和侵权法的形成很大程度上是判例基础上的成文法。可以说，在大陆法系判例在立法与司法实践中已经获得了存在与发展的宽松环境和广阔空间。

2. 在法律内容上，人权保障、社会保障和环境立法成为英美法系和大陆法系共同关注的领域

（1）尊重和保障人权是各国政治法律制度的基本价值观及其制度安排。

人权是指在一定的社会历史条件下每个人按其本质和尊严享有或应该享有的基本权利，本质特征和要求是自由和平等，实质内容和目标是人的生存和发展。尊重和保障人权是民主政治的基本要求，是社会政治文明的基本标志。因此，不管是英美法系国家还是大陆法系国家，关于人权的保护越来越成为重要的内容，人权法逐渐发展为一个相对独立的法的类别。

（2）不断健全社会保障制度是各国共同努力的目标。

社会保障是指国家和社会通过立法对国民收入进行分配和再分配，对社会成员特别

是生活有特殊困难的人们的基本生活权利给予保障的社会安全制度。社会保障的本质是维护社会公平进而促进社会稳定发展。《中华人民共和国宪法》规定:"中华人民共和国公民在年老、疾病或者丧失劳动能力的情况下,有从国家和社会获得物质帮助的权利。"一般来说,社会保障由社会保险、社会救济、社会福利、优抚安置等组成。

西方各国的社会保障制度由于失业、通货膨胀、人口老化等因素的长期困扰而面临着一系列的危机:过度保障使社会保障支出日益膨胀,财政不堪重负;福利的平均化和救济过度造成受益不公,致使人们的工作欲望减弱,而对政府和社会的依赖心理加重,使效率受损;社会保障管理机构膨胀,管理费用增加,造成社会保障资金流失等。因此,不管是英美法系国家还是大陆法系国家,为改变这一被动局面,普遍致力于对社会保障制度的调整和改革。

(3) 环境立法成为两大法系法学发展的最新领域之一。

所谓环境立法,是指立法机关通过制定法律法规规范人与环境的关系的法律行为,主要表现为保护自然资源、限制自然资源的使用。环境立法是针对环境保护制订的法律,并不是包含环境的法律都是环境立法。例如:对环保产业的税收立法,属于税法而不是环境法;要求政府增加环保产业投入的立法属于财政收支法而不是环境法。

人类社会经历了早期人类社会、以农业为主的奴隶社会和封建社会、近代产业革命后的工业社会。从人类社会发展的三个阶段可以看出,随着生产力的不断发展,人类对自然环境的改造逐渐地造成了许多环境问题,并最终出现危机。但人类也同时随着自然科学的发展和理性的提高,逐渐地认识到了环境的重要性。因此,各国在环境的保护上达成了共识,并积极地加强了环境方面的立法。

3. 法律的全球化趋势日益明显

世界经济全球化的加速发展使得社会生活的各个领域都在向全球化发展,法律自然也不例外。在国际交流和合作不断密切与加强的背景下,国际法、国际条约大量涌现和迅速增长,各国都参与制定并遵守这些法律、条约。国内法与国际性法律在并存的过程中必然会相互影响、相互作用。国际法与国内法的互动,既推动了国际法的发展,也推动了国内法的发展,更加快了不同法系之间的融合。

以欧洲共同体的建立为例,共同体不仅有自己的立法机关,还有统一的司法机关——欧洲法院。共同体法适用于成员国及其公民,在共同体法与国内法发生冲突时,共同体法优先于国内法。英国和爱尔兰作为普通法系国家加入欧洲共同体之后,意味着共同体法成为其本国法的一部分,并享有优先适用权,这促进了英美法与大陆法的融合。另一方面,在欧洲法院的判决中有时也引用判例,20世纪80年代以后判例法的作用逐渐明显。由于欧盟法的"直接适用"和"优先适用"原则,促使两大法系的多个国家不同特点法律的相互汇合、互相作用和循环协调发展。

> 法典是人民自由的圣经。
> ——[德]马克思

第二节 五大法系概略

一、中华法系

1. 中华法系概述

中华法系,是中国的封建法律和亚洲一些仿效这种法律的国家法律的总称。

中华法系最早发端于夏朝,经过商朝的发展,到西周时期逐渐成型。春秋战国时期法律制度的大变革,使得成文法在各国颁布实施,到秦朝时中华法系已初具雏形。此后,经过西汉和三国两晋南北朝长达八百多年的演变,至隋唐时期法律思想和法律制度达到最为成熟的状态,中华法系已自成体系。到清朝末年,在修律的过程中中华法系宣告解体,部门法体制建立,开始了中国近代法制的进程。

2. 中华法系的特点

(1) 以儒家思想为理论基础,摆脱了宗教神学的束缚。

自汉武帝"罢黜百家,独尊儒术"以后,儒家的纲常名教成了立法与司法的指导原则,维护三纲五常成了封建法典的核心内容。由汉至隋盛行的引经断狱,以突出的形式表现了儒家思想对于封建法制的强烈影响。

> **相关知识**
>
> 引经断狱又称春秋决狱,是一种审判案件的推理判断方式。西汉中期儒家思想取得正统地位后,儒学大师董仲舒等人提倡以《春秋》大义作为司法裁判的指导思想,凡是法律中没有规定的,司法官就以儒家经义作为裁判的依据;凡是法律条文与儒家经义相违背的,则儒家经义具有高于现行法律的效力。董仲舒有关的断狱案例曾汇编成十卷的《春秋决事比》,在两汉的司法实践中被援引适用。现存史料中记载了少量案例,列举如下:
>
> 1. 甲没有儿子,捡了弃婴乙作为养子。乙长大后杀了人,甲把乙藏起来。如果按照当时法律,藏匿犯人要受重刑。但是,《春秋》上提倡父子一方犯罪后,另一方可

以将其隐藏。董仲舒认为他们是父子关系,所以不能判甲有罪。后来,唐律明确规定了父子相互隐匿不属犯罪。

2. 甲把儿子乙送给了别人,儿子长大后,甲对他说:你是我的儿子。结果乙一气之下打了甲二十棍子。按照法律,打父亲要处死刑。但是,董仲舒认为甲生了儿子不亲自抚养,父子关系已经断绝,所以乙不应被处死刑。

3. 父亲和别人因口角发生斗殴,对方用刀刺父亲,儿子拿棍子相救,结果误伤了父亲。有的官吏认为儿子犯了殴打父亲的重罪,要按律处死。但是,董仲舒认为儿子的动机不是殴打而是救助父亲,是值得肯定的孝亲行为,所以应免罪。

(2) 维护封建伦理,确认家族法规。

中国封建社会是以家族为本位的,因此宗法的伦理精神和原则渗入并影响着整个社会。封建法律不仅以法律的强制力确认父权、夫权,维护尊卑伦常关系,并且允许家法族规发生法律效力。由宋迄清,形形色色的家内成文法是对国法的重要补充,在封建法律体系中占有特殊的地位。

(3) 皇帝始终是立法与司法的枢纽。

皇帝既是最高的立法者,所发诏、令、敕、谕是最权威的法律形式,可以一言立法,一言废法;皇帝又是最大的审判官,或者亲自主持庭审,或者以"诏狱"的形式,敕令大臣代为审判,一切重案会审的裁决与死刑的复核均须上奏皇帝,皇帝可以法外施恩,也可以法外加刑。

(4) 官僚、贵族享有法定特权,良、贱同罪异罚。

中国封建法律从维护等级制度出发,赋予贵族官僚以各种特权。从曹魏时起,便仿《周礼》"八辟"形成"八议"制度。至隋唐已确立了"议""请""减""赎""官当"等一系列按品级减免罪刑的法律制度。另一方面,又从法律上划分良贱,名列贱籍者在法律上受到种种歧视,同样的犯罪,以"良"犯"贱",处刑较常人相犯为轻;以"贱"犯"良",处罚较常人为重。

(5) 诸法合体,行政机关兼理司法。

中国从战国李悝著《法经》起,直到最后一部封建法典《大清律例》,都以刑法为主,兼有民事、行政和诉讼等方面的内容。这种诸法合体的混合编纂形式,贯穿整个封建时代,直到20世纪初清末修律才得以改变。在漫长的封建时代,中央虽设有专门的司法机关,但它的活动或为皇帝所左右,或受宰相及其他行政机关所牵制,很少有可能独立地行使职权。至于地方则由行政机关兼理司法事务,二者直接合一。

3. 中华法系的代表性法典

中华法系代表性的法典就是保存至今的《唐律疏议》,这是中华法系成熟完备的标志。唐朝以后,宋元明清各朝都以此为蓝本创制自己朝代的法律制度。

作为中华法系的代表作,唐律超越国界,对亚洲诸国产生了重大影响。朝鲜《高丽律》篇章内容都取法于唐律。日本文武天皇制定《大宝律令》,也以唐律为楷模。越南李太尊时期颁布的《刑书》,大都参用唐律。可见,唐律在中国乃至世界法律发展史上曾大放异彩,占有主要地位。

> **相关知识**
>
> ### 《唐律疏议》
>
> 《唐律疏议》是东亚最早的成文法之一,亦为中国现存最古老、最完整的封建法典,共三十卷。主要内容如下。
>
>
>
> 《唐律疏议》
>
> 第一篇《名例律》,相当于现代刑法总则,主要规定了刑罚制度和基本原则。
>
> 第二篇《卫禁律》,主要是关于保护皇帝人身安全、国家主权与边境安全的规定。
>
> 第三篇《职制律》,主要是关于国家机关官员的设置、选任、职守以及惩治贪官枉法的规定。
>
> 第四篇《户婚律》,主要是关于户籍、土地、赋役、婚姻、家庭等婚姻家庭关系的规定。
>
> 第五篇《厩库律》,主要是关于饲养牲畜、库藏管理,保护官有资财不受侵犯的规定。
>
> 第六篇《擅兴律》,主要是关于兵士征集、军队调动、将帅职守、军需供应、擅自兴建和征发徭役的规定。
>
> 第七篇《贼盗律》,主要是关于严刑镇压蓄意推翻封建政权,打击其他严重犯罪,保护公私财产不受侵犯的规定。
>
> 第八篇《斗讼律》,主要是关于惩治斗殴和维护封建诉讼制度的规定。
>
> 第九篇《诈伪律》,主要是关于打击欺诈、骗人的犯罪行为,维护封建社会秩序的规定。
>
> 第十篇《杂律》,凡不属于其他各篇的犯罪都纳入本篇加以规范。
>
> 第十一篇《捕亡律》,主要是关于追捕逃犯和惩治兵士、丁役、官奴婢逃亡的规定。
>
> 第十二篇《断狱律》,主要是关于审讯、判决、执行和监狱管理的规定。
>
>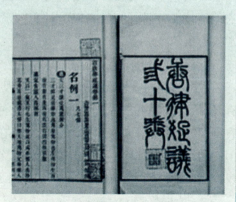
>
> 《唐律疏议》内文

二、印度法系

1. 印度法系概述

印度法系是指5~7世纪以前古代印度奴隶制法及以其为基础的古代缅甸、锡兰(今斯里兰卡)、暹罗(今泰国)、菲律宾等国法律的统称。

古代印度居住着不同种族、不同风俗习惯和不同宗教信仰的人民,他们各自法律的共同点是,都与宗教、道德规范和哲学联系密切。印度古代法起源于婆罗门教法,后佛教兴起,孔雀王朝阿育王定佛教为国教,婆罗门教法的影响遂逐渐减弱,而为由阿育王召集高僧编纂的三藏经典即《律藏》《经藏》和《论藏》所取代。《律藏》记载佛教僧侣的戒律和佛寺的一般清规,《经藏》为释迦牟尼说教集,《论藏》包含佛教哲学原理的解说。三藏佛教法特别是其中的律藏,具有法律的性质。后来,佛教影响减弱,婆罗门教法又兴盛起来。8~9世纪,婆罗门教吸收了佛教和耆那教的某些教义,改称为印度教。因此,印度古代法也往往被称为印度教法。

印度古代法律肯定了王权无限的君主专制制度,宣布国王是具有人形的伟大的神,其光辉凌驾于一切生物之上。还肯定了古印度奴隶制社会界限森严、实行世袭的种姓制度,对社会影响极为深远。

> **相关知识**
>
> 印度种姓制度是古代社会最典型、最森严的等级制度。四个等级在地位、权利、职业、义务等方面有严格的规定。
>
> 第一等级婆罗门主要是僧侣贵族,拥有解释宗教经典和祭神的特权。
>
> 第二等级刹帝利是军事贵族和行政贵族,他们拥有征收各种赋税的特权。
>
> 第三等级吠舍是雅利安人自由平民阶层,他们从事农、牧、渔、猎等,政治上没有特权,必须以布施和纳税的形式来供养前两个等级。
>
> 第四等级首陀罗绝大多数是被征服的土著居民,属于非雅利安人,他们从事农、牧、渔、猎等业以及当时被认为低贱的职业。
>
> 种姓制度的特征:一是各等级职业世袭,父子世代相传;二是各等级实行内部同一等级通婚,严格禁止低等级之男与高等级之女通婚;三是首陀罗没有参加宗教生活的权利;四是各等级在法律上是不平等的。

2. 印度法系主要特点

(1) 印度宗教众多,使得印度法律的结构、体系异常复杂。

(2) 宗教与法律紧密结合,两者互相补充。

(3) 融合法律、伦理道德和哲学为一体。

(4) 法典不是国王或立法机构颁布的,而是由宗教界的著名人士或婆罗门教的僧侣贵族按照社会需要和阶级利益而进行编撰的。

(5) 公开宣扬社会的不平等,将一切居民的地位和权利义务用法律形式加以确定,形成一套完整的种姓制度。

3. 印度法系的代表性法典

印度法系中流行最广、后世研究最多、最具有代表性的是《摩奴法典》。后人认为这是由天神之子摩奴制定的,实际上是在公元前2世纪至公元2世纪之间陆续编成。这部法典涉及面广,内容丰富,为研究古代印度历史提供了大量有价值的资料,其影响远及缅甸、泰国、爪哇和巴厘岛等地。

> **相关知识**
>
> 摩奴法典内容驳杂,大约编成于公元前2世纪~公元2世纪(一说为公元后的头几个世纪)。传至今日之《摩奴法典》共12章,2 684条。第1章讲述创世纪的神话;第2~6章论述婆罗门教徒的行为规范;第7~9章主要包括民法、刑法、婚姻制度、继承法;第10章是关于种姓的法律;第11章是赎罪法;第12章包括因果报应、轮回转世之说。
>
> 《摩奴法典》作为古印度影响最大、最重要的一部经典,其核心内容可以归纳为一点,即维护种姓制度。它宣扬种姓起源的神话,论列各种姓的不同地位、权利和义务,并以来世苦乐作为这种奖惩的补充。因此,《摩奴法典》作为维护剥削阶级高等种姓利益的工具,其所发挥的作用是纯粹的法典所难以比拟的。

摩奴法典

三、伊斯兰法系

1. 伊斯兰法系概述

伊斯兰法系又称阿拉伯法系,就是中世纪信奉伊斯兰教的阿拉伯各国和其他一些穆斯林国家法律的总称,具体指7~9世纪形成的阿拉伯哈里发国家的法律,包括穆斯林宗教、社会、家庭等各方面的法规。

伊斯兰法兼具宗教和道德规范性质,同伊斯兰教教义有着密切联系,是每个伊斯兰教徒,即穆斯林所应遵守的基本生活准则,一般对非穆斯林不具约束力,所以又称沙里阿(Shari'a),意译为"教法",其内容极为广泛,私法比重大于公法。在8~9世纪阿拉伯帝国全盛时期,伊斯兰法也臻于全盛,东起印度河流域,西临大西洋,从喜马拉雅山麓至地中海岸这一广大地区都实行伊斯兰法。伊斯兰法是属人法,凡是穆斯林都适用伊斯兰法。目前,伴随着伊斯兰教的广泛传播,伊斯兰法系也分布在世界的广大地区,包括西亚、南亚、东南亚、北非、南部非洲及其他地区。

随着穆斯林国家中资本主义的发展和社会的变革,昔日伊斯兰教法的特殊地位已不复存在。在大多数穆斯林国家中,世俗法律基本取代伊斯兰法。但是,由于伊斯兰教仍是占统治地位的意识形态之一,因而在各穆斯林国家里,伊斯兰法对穆斯林的行为,依然具有不同程度的约束力。

2. 伊斯兰法系的主要特点

(1) 法律的宗教化色彩浓重。

为使大量的世俗性法律获得"神启"的权威,学者不断将政府的行政命令、地方习惯法以及外族法律加以整理改造,将世俗化法律纳入伊斯兰教的宗教法范畴。伊斯兰法追求的是一种纯而又纯的宗教法,不承认非宗教法的效力,如要采纳某些世俗性的法律规范,必须首先将其宗教化,纳入教法体系之中。所以,与其他宗教法相比,伊斯兰法的宗教化更为彻底。

(2) 理论与实践存有差异。

伊斯兰教国家是政教合一的神权政治国家,伊斯兰法被宣布为最高的也是唯一的法律准则,在理论上,它本身不容纳任何非经宗教化的世俗性法律,而且不承认教法以外的世俗性法律的效力。在实践中,伊斯兰法由于自身所固有的缺陷,常常不能满足社会发展变化的需要。因此,在宗教法之外,还有大量世俗性的法律存在。

(3) 法学家的作用十分突出。

按照伊斯兰法学理论,立法权属于安拉及其使者穆罕默德,包括国王在内的其他任何人都无立法权。因此,后人只有通过各种方法解释《古兰经》和"圣训",对法律有深入研究的法学家是最有资格承担此任务的人,他们发表的观点学说被视为是对神意最准确的表达,法官通常依赖法律学说处理案件。于是,法律逐渐学说化,法学家的作用日益凸显。

3. 伊斯兰法系的代表性法典

《古兰经》是伊斯兰教唯一的经典。它是穆罕默德在23年的传教过程中陆续宣布的"安拉启示"的汇集。"古兰"一词系阿拉伯语 Quran 的音译,意为"宣读""诵读"或"读物",复述真主的话语之意。中国旧译为《古尔阿尼》《可兰经》《古兰真经》《宝命真经》等。中世纪伊斯兰经注学家根据经文的表述,说它有55种名称,其中常以"克塔布"(书、读本)、"启示""迪克尔"(赞念)、"真理""光""智慧"等来称呼。现存最古老的公元688年的《古兰经》藏于埃及国家图书馆。

相关知识

古兰经

《古兰经》共有114章，6 236节，为了在斋月诵读方便分为30本，故在中国民间俗称"三十本古尔阿尼"。

除了第1章为祷词外，从第2章开始，《古兰经》以篇幅从长到短编撰。因为《古兰经》并不是按时间顺序编撰的，每一章的内容并没有关联性。通常，《古兰经》被分为麦加章和麦地那章，对应穆罕默德人不同时期的口述传统。它是阿拉伯语文中首先加以记载的典籍，公元6世纪和7世纪初期，阿拉伯人的文章、各种的旨趣和文体，都是以《古兰经》为先导的。《古兰经》每章分为若干节，每节的终了之处，刚好是读者在气势上和情感上需要停顿之处。穆罕默德继承了阿拉伯半岛的传统，通过散体诗的形式把易卜拉欣（基督教称亚伯拉罕）的唯一神重新在阿拉伯半岛复兴。

四、英美法系

1. 英美法系概述

英美法系又称英国法系、普通法系和判例法系，是承袭英国中世纪的法律传统而发展起来的各国法律制度的总称。

英国法在普通法、制定法和衡平法的发展过程中形成。美国与英国同属英美法系，二者共同遵守的是普通法的基本传统。但是，在美国法律系统中制定法的地位和影响优于英国，制定法范围内最大的不同表现在宪法领域。

2. 英美法系的主要特点

（1）英美法系的法律渊源包括各种制定法和判例，其中判例所构成的判例法在整个法律体系中占主导地位。判例法一般是指高级法院的判决中所确立的法律原则或规则，这种原则或规则对以后的判决具有约束力或影响力。由于这些规则是法官在审理案件时创立的，因此又称为法官法。除了判例法之外，英美法系国家还有一定数量的制定法，包括法典，如美国的《统一商法典》、美国宪法等。和大陆法系比较起来，它的制定法和法典还是很少的，而且对法律制度的影响远没有判例法大。

（2）英美法系在法律结构上是以单行法和判例法为主干而发展起来的。英美法系习惯用单行法的形式对某一类问题作专门的规定，因此很少制定法典。在内容上英美法系的基本结构是在普通法和衡平法的分类基础上建立的。从历史上看，普通法代表立法机关的法律，衡平法主要代表审判机关的法律，衡平法是对普通法的补充。

（3）英美法系中法官的地位很高。法官既可以援用成文法也可援用已有的判例来审判案件，而且还可以在一定的条件下运用法律解释和法律推理的技术创造新的判例。因此，法官不仅可以适用法律也可以在一定的范围内创造法律。

（4）英美法系采用对抗式的诉讼程序。诉讼中以原告被告以及其辩护人和代理人为重心，法官只是双方争论的仲裁人而不能参与争论。与这种对抗式程序同时存在的是陪审团制度，陪审团代表人民参加案件审理，主要作出事实上的结论和法律上的基本结论，如有罪或无罪，法官则负责作出法律上的具体结论，即判决。

（5）英美法系的职业教育注重培养处理案件的实际能力。比如，律师的职业教育主要通过协会进行，被称为"师徒关系"式的教育。

五、大陆法系

1. 大陆法系概述

大陆法系又称民法法系、罗马法系、成文法系、罗马-德意志法系，是以罗马法为基础而发展起来的，以1804年《法国民法典》和1896年《德国民法典》为代表的法律制度，以及其他国家或地区仿效这种制度而建立的法律制度的总称。

大陆法系最先产生于欧洲大陆，以罗马法为历史渊源，以民法为典型，以法典化的成文法为主要形式。它是西方国家中与英美法系并列的渊源久远和影响较大的法系。大陆法系包括两个支系，即法国法系和德国法系。由于以法国和德国为代表的大陆法适应了整个资本主义社会的需要，并因采用了严格的成文法形式易于传播，所以19~20世纪后，大陆法系越过欧洲，传遍世界。

2. 大陆法系的主要特点

（1）在法律的历史渊源上，罗马法构成了各国法系的基础，大陆法系不仅继承了罗马法成文法典的传统，而且采纳了罗马法的体系、概念和术语。例如，《法国民法典》以《法学阶梯》为蓝本，《德国民法典》以《学说汇纂》为模式。

（2）在法律形式上，大陆法系国家一般不存在判例法，以制定法为主要渊源。对重要的法律部门均制定了法典，并辅之以单行法规，构成较为完整的成文法体系。

（3）从法律结构传统来看，大陆法系法律的基本结构是在公法和私法的分类基础上建立的，传统意义上的公法指宪法、行政法、刑法以及诉讼法，私法主要指民法和商法。

（4）在法官的作用上，大陆法系要求法官依据法律明文规定办理案件，法官没有立法权只能运用既定的法律判案。大陆法系国家的立法和司法分工明确，强调制定法的权威，制定法的效力优先于其他法律渊源，而且将全部法律划分为公法和私法两类，法律体系完整，概念明确。法官只能严格执行法律规定，不得擅自创造法律、违背立法精神。

（5）在司法组织和诉讼程序上，大陆法系一般采用普通法院与行政法院分离的双轨制，重视实体法与程序法的区分。法官经考试后由政府任命，一般采用纠问式诉讼方式。

"二战"后,大陆法系国家还普遍建立了宪法法院。

3. 大陆法系的代表性法典

(1)《法国民法典》

1804年公布施行的《法国民法典》是第一部资本主义国家的以资本主义经济制度为基础的民法典。

《法国民法典》作为早期的资产阶级民法典,与当时的自由竞争经济条件相适应,体现了"个人最大限度的自由、法律最小限度的干预"的立法精神。其基本原则包括绝对所有权制度、契约自由及过失责任原则等,是资产阶级的"天赋人权"理论的体现。

(2)《德国民法典》

《德国民法典》是德意志帝国在1896年制定的民法典,1900年1月1日开始实施,以后为德意志共和国、德意志联邦共和国继续适用,现在仍然有效。这是继《法国民法典》之后,大陆法系国家第二部重要的民法

法国民法典

典。它继承罗马法的传统,结合日耳曼法的一些习惯,并根据19世纪资本主义经济发展的新情况而制定,因而在内容上超出了自由资本主义时期法律原则的范围,在一定程度上适应了垄断资本主义时期的需要。

德国民法典

《德国民法典》与《法国民法典》在民法发展史上的地位,各有千秋。在开创近代民法历史、为资本主义社会开辟道路方面,《德国民法典》无法与《法国民法典》相比,但是在其他一些方面,如无过错侵权责任等原则的确立,《德国民法典》却有胜过《法国民法典》的地方。有的比较法学家将由《法国民法典》形成的法系称为"罗马法系",将由《德国民法典》形成的法系称为"德意志法系",从而使《德国民法典》取得了与《法国民法典》并肩而立的地位。

> **相关知识**
>
> ### 大陆法系和英美法系比较
>
> 大陆法系和英美法系是当今世界上最主要的两大法系,它们的主要区别如下。
>
> (一)法律渊源不同
>
> 在法律渊源上,其不同主要在于判例是否是正式意义的法律渊源。在大陆法系中,一般情况下制定法是正式的法律渊源,而判例不是正式的法律渊源。先前的判断不能作为司法判决的直接根据,法官无权通过判例创造法律规范。在英美法系中,制定法、判例法都是法的正式渊源。但是,在法官和律师的法律观念中,判例仍是第一

第二章 法 系

位的,制定法只有在被应用到判决中才被视为法的渊源。

(二)法典编纂不同

大陆法律的一些基本法律往往采用较系统的法典形式,在它的主要发展阶段上,几乎都有代表性的法典。在英美法系国家,尽管制定法也在不断地增多,但其制定法一般采用单行法形式,不采取包罗万象的法典形式。

(三)法律分类不同

大陆法系国家一般都将公法与私法的划分作为法律分类的基础,而英美法系则是以普通法与衡平法为法的基本分类。

(四)诉讼程序不同

由于历史的原因,大陆法系的诉讼程序以法官为中心,法官既要帮助双方当事人厘清争议的焦点,积极指导取证活动,还要在法庭上主动询问双方,积极影响案件审理的过程。这种诉讼程序突出法官的职能,具有纠问式诉讼的特征。英美法系的诉讼程序则以原告、被告及其辩护人和代理人为中心,法官只是双方争论的"仲裁人"而不能参与争论。因此,英美法系的诉讼程序又被称为对抗式诉讼程序。

> 自然公平的第一个原则是:
> 必须给予诉讼当事人各方充分的机会来陈述本方的理由。
> 这意味着必须将诉讼程序告知他们,
> 并及时通知其任何可能受到的指控,以便于他们行使权利。
>
> ——[英]彼得·斯坦

第三节 特色制度

一、违宪审查制度

1. 违宪审查制度概述

违宪审查是指为保障宪法实施,由具有违宪审查权的特定国家机关,依照宪法规定的程序,对国家机关及其工作人员的行为(主要是立法活动)是否符合宪法进行审查,并对违反宪法的行为加以纠正或制裁的专门活动。其特点如下：

（1）违宪审查的目的是为了保障宪法实施；

（2）违宪审查的主体是具有违宪审查权的特定的国家机关；

（3）违宪审查的客体是执行或适用宪法的国家机关及其工作人员的行为；

（4）违宪审查的内容是对国家机关及其工作人员的行为或活动是否符合宪法进行审查，包括审查各类法律法规以及特定个人所实施的行为的合宪性，裁决国家机关之间的权限争议、选举争议、公民宪法权利案件等；

（5）违宪审查的程序是由宪法规定的程序。

2. 违宪审查制度主要模式

纵览现代世界各国的违宪审查体制，大体可以分为以下三种模式。

（1）立法机关审查模式。

立法机关审查模式即由国家最高立法机关负责违宪审查。该模式源于英国的议会监督制度，其审查方式通过立法程序进行，也就是当国家最高立法机关发现有违宪的法律、法规或规章时，可以对其进行修改或废除。

（2）司法机关审查模式。

司法机关审查模式即由普通法院通过司法程序来审查和裁决立法、行政是否违宪。它首创于美国，其产生并非来源于美国宪法的明文规定，而是1803年联邦最高法院首席大法官马歇尔通过对"马伯里诉麦迪逊"一案的判决而确立的。美国的违宪审查制度对各国的宪法发展都产生了巨大的影响，不少国家纷纷效仿。

相关案例

马伯里诉麦迪逊案介绍

马伯里诉麦迪逊案（Marbury v. Madison）于1803年由首席大法官马歇尔主审。从司法角度来看，本案堪称法律史上最伟大的判例。它在美国宪法史上有着极为重要的地位，奠定了近代司法权真正的权威，也开创了世界范围内违宪审查的先河。

马伯里诉麦迪逊

基本案情介绍：威廉·马伯里（William Marbury）被即将卸任的总统约翰·亚当斯任命为太平绅士。参议院亦于1801年批准了这项任命。但是，由于官僚的疏忽，时任国务卿的马歇尔（John Marshall）并未将正式的委任状投递给马伯里。继任的总统托马斯·杰斐逊指令其国务卿麦迪逊不可将委任状投递给马伯里。马伯里依据国会于1789年颁布的《司法法案》在美国最高法院一审起诉麦迪逊,要求最高法院颁布训令状,指令麦迪逊将委任状投递给他。这个案子本身其实反映的是美国政坛一直纷争不断的两党之争,但案子之所以如此出名的原因在于法官马歇尔的判词,正是这段著名的判词,确认了美国法院的司法审查权。

判词概要:

马歇尔在其判词中讨论了三个问题:

1. 原告有无权利获得其委任状?
2. 如果原告有上述权利,且该权利受到侵犯,那么法律是否提供补偿措施?
3. 如果确有补偿,那么该补偿是否应是从本法庭颁布的训令状开始?

马歇尔对上述问题的回答与分析如下。

1. 有。总统的酌情权在其签署了委任状后便行终止。委任在国务卿加盖国玺之后便全部完成,投递仅为一个例行手续。

2. 是。作为一个法治而非人治的国家,如果美国不能对合法权利进行保护与补偿的话,那么就不配享有这个荣誉。

3. 不是。马歇尔参考了国会于1789年颁布的《司法法案》,认为该法案确实给予了美国最高法院在颁布训令状案件上的"原诉管辖权"。后世有学者认为该论定并非无懈可击,因为《司法法案》原文可有多种合理的解释。继而,马歇尔又参照了美国宪法。宪法并未明文规定最高法院有该类案件的原诉管辖权,而是指出最高法院有上诉管辖权。据此,马歇尔得出结论,《司法法案》因违宪而无效,本案撤销。

(3) 专门机关审查模式。

专门机关审查模式即由专门设立的机关——宪法法院或宪法委员会行使违宪审查权。这种审查模式产生于引进美国违宪审查制度失败后的欧洲大陆,其基本理念:随着政治实践的发展,需要打破国家权力的传统分类,去寻找一种凌驾于行政权、立法权和司法权之上的新的制衡力量即第四种权力,去负责监督前三种权力,以确保它们在宪法的范围内运行。

宪法法院,作为独立于国家传统权力之外的行使宪法监督权的机关,最早于1920年在奥地利诞生,创始人是实证主义法学家凯尔森。自奥地利后,德国也将宪法法院作为行使违宪审查权的机构。与宪法法院相似,法国由宪法委员会行使违宪审查权。

3. 违宪审查制度的意义

违宪审查制度的意义在于,它有利于维护宪法尊严和保证宪法实施,有利于国家权力的规范和制约以及公民基本权利保障功能的实现,有利于建设法治国家和政治文明。

二、判例制度

1. 判例制度概述

判例是指法官处理案件的判决和裁定,由于它创制了新的法律规则,而成为本院和下级法院法官以后处理同类案件的依据。对于判例,无论是在英美法系还是在大陆法系都承认其存在,但判例在英美法系国家具有尤为重要的地位。

在英美法系判例包含以下含义:一是指某个案件的判决,是法院对争议事实认定之后,依据法律规定作出的裁判;二是指判决中所包含的法律原则,它是法官针对案件事实所涉及的法律问题,对法律规范的进一步明确解释,或对法律未规范的问题依据正义、公平、合理的精神所作出的判断。这些法律原则不仅对该案有拘束力,而且由于其公正性和合理性,对其他法官以后审理类似案件都有借鉴、参考或遵循的效力。而判例制度则是指在一定历史条件下,在判例的基础上形成的与其有关的规范。

2. 判例制度的运用

(1) 判例制度在英美法系国家的运用。

判例法是英美法系正式的法律渊源,在理论和司法实践中都居于主导地位。虽然近年来制定法的数量不断增加,但并未动摇判例法在英美法系的地位。

"遵循先例"是英美法系判例法的重要特征,司法先例具有相当的权威性,一旦确立就不能随意推翻。这种拘束力分为纵向和横向两类。纵向的拘束力是上级法院的先例约束下级法院,上级法院的先例只有在被更高级的法院变更或被制定法变更时,方丧失其约束力。横向的约束力是同一法院的先例对本院以后的判决具有约束力。

运用判例法的重要方法是区别技术,是遵循先例规则的自然演化。区别技术就是对先例判决中的事实和法律问题与现行案件中的事实和法律问题加以比较的过程和方法。在判例法制度下,法官受理案件后首先要找出该案件与判例相同或相似的事实,然后根据事实来确定适用于该案件的法律规则。

(2) 判例制度在大陆法系国家的运用。

虽然在理论上判例不是大陆法系的法律渊源,但在司法实践中,判例具有重要作用。比如,大陆法系国家的法院审理案件,非常注重遵从判例,特别是上级法院的判例。法国和德国下级法院便需遵从上级法院判例。判例汇编在大陆法系国家也普遍具有重要影响。德国具有行政实体法案例汇编,并且其行政法主要是在行政法院的判例基础上建立的。我国从20世纪80年代中期起,最高人民法院开始以《公报》《案例选编》的形式发布案例,对司法实践产生重大影响。

正是近年来大陆法系通过判例对现有的制定法进行必要的改进、补充和丰富,从而在保障法律稳定性的同时可以吸收新的法律精神和法律原则,使法律不断适应社会的发展需要。

3. 判例制度的价值

一般而言,判例制度中的判例基本都具有造法功能。造法功能的判例为英国首创,被美国吸收和发展,成为英美国家法律渊源之一即判例法。同时,具有造法功能的判例也被越来越多的大陆法系国家借鉴为立法手段。从其积极意义而言,判例制度更能适应社会的千变万化,在平衡法律的稳定性和灵活性上具有无可比拟的优势。此外,它还赋予法官更大的权限,能充分发挥其能动作用。

三、检察制度

1. 检察制度概述

检察制度是国家按照统治阶级的意志制定和认可的关于检察机关性质、地位、任务、职权、设置、组织、活动原则以及工作程序等规范的总和。

检察制度是随着国家机器的出现而产生的。在国家发展历史上,对犯罪的起诉存在三种形式,即私人起诉、公共起诉和国家起诉。

由于原始社会盛行私人复仇,在国家和法产生的初期,这种原始的习俗依然保留并逐渐演变成私人起诉,即只有受到犯罪行为侵害的被害人才能向国家提起诉讼。随着社会和经济的发展,统治阶级认识到某些犯罪是对整个统治秩序的破坏,因而逐渐加强了国家惩罚,公共起诉应运而生。所谓的公共起诉,是指凡具有行为能力的人均可起诉,不论犯罪行为是否与己有利害关系。到了中世纪以后,统治者实行了国家起诉制度,即由统治者确认哪些行为是犯罪,什么样的案件可以国家名义起诉到法庭,从而有效地维护统治秩序。这种国家起诉制度就是现代检察制度的雏形,中世纪的英国和法国是现代检察制度的发源地。

2. 检察制度的主要模式

(1) 英美法系检察制度的发展模式。

英美法系检察制度的发展模式是以个人权利优先保护、以公民权利制约司法权力的价值趋向为轴心。其基本特点如下:

① 检察机关的法律地位与公民权利对等,其诉讼地位受当事人主义的平等原则所支配。

② 检察机关提起公诉的职权受到很大限制,而不起诉的自由裁量权却很大,使检察官有充分的权力实现与当事人的"认罪交易"。

③ 检察机关的组织体系和职业化建设比较松散,英国直到1986年才建立起统一的检察机构。

(2) 大陆法系检察制度的发展模式。

大陆法系检察制度的发展模式是以国家权力至上的价值趋向为轴心。其基本特点如下:

① 检察机构的实际地位高于当事人,负有保护社会秩序、惩治犯罪的义务;

② 检察机关在侦查和公诉方面的职权和职能十分广泛,而缺乏不起诉的自由裁量权;

③ 检察机关的组织体系和检察官管理制度比较严格。

(3) 中国大陆检察制度的发展模式。

中国的检察制度是社会主义类型的检察制度,与苏联的检察制度具有许多共同的特征,但是又具有自己的特殊性。这种特殊性主要表现在以下三个方面。

① 检察制度建立的思想基础是人民民主的国家观。

② 检察机关的法律监督主要是运用诉讼手段针对具体案件的监督,而不是一般监督意义上的监督。

③ 检察机关行使职权,是代表国家所进行的一种法律监督性质的活动。

> **相关知识**
>
> **我国检察机关介绍**
>
> 最高人民检察院是我国最高检察机关,领导地方各级人民检察院和专门检察院的工作。地方各级人民检察院包括省、自治区、直辖市人民检察院;省、自治区、直辖市人民检察院分院,自治州和省辖市人民检察院;县、市、自治县和市辖区人民检察院;专门人民检察院主要包括军事检察院、铁路运输检察院。各级人民检察院都是与各级人民法院相对应而设置的,以便依照刑事诉讼法规定的程序办案。

3. 检察制度的价值

检察制度是权力分立、监督制约的产物,即控审分离,将控告权从审判权中分离出来,以限制审判权的恣意行使。由此,决定了检察制度自从诞生之日起,就是维护法律统一、防止行政和司法专断、保障人权、维护公益和实现公正司法的中坚力量,监督性也成为检察制度与生俱来的品格。

四、陪审制度

1. 陪审制度概述

陪审制度是指国家审判机关吸收非职业法官或非职业审判员为陪审官或陪审员参加法院审判刑事、民事案件的制度。

从公民中产生陪审官(员)参与法院审判案件的制度,起源于奴隶制国家雅典、古罗马,为中世纪欧洲少数封建国家所继承,盛行于资本主义社会。资产阶级革命时期,许多启蒙思想家提出实行陪审制的主张。资产阶级革命胜利后,一些国家先后在法律上确立了陪审制度。

2. 陪审制度的主要模式

(1) 英美国家的大小陪审团制。

英国继承了封建社会的大小陪审团制。大陪审团参加审查起诉,于1933年取消。小陪审团参加审理案件。目前保留大陪审团制度的主要是美国,大陪审团的任务是决定重罪案件是否起诉,小陪审团与英国现行的陪审团相似。英国的陪审团由12人组成,其职权是审查证据,听取辩论,并就被告人是否有罪的事实问题作出裁断。如果有罪,再由职业法官据以判刑。只要陪审团大多数票通过,就可作出裁决;如果陪审团意见分歧太大,就必须解散陪审团,另行召集陪审团进行裁断。

相关知识

辛普森杀妻案的陪审团

一直以来,人们对辛普森杀妻案的"世纪大审判"争议不断,其中一个热点议题就是关于此案的陪审团。陪审团制度是美国司法上的一项重要制度。根据美国法律规定,一般的民事和刑事案件,只要当事人提出,都可以要求由陪审团审理。重大案件尤其是有可能导致死刑的案件,则必须通过陪审团审理。入选陪审团有什么标准呢?从表面上看,似乎只要是案发地法院的管区之内,年满十八岁以上的美国公民,都可以当陪审员。但是,实际上远不是那么简单。

首先,陪审团成员必须是与案子无关的人员,只要与原告或被告有联系的人一律不得入选。某些有可能产生思维倾向的职业,比如律师、医生、教师等,也不得入选。初选陪审团时,法官为了公正,使陪审团能够真正代表最普遍意义上的人民,他会从选举站的投票名单或者电话号码本上随机地选择。初选名单总是远远超出所需要的人数。比如,在辛普森一案中,陪审团初选了304名候选人,最终所需要的只是12名陪审员和12名候补陪审员。这是因为初选之后,还有一次严格的筛选。

第二轮陪审团的筛选进行了近两个月,候选人首先要接受法官的审查。比如,有一名女候选人曾经有过被丈夫虐待的经历,由于辛普森曾经打过他的前妻,所以这名候选人的资格立即被法官取消了,以免她在作判断时触景生情,不由自主地"公报私仇"。除了法官的审查,候选人还要接受辩方律师和检方的审查。由于最终的判决将出自这些陪审员之口,双方谁也不敢掉以轻心,他们都有否决权,所以稍有疑惑就会被删除出候选名单。

有一点必须强调的是,双方的律师团都只有否决权,而没有"绝对录取权"。这就是说,任何一方都只能说不要哪一个,而不能说非要哪一个做陪审员。任何一名入选的陪审员都必须同时得到双方的认可,这很不容易。尤其在这个案子里,被告是黑人的运动英雄,而他被害的前妻是一个白人,很难说陪审员种族成分完全不影响判断。另外,由于被告和一名被害者之间是离异的夫妻,因此陪审团的性别比例也可能成为一个有影响的因素。

辛普森的陪审团从宣誓就任就开始隔离了。至于在他们隔离之后公布的证据,如果被法官宣布为非法的话,陪审员根本就不会知道。所以,自陪审员宣誓就任之后,他们所能够知道的信息远远少于一般的普通老百姓,甚至也远远少于被告。他们被允许知道的东西只限于法官判定可以让他们听到和看到的东西。总之,一切都为了使他们不受到各界的情绪和非证据的影响,以维持公正的判决。这个案子由于双方的激烈角逐,审理过程特别长,导致陪审员被隔离的时间居然长达9个月。

在法庭的上面坐着穿着法官袍的法官,法官的对面并列地坐着检方及律师团和被告及律师团,两组人员座位排列是完全平等的。从视觉上看,都是服装整齐,旗鼓相当。他们的后面是旁听席,法官的左侧是证人席。某一侧溜墙根的座位坐着从不开口,形色各异的一群,这就是法庭上真正掌握生杀大权的陪审团。

最后,由9名黑人、2名白人和1名西班牙裔美国人(10女2男)组成的陪审团经过不到5小时的合议,作出了辛普森无罪的裁定。

(2) 我国的人民陪审员制度。

在中国共产党领导下的革命根据地时期,相关法律就规定:除反革命案件外,一切民事、刑事案件都实行陪审制。陪审员由工会、农会、妇女会、青年会等群众团体选出,陪审员和审判员有同等权利。中华人民共和国成立后,宪法和相关法律正式确立了具有中国特色的陪审制度,即人民陪审员制度。法律规定,人民陪审员在执行职务期间同审判员具有同等权利,有权参加所办案件的全部审判活动,按少数服从多数原则制作出判决或裁定。除被剥夺过政治权利者以外,凡年满23岁的公民都可以被选为人民陪审员。

3. 陪审制度的价值

英国资产阶级革命胜利后,陪审制度在法律上正式确立,并逐渐向全世界推广。独立后的美国通过宪法及其修正案,明确了陪审制度的独特地位。英国的许多殖民地也采用了陪审制度,就连司法制度迥异的法国和德国也借鉴了英国的陪审模式。

陪审制度的出现,使普通公民能够参与司法过程,防止法官徇私枉法、独断专行,纠正其不周之处。同时,陪审团的裁决更能反映社会一般人的观念,因而陪审制度是使司法走向民主化的一个重要途径,这是英国法对世界法制的一大贡献。

法律电影

电影作为现代文明的重要文化形式,是各国不同时期社会文化的生动体现。从许多优秀的影片中,我们可以了解一国的法律文化。在这里,我们特为大家推荐五部经典法律电影。通过这些影片,大家可以对西方国家的法律文化有一个更为形象的感性认识。

1. 《十二怒汉》

1957年的《十二怒汉》是导演西德尼·吕美特的处女作,由亨利·方达主演,作为一部以陪审团为主角的法庭戏,它是探讨美国陪审员制度和法律正义的经典之作,曾获柏林金熊奖。

"十二个普普通通的人,他们以前素不相识,以后可能也没有什么打交道的机会。为了一桩杀人案件,他们坐在了一起。就是这十二个人,被这个司法制度挑选了出来,组成了一个名叫'陪审团'的神圣组织,要开始决定另外一个人的命运,决定他是有罪还是无罪,是活着还是死亡……"

《十二怒汉》

《杀死一只知更鸟》
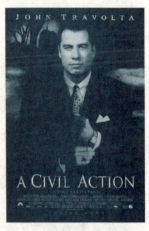
《民事诉讼》

2. 《杀死一只知更鸟》

影片根据哈伯·李的同名小说改编而成,由格里高利·派克主演,是其电影生涯中最具代表的作品之一。

"芬奇在南方梅岗城任职,为人正直沉稳,常常不计报酬地为穷人们伸张正义。他对年幼丧母的女儿斯科特与儿子詹姆既严格又慈爱。有一次谈起打鸟时,他对孩子说,不要去杀死知更鸟,因为它们只为人类歌唱,从来不做危害人类的事情。在当地,歧视黑人的现象十分严重。一天,芬奇去法院为黑人汤姆一案当辩护律师。白人检察官指控汤姆犯有强奸罪,芬奇经过认真调查,发现事实并非如此……"

3. 《民事诉讼》

《民事诉讼》又名《禁止的真相》《公民行动》,获得当年奥斯卡提名,由约翰·特拉沃尔塔主演,根据畅销作家强纳森哈尔的名作《民事诉讼》改编。《民事诉讼》来自一个真实故事。一当红律师,因接手一水污染案件而失去了一切,但与此同时,他才有机会认清法律真义及生命价值。他在一无所有的窘境下,继续研究该案,上诉时间长达8年,最后终于胜诉。

《柏林大审判》

"1979年马萨诸塞州的一座小城,两口供小城饮水用的水井发现有工业污染物。不久之后,又发现大量含毒废物堆积地,人们开始怀疑污染物是由本地工业产生的。更为可怕的是小镇由白血病造成的死亡病例越来越多……"

4.《柏林大审判》

《柏林大审判》是1988年上映的一部电影,主演马丁·辛、海茵茨·霍尼格。

"1978年8月,东德的一个家庭,父亲带着他的孩子们去旅行,用了一只供人玩耍的枪抢劫了一架在德国西部的美国空军基地的波音飞机,并迫使飞机降落在西德,面对一个为追求自由而犯罪的人,法庭将怎样审判……"

5.《刺杀肯尼迪》

《刺杀肯尼迪》是1991年由奥利佛·斯通执导,凯文·科斯特纳主演的美国惊悚政治电影,影片以真实事件为依据,力图重塑美国精神并为肯尼迪案件提供新的线索,当年在美国上映后引起巨大争议。

《刺杀肯尼迪》

"1963年11月22日,美国总统肯尼迪在得克萨斯州遇刺身亡。刺杀事件发生2小时内,官方逮捕了一个名叫里·哈威·奥斯瓦多的嫌疑犯,1小时后,该嫌疑犯又被一名流氓谋杀,由伊尔·沃沦率领的官方调查团,经过数月的调查,确认里·哈威·奥斯瓦多为唯一的凶手。二十八年后,律师杰姆·加里发现肯尼迪身中数弹,均来自不同的方向,而这一明显事实,却被当时的官方调查团忽视……"

 思考题

一、名词解释

1. 法系
2. 大陆法系
3. 英美法系
4. 检察制度
5. 判例制度
6. 陪审制度

二、讨论题

你当过人民陪审员吗?你觉得人民陪审员在法庭审理中应该担当什么样的角色?请结合本章相关内容开展讨论。

PART 02

第二编　法律的基本精神

第一章 法律思想

导读

法律思想是法律制度的灵魂,是法律条文背后蕴涵的精神和理念,决定了法律制度的特点与风格,关系着一个政权的治乱兴衰和国运的消长。本章将阐述我国历史上具有重大影响的法律思想,这是理解我国法制从古代到近代发展演变的一把钥匙。

学习目标

◆ 掌握近代变法思想
◆ 理解儒家法律思想
◆ 了解法家法律思想

> 道之以政，齐之以刑，民免而无耻；
> 道之以德，齐之以礼，有耻且格。
>
> ——孔子

第一节 儒家法律思想

儒家是中国历史上影响最为深远的一个学派。它产生于春秋战国时期，创始人孔子，代表人物有孟子、荀子，是当时诸子百家中最为活跃的一派。

进入封建社会后，儒家学说经过发展改造，作为备受统治者青睐的强大的政治学说，成为历代帝王治理国家、制定法律的思想依据和理论渊源。

孔子

一、礼治

1. 礼治的涵义

礼治是指将礼作为治国根本的主张及观念。把中国古人推崇礼的思想和行为归纳和总结为"礼治"的，始于近代的梁启超。①

什么是礼呢？礼最初是指一种祭祀仪式，用以沟通天地鬼神，后逐渐演变为顺应自然、效法自然而制定的人间法则，其内容广泛适用于人们的社会生活。经过夏商特别是西周的全面厘定补充，成为维护政治秩序，调整各种社会关系和人与人之间权利义务的一整套规范。

借助于上天的礼具有与生俱来的神秘性，而且极为庞杂。就类型而言，有"五礼"②、"六礼"③、"九礼"④。就内容而言，涉及政治经济、军事、司法、教育、宗教、婚姻家庭、伦理道德和风俗习惯。可以说，大到国家政治制度、经济关系，小到个人言行视听、待人接物等生活细节无不包含其中。既规定了家庭伦理的尊卑亲疏和社会身份的贵贱区分，也规定了贵族的阶级地位和等级特权，具有显著的"差别性"特征。

---

① 马小红著：《礼与法：法的历史连接》，北京大学出版社2004年版，第87页。
② 五礼：吉礼、嘉礼、宾礼、军礼、凶礼。
③ 六礼：冠礼、婚礼、丧礼、祭礼、乡礼、相见礼。
④ 九礼：冠礼、婚礼、朝礼、聘礼、丧礼、祭礼、宾主礼、乡饮酒礼、军旅礼。

> **相关知识**
>
> 《礼记·王制》:"天子食太牢,诸侯食牛,大夫食羊,卿食豚,士食鱼炙,庶人食菜。"
>
> 《礼记·王制》:"山川神祇,有不举祭者为不敬,不敬者,君削以地;宗庙有不顺者为不孝,不孝者,君绌(黜)以爵;变礼易乐者为不从,不从者,君流之;革制度衣服者为畔(叛),畔者,君讨。"

礼的基本精神是"亲亲""尊尊"。"亲亲"即亲其亲者,要求父慈子孝、兄友弟恭、夫和妻柔,也包括男女有别,是以父为首的宗法原则,其核心是"孝"。"尊尊"即尊其尊者,要求臣对君、下级对上级、平民对贵族,应当绝对服从和尊敬,是以君为首的等级原则,其核心是"忠"。

儒家认为,人性本善,当"人情"与"人义"统一时,人们善良的本性就会得到弘扬。人情就是"喜、怒、哀、惧、爱、恶、欲"七情,人义就是"父慈、子孝、兄良、弟悌、夫义、妇听、长惠、幼顺、君仁、臣忠"。因此,忠孝节义、仁义礼智这些道德乃是人性中的人之常情,也是人之为人的根本所在。简单说,礼所追求和提倡的是以"亲亲"和"尊尊"为核心的"伦理人情"。因此,父慈子孝、君仁臣忠道德的建立,有赖于礼治。

礼治实际上就是提倡以情治国,制度、礼节、规范皆因人情而设。人情与制度发生矛盾时,制度应做出让步。

> **相关知识**
>
> 有人问孟子:若舜为天子,统治天下,严明公正的皋陶作为断狱官,而舜的父亲犯了法,舜将如何处理? 孟子答道:舜将抛弃天子之位,背着父亲逃之夭夭,过着隐居的生活,愉快地度过一生,乐而忘天下。①

2. 礼治的内容

(1) 重伦理,正名分。

伦理是指人与人相处的各种道德准则。儒家伦理的中心称之为"五伦",即"父慈子孝、兄良弟悌、夫义妇听、长惠幼顺、君仁臣忠",孔子将其归纳为"君君、臣臣、父父、子子",经过汉代名儒董仲舒的改造,演变为"三纲五常",即"君为臣纲、父为子纲、夫为妻纲"、"仁、义、礼、智、信",这被认为是人伦的最高原则和永恒法则,成为古代立法的根本原则和指导思想。

(2) 重家国,倡忠孝。

古代中国家国一体,君父相通。与此相协调,儒家强调"国之本在家",孝亲是"为仁之本""百善之先""人生之根本"。而"君子之事孝亲,故忠可移于君;事兄悌,故顺可移于长;

---

① 马小红著:《中国古代社会的法律观》,大象出版社2009年版,第55页。

居家理,故治可移于官"①。意思是说,一个人孝敬父母,才能忠于君主;顺从兄长,才能尊敬长者;治家有道,才能胜任职守。因此,在儒家看来,忠孝相连,忠以孝为基础,孝以忠为归宿。忠臣必是孝子,孝子必是忠臣,通过维护孝道实现忠君的使命。在这一观念之下,忠孝不仅是道德范畴,更是法律规范的对象。不孝被视为最大的犯罪,所谓"五刑之属三千,而罪莫大于不孝"②。自唐至清,不孝一直是封建法律最严重的十种犯罪"十恶"之一,而受到法律的严惩。不忠更是被列为"十恶"之首恶,以谋反、谋叛、谋大逆之名,成为常赦所不原的大罪。

> **相关知识**
>
> 《唐律疏议·名例律》规定"不孝":"告言、诅詈祖父母、父母及祖父母、父母在别籍异财,若供养有缺。居父母丧,身自嫁娶,若作乐,释服从吉。闻祖父母、父母丧,匿不举哀,诈称祖父母、父母死。"
>
> 《唐律疏议·名例律》规定"谋反":"谓谋危社稷。"
>
> 《唐律疏议·名例律》规定"谋大逆":"谓谋毁宗庙、山陵及宫阙。"
>
> 《唐律疏议·名例律》规定"谋叛":"谓谋背国从伪。"

(3) 重等差,别贵贱。

儒家的理想社会是长幼亲疏、贵贱上下的界限有着严格区分的等级社会,礼则是维护这种社会差异的行为规范,所谓"礼者,异也"。如果人人平等,就会互相争夺,秩序大乱,因此高德大才之人有权支配别人,"礼乐征伐自天子出",国家法制要以上下等级的划分为基础。重等差、别贵贱的观念被贯彻到了法律之中,"八议""请""减""赎""当"等系列特权制度成为古代法律内容的组成部分。

3. 礼治与法律的关系

(1) 礼治优于政刑之治。

在治理社会的诸多手段之中,礼治作为国家一切政治法律制度之上的精神准则,居于首位,法律位居其次,处于辅助地位,正如《荀子·劝学》中指出的"礼者,法之大分,类之纲纪也"。法律可以规范人们的言行,使人们免于犯罪,但是并不能使人们认识到犯罪的可耻;以礼为核心的道德教化却可以潜移默化地影响人们的内心,不仅统一人们的行为,而且让人们有羞耻之心,自觉地不去犯罪。因此,刑罚束缚的是人们的言行,采用的是强制手段,使人们因为畏惧而不敢犯,它外在的作用是有限的。礼教束缚的是人们的思想,使人们自觉遵守规范,以违反规范的言行为耻,甚至以违反规范的想法和欲望为耻,通过反省而自律。显然,礼治要达到的社会治理境界是法律手段望尘莫及的。

---

① 《孝经·广扬名》。
② 《孝经·五刑章》。

第一章　法律思想

> **相关知识**
>
> 古代很多官员采用制定地方法规性质的"条教",要求当地百姓遵守。西汉黄霸任颍川太守,要求每户人家种一棵榆树,50棵葱,一畦韭菜,养两口母猪,五只鸡。不准有游手好闲、专门经商的人,男女走路应该遵循男左女右,路上遇到对面来人,少应该让长,卑应该让尊。坚持多年,颍川大治。①

(2) 法律的运用以礼治为指导。

儒家创始人至圣先师孔子说:"名不正,则言不顺;言不顺,则事不成;事不成,则礼乐不兴;礼乐不兴,则刑罚不中;刑罚不中,则民无措手足。"②意思是说,法律不可独任,必须在礼的指导之下才能运用得当。

在儒家看来,维护法律未必就是正直,符合人之常情才是最大的公正。所谓"人之常情",就是礼教所提倡的忠孝节义。法律死板而严苛,一味遵循法律条文,将会使官吏变得刻薄,百姓变得诡诈。法律必须顺乎人情,法官审狱要以人情来调节,才能助长民风的淳朴,才能上下无欺,所谓"礼主法辅"。《二十四史》中大多都列有《循吏传》,唐朝史学家颜师古解释说:"循者,顺也。上顺公法,下顺人情也。"掌握法律又能体谅人情的才是受人称颂的好官。只有与人情融为一体时,法律才具有生命力。当人情与法律相抵触时,正人君子应该舍生取义,不惜以身殉法。

> **相关知识**
>
> 楚昭王时,宰相石奢的父亲犯了杀人罪。石奢认为:"不私其父,非孝子也;不奉主法,非忠臣也。"于是,先放走了自己的父亲,然后拔剑自刎,以尽孝心和忠心。派人禀告昭王:"杀人者,臣之父也。夫以父立政,不孝也。废法纵罪,非忠也,臣罪当死。"

二、德治

1. 德治的涵义

"德治"一词,在古籍中没有直接见到,与德治相类似的古语主要有"德政""德化""德教"等。德治是指统治者注重自身的道德节操并以教育方式感化引导人民向善。

2. 德治的内容

德是什么?聪明绝顶的西周政治家周公最早提出了德的观念。用"以德配天"(有德

---

① 郭建著:《中国法文化漫笔》,东方出版中心1999年版,第59页。
② 《论语·子路》。

的人才配享天命)的说法,巧妙解释了夏商西周的历史更替原因,"君权神授"的"神"与"以德配天"的"德"也因此成为周人思想的两个重要支柱。

"德"的内容包括敬天、孝祖、保民,要求统治者对上天要敬畏,对祖宗要忠诚,对自己要严格,对治下之民要爱护,以怀柔手段保有民众为己任。周公提出"德"的目的在于不将自己的命运仅仅寄托于外在的虚无缥缈的神灵,而是依仗自己的努力使天命垂青于自己。在重神意的同时,更重宗族亲情、讲求人伦、强调教化。因此,"德"从一开始就是对统治者自身的要求和自律的标准。

儒家在此基础上进行了补充和完善,进一步明确"德"以人情为基础,以仁义为内容。具体来说:一是把德看作是顺民意、得民心的最为关键的治国途径,包括宽惠使民和实施仁政;二是德的地位高于君主权力和国家法律。

> **相关知识**
>
> 唐贞观六年,唐太宗李世民亲自提审囚犯,破例允许其中 390 名"情有可悯"的死囚,在秋冬行刑之前返乡与家人团聚。当 390 名死囚全部按时返回监狱,准备接受死刑时,太宗深受感动,赦免了他们的死刑。① 唐太宗"不忍之心"的德政,使 390 名罪犯有了重生的机会。

3. 德治与法律的关系

(1) 以德去刑。

儒家认为最有效的统治手段莫过于以道德礼义来化民向善,预防犯罪最好的办法就是道德教化。具体来说,就是"教以人伦,父子有亲,君臣有义,夫妇有别,长幼有序,朋友有信"。所谓仁政就是以德服人,如果依赖刑罚威吓来预防犯罪,只能称作是"以力服人"的"霸道",结果必将引起人们的失望和怨恨。

(2) 德主刑辅。

推行德治并非不要刑罚,而是以德礼教化为治国之本,辅之以刑罚。刑罚是辅助教化、弘扬道德必不可少的保障。法律与道德各有其功用,不应有所偏废,而是综合为用。正如《唐律疏议》开宗明义所标榜的那样,"德礼为政教之本,刑罚为政教之用"。当法律与道德发生冲突时,最后往往是法律做出妥协。

> **相关知识**
>
> 郑国执政子产临终前告诫继任者子大叔说,"以宽服民"的德化其实是很难实现的,因此主要应该以"猛"来屈民,以刑杀来预防犯罪。子大叔执政后,不忍猛而行宽,

---

① 《新唐书·刑法志》。

以致"郑国多盗,取人于崔符之泽"。子大叔这才遵循子产遗教,改弦更张,兴兵攻击崔符之盗,"尽杀之,盗少止"。①

晋代王谈,10岁时父亲被邻人窦度所害。年幼的王谈不露声色,暗立复仇之志。18岁时,终于如愿以偿,用锸斩杀了仇人。为父报仇成功之后,王谈到官府自首,太守孔严对王谈的孝勇之举极为赞赏,上表朝廷请求赦免了王谈的杀人之罪。

(3) 先教后刑。

只有在实施道德教化不起作用的前提下,才能采用刑杀的手段。不教而杀谓之虐,因此必须首先实施教化,教化成功,社会得到治理,犯罪便不再发生,刑罚自然废置不用。先教后刑的最终理想,那就是以德去刑,达到"无讼"(狱讼不会发生)的境界。

相关知识

《周礼》记载,周代大司徒职责是掌管全国的教化。每年正月,大司徒将所要"教化"天下的事情画成生动的图像(文字还未普及),以便人人能够看懂,悬挂在宫廷之外的大门上,令万民前往观看。"教"的内容十分广泛,如教民不误农时、节俭财物、严防盗贼、邻里互助等,其中道德品质的教育包括仁、忠、孝、友、智、义等。若有人不服教化而触犯国法,则交给刑官大司寇,大司寇把罪犯关押在圜土(监狱)中使其闭门思过,弃恶能改者,放还故里,剥夺平民权利3年,不思悔改从监狱中逃亡者,则以刑罚制裁。②

历史上统治者劝勉天下之人的诏书屡屡不绝。

明太祖朱元璋发布六句"圣谕":"孝顺父母,尊敬长上,和睦乡里,教训子孙,各安生理,勿作非为。"

清康熙帝发布"圣谕十六条":"敦孝弟以重人伦,笃宗族以昭雍睦,和乡党以息争讼,重农桑以足衣食,尚节俭以惜财用,隆学校以端士习,黜异端以崇正学,讲法律以儆愚顽,明礼让以厚风俗,务本业以定民志,训子弟以禁非为,息诬告以全良善,诫窝逃以免株连,完钱粮以省催科,联保甲以弭盗贼,解仇忿以重身命。"

三、人治

1. 人治的涵义

人治,在中国古代典籍中称作"治人",是指圣君贤相在国家政治生活中起决定性作

---

① 马作武著:《中国古代法律文化》,暨南大学出版社1998年版,第180页。
② 马小红著:《礼与法:法的历史连接》,北京大学出版社2004年版,第112页。

用。将这种理论概括为"人治"的是近代的梁启超。①

2. 人治的内容

儒家认为,"为政在人",国家的治理主要是依靠圣王和君主,君主一身系天下安危治乱。换句话说,国家之治是圣王之功,国家之乱是暴君之过。

既然行善政的关键是君主,那么君主必须具备优秀的个人素质,即严格用礼仪约束自己,然后再以模范行为感化民众。治国平天下必须从"修身"开始,统治者"身正",其政令法度才能顺利实施,所谓"身正令行"。同时,还要注重健全人民的培养,培养健全人民的途径就是以礼为主要工具的"礼治"。

> **相关知识**
>
> 唐太宗李世民被史家誉为帝王的楷模。唐太宗为政三大特点:一是慎择官吏,二是从谏从流,三是率先守法。

3. 人治与法律的关系

君主道德表率的功效远远超过建法立制,人的素质高于法的完善。所谓"有治人,无治法"②,是说只有善于治理国家的人,没有离开人而能治理好国家的法度。

因为,法律必须由人来制定,人的善恶直接决定了法的优劣。法律必须靠人来执行,人的德才高低决定了法的实践效果。法律的条款毕竟有限,人的明察善变决定了弥补法律疏漏的程度。

所以,在儒家看来,政治、法律、道德的实现都是君主乃至各级官员"由己及人"的过程,如此才能达到"上行下效"的效果。于是,在中国古代社会中,圣君清官成为百姓的最爱和渴盼,被载入史册受到千百年的传颂。

> **相关知识**
>
> 晋文公时,断狱官李离,误信下级官员的奏文,将不当死罪的犯人判处了死刑。李离极为自责,判处自己死刑。晋文公力劝:"官有贵贱,罚有轻重,下吏有过,非子之罪。"李离答道:"臣居官为长,不与吏让位;受禄为多,不与下分利。今过听杀人,傅其罪下吏,非所闻也。"李离谢绝了晋文公的劝慰,最终伏剑而死。③
>
> 《明史·海瑞传》记载,海瑞去世,"小民罢市,丧出江上,白衣冠送者夹岸,酹而哭者百里不绝"。(明代清官海瑞去世时,百姓停止买卖,身披孝服为他送行,白衣白帽的人群在江岸两边绵延百里,当灵船在江中出现时,人们将准备好的祭酒倒入江中,哭声不绝于耳。)

---

① 马小红著:《礼与法:法的历史连接》,北京大学出版社2004年版,第90页。
② 《荀子·王制》。
③ 《史记·循吏列传》。

> 法不阿贵，绳不挠曲。
> 法之所加，智者弗能辞，勇者弗敢争，刑过不避大臣，赏善不遗匹夫。
>
> ——韩非子

第二节　法家法律思想

法家是中国历史上具有重要影响的一个学派。它产生于春秋战国时期，创始人是管仲，代表人物较多，有子产、邓析、李悝、商鞅、韩非等。法家是当时最重视法律，同时又特别注重政治实践的一个学派。他们倡导"以法治国"的所谓"法治"理论，给中国古代政治法律制度打上了深刻的烙印。

韩非子

一、法律观

1. "法"的概念

法家兴起后，对"法"进行了较为深入的研究。他们将"法"与"礼""刑"区分开来，认为"法"包括赏和刑两个方面，是由君主或官府制定颁布，各级官吏和所有民众都必须遵守的成文的行为规范。

2. "法"的特性

（1）法的客观性。

法律是国家颁布的客观的言行准则，如同尺寸、绳墨、规矩、度量衡，作为一种整齐划一的标准，人人的言行都要受到法律的度量，不准任何人挟私而随意轻重、上下其手。

（2）法的公正性。

法是反映公意的制度，代表国家社会的整体利益，是天下之人的言行准则。既然是准则，就应该是公正的，具有普遍适用的平等性，所谓"有权衡者不可欺以轻重，有尺寸者不可差以长短，有法度者不可巧以诈伪"。① 这种平等性表现为，刑罚执行时不分贵贱等级，所谓"法不阿贵"。法家认为，在法律制定时可以赋予不同级别的人以不同的权利义务，但是法律执行时应该做到一视同仁。

（3）法的公开性。

法家主张必须制定成文法，必须公之于众。目的有二：一是使民众知道言行的标准，

---

① 《意林》卷二《慎子》轶文。

谨慎从事；二是使官吏不敢枉法裁判，罪犯不敢法外求情或刁难法官。

3. "法"的作用

（1）定分止争。

"定分"就是明确名分，"止争"就是平息纷争。定分止争，意即运用法律明确名分，制止纷争，使社会不至于陷入混乱。在人多物寡的社会，定分才能止争，才能建立秩序，而法律就是定分止争的利器。

> **相关知识**
>
> "一兔走，百人逐之，非以兔可分以为百，由名分之未定也。夫卖兔者满市，而盗不敢取，由名分已定也。"①

（2）兴功禁暴。

"兴功"就是指富国强兵，"禁暴"就是惩罚犯罪。兴功禁暴，意即运用法律来役使民众从事农战和惩罚犯罪镇压反抗。

二、"法治"理论

1. "法治"是人性本恶的产物

法家认为自私自利是人的本性，人对利益趋之若鹜，对祸害避之犹恐不及，这种"好利恶害"的本性，人人概莫能外。人与人之间是冷酷的、赤裸裸的利害关系，忠孝节义不过是迂腐的空谈。因为人性本恶，人心险恶，人情也必然不美。

> **相关知识**
>
> 荀子曾说，人情甚不美，有了妻儿，就会淡漠对父母的孝敬之心；为了自己的利益，便会失信于朋友；官至极品，就会懈怠忠君之情。这就是人情！
>
> 韩非曾说，制作乘舆的人，盼望人人富贵；打制棺材的人，则盼望人人早死。并非前者心地善良，后者心地险恶。若人不富贵，则乘舆无法出售。若人不死，则棺材无法出售。因此，两者同受"利"的驱使，本质上是一样的……臣子将自身的智慧才干甚至于生命作为商品卖与君主，换取爵禄。君主将爵禄作为商品换取臣子的才干、智慧以至生命……儿女同为父母所生，生男则喜，生女则杀，原因在于父母考虑其后长久的利益，生儿可养老送终，生女则需赔钱出嫁，故而喜男厌女。②

---

① 《商君书·定分》。
② 马小红著：《中国古代社会的法律观》，大象出版社2009年版，第58页。

因为对人性、人情不抱有任何希望,又无法改造,法家彻底抛弃了道德教化,将功利作为衡量一切的标准,认为明智的君主对人性和人情加以利用即可。也就是说,设立赏罚,利用人们"好利恶害"的本性,或利诱或刑罚驱使人们按照统治者的意愿行事。例如,耕战有利于国家,君主不妨设赏以劝之;懒惰私斗有害于国,君主不妨设刑以禁之。人们认识到努力耕战有利可图,就会全力投入;私斗逞强会招致牢狱之灾,就会避之如瘟疫。所以,在"人性恶"的基础上,法家倡导以赏罚为要素的"法治"。

2. "法治"优于"礼治""德治""人治"

法家将历史的发展大致分为上古、中世、当今三大阶段。"上古竞于道德,中世逐于计谋,当今争于气力"①,认为儒家追求的礼治时代已经结束,"以理服人"的"王道"成为过去,社会进入了"以力服人"的"霸道"时代。因此,"法治"适应时代需要,优于"礼治""德治""人治"。

(1) "法治"与"礼治"的分歧。

法家对人之"好利恶害"的本性并不悲观,认为正好可以利用人性的好恶来设法立制。无论亲疏长幼、贵贱尊卑,都要"一断于法",采用"同一性"的"法"去规范。合于法者则赏,违于法者则罚。人们受本性驱使,以利益为追逐点而趋赏避罚,"法治"便得以实施。然而,儒家从人性本善出发,提倡"伦理人情",礼治实际上就是以情治国,制度、礼节、规范皆因人情而设,具有显著的"差别性"。法家认为,"法治"比"礼治"简单明确,易于操作,效果明显。

因此,"礼治"与"法治"的分歧不在于制裁手段,而在于行为规范的内容本身。也就是说,是保持"差异性"的行为规范与追求"同一性"的行为规范之间的分歧。

(2) "法治"与"德治"的分歧。

"德治"强调最有效的统治手段莫过于以道德礼义来化民向善,预防犯罪最好的办法就是道德教化,法律只是治国的辅助,用以弘扬道德。法家则对此不以为然,他们轻视甚至完全否定道德教化的作用,认为那是无法实现的空想,儒家的所谓道德君子恰恰是法家赏罚治国的大敌。治国最好的手段就是顺应人性利用赏罚,以力服人。这比教化要现实得多,而且是唯一的选择,正如商鞅所说,制止犯罪和邪恶,最好的办法莫过于严刑峻法了。

"法治"与"德治"的分歧,主要是两种统治方法的对立。

(3) "法治"与"人治"的分歧。

儒家强调在治国中"人"的作用,所谓"为政在人",主张"贤者"治理国家。法家强调治国中"法"的作用,认为"法"才是"国之权衡",才是治国的根据和标准。儒家的所谓"贤者"千百年才出一个,绝大多数君主都是"中人之资",是治理不好国家的。"法治"恰是中庸之主治理天下的工具,圣明的君主应该去私任法。

法家反对"人治",并非要剥夺君主专权,反而是要求加强君权。法家的"法治"出之于

---

① 《韩非子·五蠹》。

君权,目的就是加强集权,需要人民对统治者的绝对服从,既不体现民意也不具有至上权威,是君权前提之下的"法治",与近现代的"法治"南辕北辙,不可同日而语。

儒法两家的基本分歧如下表。

学派	强调	内容	实施方式	特点	目的
儒家	礼治	伦理人情	道德教化	任人重德	王道
法家	法治	制度法律	一赏一刑一教	任法重刑	霸道

值得注意的是,先秦时期的法家以"法治"与儒家的"礼治"形成鲜明对垒。秦汉以后,随着封建中央集权制度的进一步发展,儒法两家相互借鉴,逐渐融合,共同为封建统治服务。

3. "法治"方法

以赏罚为要素的"法治",其核心就是如何从事赏罚。

(1) 完备的法制。

实行"法治"的前提就是必须有法,这是"法治"在制度上的依据。法家主张立法大权要掌握在君主手中,君主立法要遵循一定的原则。具体而言,首先要适应时代要求,制定奖励耕战、富国强兵的法令;其次要考虑人们"好利恶害"的人性,因势利导;最后,注意天时、地利、风俗习惯以及法律语言的通俗易懂。

> **相关知识**
>
> 考古发现,"法治"理论的实践者——秦国的法律严谨完备,繁杂严厉。例如,《云梦秦简》记载:各县对牛的数量要严加登记,如果由于饲养不当,一年死三头以上,养牛人有罪,主管官吏要受惩罚,县丞和县令也有罪;如果一个人负责喂养十头母牛,其中六头不生小牛的话,饲养牛的人有罪,相关人员也要受到不同程度的惩处。

(2) 树立法律权威。

必须使法令成为人们言行的唯一标准。为树立法律的绝对权威,法家提出统治者要"一赏""一刑""一教"。"一赏",要求君主依据法律,只赏有功于农战、为国立功建业之人;"一刑",要求统治者依照法令惩处违法之人;"一教",要求统治者取缔一切与法令不相符合的言论。

"一赏""一刑""一教"的核心就是"任法""从法"。"任法"是说有法必依,执法必信,不任贤能,不有私议;"从法"是说君臣上下共同遵守法令。

> **相关知识**
>
> 商君名鞅,姓公孙,本卫国人,故又称卫鞅。少好刑名之学,但在本国不得其用。应秦孝公招贤令来到秦国,于孝公前力排众议,主张变法强国,被授予左庶长官职,主

第一章 法律思想

持变法。

商鞅很快完成了新法的制定工作，但临近发布时，担心新法初立，不能得到民众的信任，将有损于变法的顺利展开。

商鞅考虑再三，便命人在都城南门闹市区，立起一根三丈长的木头，并下令：无论是谁，能把此木搬到北门去的，奖赏十金。号令既出，围观众人纷纷疑惑，议论良久，竟无一人应承。商鞅见状，再度下令：无论是谁，能将此木移至北门的，奖赏五十金。这下终于有人忍不住出来应招，在众人的跟随围观中，把木头扛到了北门，随即领到了商鞅承诺的奖金。

"立木取信"，只此一举，左庶长令出必行的名声传遍全国。商鞅趁机公布新法，秦国的变法运动就此展开。

(3) 准确灵活运用赏罚。

有功必赏、有罪必罚是法家"法治"的基本原则，赏罚是君主治理国家的两大工具，也是贯彻法令的有效办法。在赏罚的运用上，法家强调应"厚赏重罚""少赏多罚"。

厚赏可使民众心甘情愿为君为国效命；重罚可使民众不敢轻易触犯国法。厚赏重罚不仅鼓励人们为国耕战，还可以达到用刑罚消灭刑罚的目的。因为，重罚意味着加重刑于轻罪，那么轻罪就不致产生，重罪也就无从出现，从而通过轻罪重刑达到预防犯罪的目的。

赏少可使民众知道得利之不易，罚多可使民众知道国法的威严，少赏多罚可使民向善。

因此，厚赏重罚、少赏多罚能够打动人心，树立法的权威并使之成为社会的导向。在此前提下，法律所赞赏的必定是舆论所赞扬的就成为一种必然。

> **相关知识**
>
> 公元前213年，秦始皇为祝寿在咸阳宫中大宴宾客，博士70人前来祝寿。一位名叫淳于越的博士，不仅没有歌功颂德，反而反对当时实行的"郡县制"，要求恢复古制，分封子弟，并认为事不师古而能长久者，闻所未闻。丞相李斯加以驳斥，认为秦始皇的功业是以往任何帝王都无法比拟的，主张禁止"儒生"（读书人）以古非今，惑乱百姓，并建议下令"焚书"。秦始皇采纳李斯的建议，下令焚烧《秦记》以外的列国史记，对不属于博士馆的私藏《诗》《书》等也限期交出烧毁，民间只允许留下关于医药、卜筮和种植的书籍；有敢谈论《诗》《书》者处死，称赞过去而议论现在政策者灭族；禁止私学，想学法令的人要以官吏为师。此令一下，焚书的烈火迅速蔓延全国。

(4)"法""术""势"相结合。

法家认为,"法"是君主治国的根本原则,也是衡量官吏的标准。在此基础上,君主必须具有能够推行法治的"势"(权势)与"术"(方法),称之为"法""术""势"的结合。"势"必须为君主牢牢掌握,没有权势的君主,与普通百姓无异,根本无法推行法治。"术"也为君主所必备,即处理君臣关系的原则和方法,没有术,君主就无法驾驭臣下奉公守法。

> 外国变法无不从流血而成,
> 今日中国未闻有因变法而流血者,此国之不昌也。
> 有之,请自嗣同始。
> ——谭嗣同

第三节 近代变法思想

1840年以来,中国社会整体发生巨变。与社会变革相伴随的就是法律观念的转变,这种转变以西方社会为参照,吸收西方法律观念和原则,批判中国传统法制。随着时代的发展,尽管各派的主张呈现出多种分歧,但有一点是共同的,那就是"变法"。

资产阶级改良派是代表民族资产阶级上层,是要求自上而下用改良的方法在中国发展资本主义和建立君主立宪政体的一个派别。自19世纪60年代到1898年"戊戌变法"失败,是改良思想产生发展及其实践的阶段。其代表人物以康有为、梁启超、谭嗣同影响最大。

资产阶级革命派代表民族资产阶级的中下层,在"戊戌变法"失败后逐渐从改良派中分离出来,于20世纪初期兴起。中国资产阶级的革命政党"同盟会",主张用暴力手段推翻清朝君主专制统治,建立资产阶级民主共和国家。其最具代表性的人物当属孙中山。

资产阶级改良派和革命派,吸收了西方资产阶级"天赋人权""三权分立"民主自由等思想,要求设议院、开国会、定宪法,提出了一整套资产阶级政治法律方案。在中国广泛传播了资产阶级法律思想,奠定了中国近代法律的理论基础。

一、资产阶级改良派法律思想

1. 法律因时变革

资产阶级改良派主张对传统进行彻底改革,统治者的当务之急就是变法维新,唯其如此才能救亡图存。在统筹全局的变法中,首先要从制度法律开始。康有为认为,购坚船、造利炮,为"变器";办学堂、建铁路,为"变事";改官职、兴选举,为"变政";制宪法、开国会,才是"变法",只有变法才能救中国。

也就是说,变法必须从一切根本的方面做起,向西方资本主义国家学习,改变国家政治、法律、文化教育制度以至国家的政体。其中,"变人"又是变法中的首要问题。中国欲求自强,在改变政体的同时,一定要大力培养人才。最终实现变封建之法、维资本主义之新的目的。

> **相关知识**
>
> 公车上书,是指清光绪二十一年(1895年),康有为率同梁启超等数千名举人联名上书清光绪皇帝,反对清政府签订《马关条约》。进京参加会试的举人由各省派送,依照汉代举孝廉乘公家马车赴京接受考核之惯例,对进京参加会试的举人又俗称为公车,因此称为公车上书。
>
> 中国在1894年的甲午战争中败于日本。次年春,乙未科进士正在北平考完会试,等待发榜。《马关条约》割让台湾及辽东,赔款白银二亿两的消息传来,在北京应试的举人群情激愤,台籍举人更是悲痛欲绝。4月22日,康有为写成一万八千字的"上今上皇帝书",提出"拒和""迁都""练兵""变法"主张,十八省举人响应,一千二百余人连署。5月2日,康、梁二人带领,十八省举人与数千市民集"都察院"门前请求代奏光绪帝。上书被清政府拒绝,但在社会上产生了巨大影响,被认为是维新变法的序幕。

2. 行君主立宪政体

改良派认为"民为政"已成为世界历史潮流,是各国发展的必由之路。而中国的君主专制制度犹如黑暗的地狱,谭嗣同把专制君主斥为"独夫民贼",而"二千年来之政,秦政也,皆大盗也",因此首先就要冲决"君主之网罗",仿效西方"君民共治"的君主立宪政体。

君主立宪,就要设议院、开国会、立宪法并实行三权分立。特别是梁启超认为宣布宪法、召开国会是中国亟待解决的问题。他把有无国会看成是"专制"与"立宪"政体的重要分野,关系到国家的盛衰强弱。其后的"戊戌变法",作为改良派的一次政治实践,使君民共治的思想深入人心,民权意识得到启发,是民主宪政的先声。

> **相关知识**
>
> 戊戌变法指1898年(农历戊戌年六月十一日至九月二十一日)以康有为为首的立宪派通过光绪皇帝所进行的资产阶级政治改革。在此期间,光绪皇帝根据康有为

等人的建议,颁布了一系列变法诏书和谕令。

其主要内容:经济上,设立农工商局、路矿总局,提倡开办实业;修筑铁路,开采矿藏;组织商会;改革财政。政治上,广开言路,允许士民上书言事;裁汰绿营,编练新军。文化上,废八股,兴西学;创办京师大学堂;设译书局,派留学生;奖励科学著作和发明。其目的在于学习西方,发展资本主义,富强国家。

这次运动遭到以慈禧太后为首的守旧派的强烈反对,慈禧太后等发动政变再次临朝"训政",光绪被囚,康有为、梁启超分别逃往法国和日本,谭嗣同等6人(戊戌六君子)于北京菜市口被杀害,历时仅一百零三天的百日维新宣告失败。

3. 以"公意"立法

改良派认为西方法律制度优于中国。其具体表现:中国法律来自皇帝旨意,西方法律则是由议会制定或者是君民共同制定,着眼于公共利益,所谓"法者,天下之公意也";中国法律只约束臣民,君主超乎法律之上,西方法律对本国君民都有约束力;中国法律的立法、司法、行政权集于皇帝一身,西方法律则是遵循"三权分立"。之所以如此,根本原因在于西方法制注意保护"天赋人权",中国以往法律都是一人或数人所制定,不合"公意"。梁启超以此为标准,指出中国数千年实未尝有过真正的法律。因此,应当仿效西方,以公意为基础修订中国的法律。

二、资产阶级革命派法律思想

1. 自由平等博爱的法律观

孙中山认为中国的出路在于民主共和制度的建立,民主共和制度的基础是贯穿"自由、平等、博爱"精神的法治。清朝官吏无视人民权利,官员一语等于法律,这样的野蛮虐政要一概废除。民主共和的国家为保障人民的权益,必须以法律的是非为是非,治理国家要服从法律,"只可以人就法,不可以法就人"。在法治的前提下,提倡以道德的力量予以辅佐。

南京临时政府成立后,孙中山即以临时大总统名义发布一系列法律法令,保障民权、革除社会陋习、整顿吏治。1912年3月制定的《中华民国临时约法》规定:"中华民国主权属于国民全体;中华民国人民一律平等,无种族、阶级、宗教之区别,皆享有人身、居住、财产、营业、言论、集会、通信等自由,以及请愿、选举与被选举等权利。"这是中国历史上第一次赋予人民主权的法律规定。此外,还规定解除"贱民"身份,禁止买卖人口,提高女权,禁烟禁赌,劝禁缠足,选贤任能等。

孙中山

2. "五权宪法"说

孙中山认为宪法是治理国家的前提,只有良好的宪法才能建立一个真正的共和国,而来自西方的资本主义法治理论仍有缺陷。具体来说有两个方面。一是三权分立的体制虽然相互制约,但是缺乏政府官员选拔的规则,官吏的素质难以保障。由总统委任的官员,随总统的进退而进退,无能甚至贪腐的人会因总统的赏识而身居要职,由此形成政治的散漫和腐败。由选举产生的官员,也会出现愚昧无能的人因买通选民而当选的情况。二是国会既是立法机关又是监察机关,往往滥用监察权挟制政府,形成议员专制的倾向。

为救三权分立之弊,孙中山借鉴中国古制,独创"五权宪法"学说,即在立法、司法、行政三权之外,再加考试和监察二权,以"五权分立"为基本内容的宪法,称之为"五权宪法"。孙中山认为,中国传统的监察制度代表国家人民之正气,考试制度则合乎平民政治且超过现代之民主政治,两项制度数千年来领世界进化之先,与"三权"结合可谓是集合中外之精华。根据"五权宪法"组成的政府,既互相分立,又连成一个很好的完璧,是世界上最完全、最良善的政府。

> **相关知识**
>
> 中国古代专职监察机构称作御史台或都察院,始建于秦汉中央集权的封建国家形成时期,三国两晋南北朝时期独立,此后一直存续到清朝末年。作为"天子耳目",御史台或都察院的职能是监督法律的实施,弹劾违反朝廷纲纪的官吏;监督中央司法机关的审判活动,参与重大案件的审理。其属员中负责监察的官员一般统称为御史,位卑而权重,代表皇帝监督百官。
>
> 科举是中国历代封建王朝通过考试选拔官吏的一种制度。由于采用分科取士的办法,所以称为科举。科举制从隋朝大业三年(607年)开始实行,到清朝光绪三十一年(1905年)结束,历经一千三百余年。科举是古代中国的一项重要政治制度,直接催生了不论门第选拔人才的公开公正的方法,对隋唐以后中国的社会结构、政治制度、教育人文领域等产生了深远的影响。现代社会选拔公务员的制度亦是从科举制间接演变而来。

3. "权能分治"论

"五权宪法"的理论基础是"权能分治"论。孙中山在"权能分治"论中指出,"政权"称为"权",就是民权;"治权"称为"能",就是政府权。要把中国改造成新中国,必须把"权"和"能"区分开来,政权完全交到人民手中,人民有充分的政权,可以直接管理国事;治权完全交到政府的机关之内,使政府有很强的力量治理全国事务。

具体而言,"治权"就是由政府实施立法、司法、行政、考试和监察五个方面的职权;"政权"则包括"选举、罢免、创制、复决"四项权利。四项权利中的选举权、罢免权是人民管理政府官吏的权力,创制权、复决权是人民管理法律的权力,它们共同构成了直接民权,是"中华民国主权属于国民全体"的宪法原则的彰显。

少年中国说(节选)

梁启超

日本人之称我中国也,一则曰老大帝国,再则曰老大帝国。是语也,盖袭译欧西人之言也。呜呼!我中国其果老大矣乎?任公曰:"恶!是何言!是何言!吾心目中有一少年中国在。"

任公曰:"我中国其果老大矣乎?是今日全地球之一大问题也。如其老大也,则是中国为过去之国,即地球上昔本有此国,而今渐渐灭,他日之命运殆将尽也。如其非老大也,则是中国为未来之国,即地球上昔未现此国,而今渐发达,他日之前程且方长也。欲断今日之中国为老大耶?为少年耶?则不可不先明'国'字之意义。夫国也者,何物也?有土地,有人民,以居于其土地之人民,而治其所居之土地之事,自制法律而自守之;有主权,有服从,人人皆主权者,人人皆服从者。夫如是,斯谓之完全成立之国。地球上之有完全成立之国也,自百年以来也。完全成立者,壮年之事也。未能完全成立而渐进于完全成立者,少年之事也。"故吾得一言以断之曰:"欧洲列邦在今日为壮年国,而我中国在今日为少年国。"

且我中国畴昔,岂尝有国家哉?不过有朝廷耳!我黄帝子孙,聚族而居,立于此地球之上者既数千年,而问其国之为何名,则无有也。夫所谓唐、虞、夏、商、周、秦、汉、魏、晋、宋、齐、梁、陈、隋、唐、宋、元、明、清者,则皆朝名耳。朝也者,一家之私产也。国也者,人民之公产也。朝有朝之老少,国有国之老少。朝与国既异物,则不能以朝之老少而指为国之老少明矣。文、武、成、康,周朝之少年时代也。幽、厉、桓、赧,则其老年时代也。高、文、景、武,汉朝之少年时代也。元、平、桓、灵,则其老年时代也。自余历朝,莫不有之。凡此者谓为一朝廷之老也则可,谓为一国之老也则不可。一朝廷之老且死,犹一人之老且死也,于吾所谓中国者何与焉。然则,吾中国者,前此尚未出现于世界,而今乃始萌芽云尔。天地大矣,前途辽矣。美哉我少年中国乎!

任公曰:"造成今日之老大中国者,则中国老朽之冤业也。制出将来之少年中国者,则中国少年之责任也。彼老朽者何足道,彼与此世界作别之日不远矣,而我少年乃新来而与世界为缘。如僦屋者然,彼明日将迁居他方,而我今日始入此室处。将迁居者,不爱护其窗栊,不洁治其庭庑,俗人恒情,亦何足怪!若我少年者,前程浩浩,后顾茫茫。中国而为牛为马为奴隶,则烹脔棰鞭之惨酷,惟我少年当之。中国如称霸宇内,主盟地球,则指挥顾盼之尊荣,惟我少年享之。于彼气息奄奄与鬼为邻者何与焉?彼而漠然置之,犹可言也。

第一章　法律思想

我而漠然置之,不可言也。使举国之少年而果为少年也,则吾中国为未来之国,其进步未可量也。使举国之少年而亦为老大也,则吾中国为过去之国,其澌亡可翘足而待也。故今日之责任,不在他人,而全在我少年。少年智则国智,少年富则国富;少年强则国强,少年独立则国独立;少年自由则国自由,少年进步则国进步;少年胜于欧洲则国胜于欧洲,少年雄于地球则国雄于地球。红日初升,其道大光。河出伏流,一泻汪洋。潜龙腾渊,鳞爪飞扬。乳虎啸谷,百兽震惶。鹰隼试翼,风尘吸张。奇花初胎,矞矞皇皇。干将发硎,有作其芒。天戴其苍,地履其黄。纵有千古,横有八荒。前途似海,来日方长。美哉我少年中国,与天不老!壮哉我中国少年,与国无疆!"

——选自《饮冰室合集》

思考:(1)梁启超为什么说中国是少年中国?
　　　(2)少年对于建设少年中国有哪些责任?

宋教仁被刺案

1913年3月20日晚上十点左右,灯光黯淡的上海沪宁火车站外,在黄兴、于右任等人的陪同下,宋教仁走出候车室,准备登上火车进京。就在众人快走到检票口时,突然一声枪响,宋教仁中弹倒地。送至医院经查,子弹是从背后击入并斜穿到腰部,肾脏、大肠均被击中。由于伤势严重,院方于凌晨12时30分将宋教仁送入手术室开刀,医生用钳子从小腹处取出子弹,但令众人意想不到的是——子弹上竟然有毒!

宋教仁在弥留之际,对于右任等人留下口头遗嘱:"今以三事奉告:一、所有在南京、北京及东京寄存之书籍,悉捐入南京图书馆;二、我本寒家,老母尚在,如我死后,请克强与公及诸故人为我照料;三、诸公皆当勉力进行,勿以我为念,而放弃责任心。我为调和南北事费尽心力,造谣者及一班人民不知原委,每多误解,我受痛苦也是应当,死亦何悔?"痛苦之中,宋教仁仍念念不忘国事,要求他的同志在他死后"总要往前做",并授意黄兴代拟给袁世凯的电报,陈述自己中弹经过及革命生涯,真诚地希望袁世凯"开诚心,布公道,竭力保障民权,俾国会得确定不拔之宪法,则虽死之日,犹生之年"。挨到3月22日凌晨四点,宋教仁最终在辗转苦痛中气绝而亡,年仅32岁。

刚刚在中国有史以来第一次国会选举中获胜的宋教仁,在准备进京组阁并极有可能出任新一任内阁总理时倒下了。宋教仁在辛亥革命后的政治舞台上是一位举足轻重的人物。他早年参加革命团体,是同盟会成立核心人物之一。在日本留学期间,他先后翻译了《日本宪法》《英国制度要览》《美国制度概要》《德国官制》等著作,形成了系统的宪政理念。1910年年底,宋教仁从日本返抵上海,任《民立报》主笔,以"渔父"笔名撰写大量宣传革命的文章。1911年参加黄花岗起义的准备工作,起草了约法文告和制度设置,这是他宪政思想一次具体而完整的表述。武昌起义发生后,他赴武汉主持修订了《鄂州约法》,这是中国历史上第一部具有近代意义的宪法草案。

武昌起义爆发后，国内各方势力最终达成协议：清帝退位、孙中山退职、袁世凯接任临时大总统。按民国初年的政治构架，国会产生后，除选举新的大总统外，新一任内阁将由国会选举中获胜的政党来组织，内阁总理也一般由获胜的政党党魁担任。

在宋教仁的多方斡旋下，同盟会、统一共和党等五党于1912年8月宣布合并成立新的国民党。随后，在1913年3月的中华民国第一届国会选举中，宋教仁积极奔走，国民党在第一届国会选举中取得了决定性胜利，成为国会第一大党。踌躇满志的宋教仁准备北上组阁，实现自己的"责任内阁"梦。但是，3月20日晚的枪声，宣告了民国初年民主宪政框架的破裂，从根本上打破了在中国实行宪政民主的梦想，也拉开了民国初年的乱局。

思考：在中国如何实现民主宪政的梦想？

思考题

一、名词解释

1. 礼治
2. 德治
3. 德主刑辅
4. 人治
5. 定分止争
6. 兴功禁暴
7. 五权宪法
8. 权能区分论

二、讨论题

1. 法家强调"法治"，反对儒家的"礼治"，两者形成鲜明的对垒。请你谈一谈他们的基本分歧是什么？为什么秦汉之后儒法两家却能够相互借鉴并逐渐融合？法家的"法治"与现代意义上的"法治"南辕北辙的原因何在？

2. 伟大的先行者孙中山先生创立的"权能分治"论，为推翻帝制建立民主共和国家奠定了理论基础。请你结合中华民国南京临时政府的实践，对"权能分治"论的利弊进行一个简要的分析。

第二章　法学流派

导读

　　所谓法学流派，实际上是古今中外的法学家在对法进行定义的过程中，因研究方法、研究角度、研究视野宽窄等方面的不同，而对法作出的不同定义。自然法学派、分析法学派和社会法学派是当今占据主流地位的三大法学流派。自然法学派强调法的正当性，认为在实然法之上还有一个更高的标准，即应然法，凡是不符合应然法的实然法都不是真正的法，即"恶法非法"；分析法学派则更强调法的来源，认为凡是由立法机关依据法定的立法程序制定出来的法，就是真正的法，而缺失对实然法本身正当性的考量，所以是"恶法亦法"；社会法学派更强调法对社会的作用和影响，在承认法是社会产物的同时，强调法对社会的能动反作用，即实现立法目的和对人类社会有积极推进作用的法就是真正的法，反之就不是真正的法。

学习目标

◆ 掌握三大法学派的主要观点
◆ 理解三大法学派的区别
◆ 了解三大学派各自的发展过程以及代表性人物和学说

> 自然法是居于人类法之上的,并规定了某些不可变更的权利的标准。
>
> ——[美]萨拜因

第一节 自然法学派

一、自然法学派概述

作为历史最为悠久,流传最为广泛的三大法学派之一,自然法学派是当今世界范围内居主流地位的法学学派。

> **相关知识**
>
> 人们在谈起西方历史和文化传统时,总是想到古希腊。因为伟大的西方现代文明正是从那里孕育产生的。古希腊人对权力(利)、法律和正义的理解,对民主制度的实践,仍然深刻地启迪着生活于现代社会的人们。
>
> 古希腊伟大的戏剧家索福克勒斯,他创作的《俄狄浦斯王》和《安提戈涅》可以称得上是古希腊悲剧中的代表作。索福克勒斯在他的著名悲剧《安提戈涅》中讲了这样一个故事:
>
> 流亡者波吕涅刻斯为了抢夺哥哥忒拜王的王位,率外邦军队前来攻打自己的祖国忒拜城。两军交战时两兄弟自相残杀而死,他们的舅父克瑞翁被长老们推为新国王。克瑞翁王指责道:波吕涅刻斯"想要放火把他祖先的都城和本族的神殿烧个精光,想要喝他族人的血,使剩下的人成为奴隶。这家伙,我已向全体市民宣布,不许人埋葬,也不许人哀悼,让他的尸体暴露,给鸟和狗吞食,让大家看见他被作践得血肉模糊!这就是我的魄力!""谁要是违反禁令,谁就会在大街上被群众用石头砸死。"这时候,有一位美丽的少女——波吕涅刻斯的妹妹安提戈涅,勇敢地站出来埋葬了她的哥哥,并因此获罪而死。
>
> 这部希腊悲剧的故事情节并不复杂,但通篇渗透着对情理与法理、治权与民意的思考,深刻隽永,耐人寻味。安提戈涅的悲剧性在于她敢于藐视非法、挑战权威的那种悲壮和惨烈。她留给世人一个没有定论的悬案:法律是什么?当法律涉及人的基

本权利时,当城邦的法律或统治者的意志与当世所公认的"神律"之间发生冲突时,当人们面对着服从"神律"还是服从现存的律令的两难选择时,正义站在哪一边?

安提戈涅给出的答案其实很简单:人间的法律必须符合"神律",而神律不过就是天性和公理。她把国王的法令与"神律""天理良心"区别开来,告诉人们,国王制定的法律如果违反天性和公理,它就是恶法,甚至连恶法都不如,而伤天害理的恶法人民没有必要去服从。在安提戈涅看来,死,已经是对人的最大的惩罚。克瑞翁让波吕涅刻斯暴尸荒野,不许收尸,就是违反了神律,也就是违反了人们公认的"天理良心"。人纵有千般恶、万般罪,只要罪不当死,剥夺其生命就是不正义的。任意侵犯人的尊严,包括人死后遗体的尊严,哪怕此人是罪大恶极的囚犯,也是不正义的。不正义的恶法人民是可以不服从的。这就在统治者的法令之上放置了一个更高的神律,一个统治者也不得不顾忌的天条。这就是古希腊的自然法精神,也是西方法学和政治学中所一再阐述的公民的一项极为重要的权利——"公民不服从"(civil disobedience)。

可见,从《安提戈涅》中,我们已经感受到古希腊人对"法是什么""恶法非法"等问题的思考和探索,而这些问题也正是自然法学派着力关注的主题。

自然法学派是一个坚持正义的绝对性,相信真正体现正义的不是人类制定的协议、国家制定的法律,而是存在于人的内心中的自然法的法学学派。自然法学派特别重视法律存在的客观基础和价值目标,即人性、理性、正义、自由、平等、秩序,他们对法律的终极价值目标和客观基础的探索,对于认识法的本质和起源有着重要的意义。自然法学派在法学研究中表现为一种激进的理想主义情怀,以诸如正义、平等、自由等抽象价值来构建自己的批判武器,在破解传统法律理念,重塑时代法律神圣性的历程中,功勋卓著。

二、自然法学派的发展概况

自然法学派的发展大体上经历了四个阶段。

1. 古希腊时期——早期的自然法学

自然法最初含义来自古希腊人对大自然的理解。古希腊人认为大自然是不可侵犯的,自然法就是反映自然存在的秩序的法,是法律和正义的基础。这是古希腊人对西方法律思想的杰出贡献,代表人物为前期的智者、亚里士多德和后期的斯多葛学派。

古希腊思想家的"自然法"概念,首先来自智者学派对"自然"的分析。几乎所有的早期哲学家都以"论自然"作为他们著作的标题,用自然事物或自然规律来解释人类所处的环境和社会生活,这里的"自然"意思是"永远像它自己"。智者中的一派认为,人人皆为圆颅方趾,自然要求人人平等,人与人的差异只在于制度,是人为的法律所造成的后果。

之后,柏拉图和亚里士多德等人都确信存在着某些不变的标准支配着人定法(实在法),并断言通过理性的运作可以发现这些标准。特别是亚里士多德明确将法律分为自然法和人定法,认为自然法是反映自然秩序的法,是普遍的、永久不变的法,高于内容变化不定的人定法,是人定法制定的依据。

后期希腊自然法思想的代表主要是斯多葛学派,他们把人之自然规定为理性,认为理性是遍及宇宙的力量,不同国别或种族的人所具有的神圣理性是一样的。因此,他们认为存在一种基于理性的自然法,在整个宇宙中都有效。自然法是理性的法律,不是任何特定国家的法律,也不是个别立法者所制定或编撰的。

2. 中世纪——基督教神学的自然法学

中世纪自然法学的代表人物是"教父学"的奠基人奥古斯丁和经院哲学家托马斯·阿奎那。前者把柏拉图的唯心主义世界观、西塞罗的"自然正义""自然法"和基督教教义结合起来,形成一整套为神学服务的理论体系。后者则利用亚里士多德的理论,竭力调和理性与信仰、王权和教权、自然法与神权的矛盾,对基督教和西方文化的发展有着深远的影响。

3. 自由资本主义时期——古典自然法学

自由资本主义时期是自然法学发展的鼎盛时期。它主要是指17至19世纪初西方自由资本主义阶段所产生的自然法学,这一时期的代表人物包括荷兰的格劳秀斯,英国的霍布斯、洛克,法国的孟德斯鸠、卢梭等。

古典自然法学的发展,大致可以分为以下三个阶段。

(1) 文艺复兴和宗教改革后至英国清教革命前。

这一阶段是欧洲从中世纪神学和封建主义中求得解放的时期,重要标志是新教的兴起、政治开明专制主义和经济重商主义的出现。格劳秀斯、霍布斯、斯宾诺莎、普芬道夫的理论,都属于这一阶段的自然法学。他们的理论有一个共同点,就是都认为自然法得以实施的最终保障应从统治者的智慧和自律中去寻找。

(2) 17世纪40年代英国的清教革命至18世纪初。

洛克和孟德斯鸠是这一时期自然法学的代表。洛克认为,在人类法律产生以前的自然状态中,适用的是自然法,"理性,也就是自然法,教导着有意遵从理性的全人类:人们既然都是平等和独立的,任何人就不得侵害他人的生命、健康、自由和财产"。自然法要求不得侵犯他人的财产,应当归还不属于自己的财物,履行诺言,赔偿因过错造成的损害,惩罚应予惩罚的人。洛克等人还赞成一种权力分立的方法来保护个人的自然权利,并反对政府对这些权利的不正当侵犯。这一阶段的自然法思想后来在美国思想界占据了优势。

(3) 18世纪法国启蒙运动时期。

18世纪法国启蒙运动时期是人民主权和民主的坚决信奉阶段,最杰出的代表是卢梭。在卢梭看来,自然法完全出自人的理性,是普遍正义和人民的公意,所有的法律必须由公意指导下的主权者(立法者)制定,由人民来加以修改,"人民永远可以做主改变自己的法律"。这一阶段的自然法理论主要流行于法国,并成为法国大革命的思想基础。

尽管近代启蒙思想家们在自然法的观点上并不完全一致,但占主流的意见是,由人类理性建构出来的自然法,具有不证自明的、一贯和必然的,即使是上帝也不能改变的特性,是实在法的基础,是衡量一切行为善恶的标准。由自然法引申出来的许多主张,已经成为现代社会的常识,如人权,即个人具有生而有之、不可剥夺的自然权利,包括自由、平等、财产、安全、反抗压迫等。又如,法治主义指合法的政府和权力源自法律,未经人民许可,不得行使强制权力,政府权力必须受到约束,法律面前人人平等。这些观念奠定了民主制度、立宪制度和三权分立的思想基础。

4. 垄断资本主义时期——现代自然法学

自然法学作为"批判武器"和"革命工具",对资产阶级革命具有极大的意义,但这些理论对已登上政治舞台的新兴的资产阶级却又是一种潜在的威胁,加之自身所具有的某些弱点,自然法学在 19 世纪中叶沉寂下去。从 19 世纪末 20 世纪初开始,经过两次世界大战,尤其是第二次世界大战的刺激,人们又重新关注起善与恶的根源,重新探寻法律的终极关怀。在这种情况下,自然法又开始复兴,从而形成了现代自然法学。

三、自然法学派的主要特点

1. 自然法学派关注的是法律应然价值的研究

自然法学区别于其他主流法学流派的最主要特征在于它对法律价值的评价持积极的肯定态度。自然法学实际上是自然法学家所树立起来的衡量和评价实在法的一种标准或尺度。法律的价值分为实然价值和应然价值,实然价值主要指法的实际作用、意义等。应然价值包括法的价值标准和法的价值目标如正义、平等、自由、公正、效益等。自然法学派关注的是法律的应然价值。自然法学派对法律价值的研究揭示了以下道理。

法律作为一种行为准则必然包含了能使人们辨是非、知善恶的价值标准;法律发展的目的在于社会制定法律时要把公共幸福和人权作为其首要的目的;法律所依赖和保护的是法律制定者的利益,法律是由人民制定的,必须反映人民的意志;法律必须以客观规律为基础;法律的价值目标,秩序、自由、平等、正义等是互相联系、互相渗透、互相协调的,没有平等的自由和没有自由的秩序的社会不仅不会是一个完美的社会,而且甚至会是一个邪恶的社会。

自然法学对法律的价值进行评价,不仅能防止盲目地崇拜现有的法律制度,而且能不断地提出更高的要求,把法律推向理想的境界。

2. 自然法学派以自然法观念和人本主义为理论出发点

自然法学充分体现了自然法观念和人本主义,是西方法传统中最具生命力的观念体系,这种社会观念不仅曾使西方社会发生翻天覆地的变化,而且渗入西方人的文化心理结构中,成为稳定的法律意识。

除了自然法观念外,自然法学还有着丰富的人本主义内涵。例如,古希腊罗马时期的自然法学家将人视为自然的一个组成部分,认为自然法是以人的本性或人的理性为基础。

又如,古典自然法学派的创始人格劳秀斯认为自然法是基于人的本性而独立于上帝干预的,人类理性是法律的渊源。

3. 自然法学派的学说基本建立在理论假设的基础上

自然法学的许多命题基本建立在假设的基础上,其虚幻的气质尤其表现在自然状态说、社会契约论等理论上。总体而言,自然法学家们不能称为严格意义上的法学家,他们对法律的研究也总是囿于哲学、伦理学、神学或政治学之中,自然法学对法律进行评价的标准缺少内部的评价体系。自然法学家习惯于从抽象的意义上来谈论法律,习惯于研究彼岸的法律,缺少对现实法律的关注。

四、对自然法学派的评价

自然法学派特别重视法律存在的客观基础和价值目标,即人性、理性、正义、自由、平等、秩序,他们对法律的终极价值目标和客观基础的探索,对于认识法的本质和起源有着重要的意义。它为人类的立法活动提供了标准和方向,使人定法不偏离理性、正义、人权这些维系人类自身生存和发展的价值目标,以理性、正义、人权来约束立法权的行使,使立法者不能为所欲为。在自然法学派看来,立法者制定的"恶法"根本不属于法律,公民没有遵守的义务。

但是,自然法学派的研究论证方法却如天空之流云,绮丽却缥缈,它宣言法的未来,但无力构筑通达未来的现实路径。更令人忧虑的是,自然法的自大与泛滥还有可能使法学笼罩于空泛与虚幻之中而难以成长与成熟。

> 在法学家眼中没有法律只有法理,
> 在执法者手中没有法理只有法律,
> 法学家的使命就在于将法律的理性变成理性的法律交到执法者手中。
> ——邱兴隆

第二节 分析法学派

一、分析法学派概述

分析法学派是指以功利主义哲学为理论基础,以实证研究为基本研究方法,以边沁、奥斯丁为主要代表,在实在法材料的基础上进行概念分析、逻辑分析等种种分析的西方法学流派,又被称为"分析实证主义法学派"。

古希腊著名悲剧《安提戈涅》告诉我们:在自然法学家的眼中,"国王的法"因为违背了基本的"天条",人们可以藐视它,不遵守它。同样的问题摆在分析法学派的学者们面前,持怎样的观点呢?分析法学派的拥趸们则义正辞严地说:虽然你可以怀疑国王的法律是否正当,是否合理,是否符合人本主义关怀,但在国王更改之前,你还是要遵守它、服从它。分析法学派学者关注的不是应然的法,而是实在的法,有人说,正是分析法学派将法律从虚无缥缈的幻想中拉回了人间。

在分析法学派之前,人们常以道德作为基本出发点,研究的多是应然的法,即法律所应达到的理想的目标。自然法学派的孟德斯鸠、卢梭等人的"社会契约"的观念一直影响着人们的思想。但是,到了19世纪这种"社会契约"的观念被边沁攻击为虚构和荒谬。英国法学家奥斯丁也认为,研究法律就应当研究国家制定的实在法,不管这种法是好是坏。实证主义渗透到法学之后的法律实证主义将价值考虑排除在法理学科学研究的范围之外,并把法理学的任务限定在分析和剖析实在法律制度范围之内。由于这一系列的理论背景和社会背景,分析实证主义法学应运而生。

分析法学主张法律与道德相分离,认为法学仅仅是研究"法是什么",而无须关注"法应当是什么"。分析法学的哲学基础是逻辑实证主义,其严格区分"实际上是这样的法律"和"应当是这样的法律",它只注重研究"确实存在"的东西,所以主张法理学的方法主要是分析,而不是评论或批判,法律的实现必须通过武力制裁。分析法学尤其强调对法律概念的分析,依靠逻辑推理来确定可适用的法律,否认法律和道德之间的必然联系。

分析法学从实证角度出发,仅仅讨论"法律是什么",而不涉及对法的价值判断的立场。分析法学的学者对法哲学的范围,法的概念的看法各有差别,但他们的思想一脉相承,认为法与道德不存在必然的联系,道德绝不是衡量法律好恶的标准。不符合道德规范的法律法规,只要它是通过适当的方式颁布实施的,就应视为有效的法律。

二、分析法学派的发展概况

分析法学在漫长的发展中经历了四个发展阶段,呈现出四种理论形态,即古典分析法学、纯粹法学、新分析法学和制度法理学。

1. 古典分析法学

古典分析法学的典型代表人物是英国法学家约翰·奥斯丁。奥斯丁是分析法学派的创始人,出身于磨坊主家庭,曾在军队中服役,1818~1825年任律师,1826年任伦敦大学第一任法理学教授,1833年辞去教职,担任其他公职,著有《法理学范围》和《法理学讲义》。其主要观点如下。

约翰·奥斯丁

(1) 在法理学的研究对象和方法上注重功利主义。

奥斯丁信奉功利主义的哲学,坚持法学的研究对象只限于实在法。他坚信功利主义的问题在立法之时已经被充分、详尽考虑了,功利主义已经被包含在法律规范本身之中,坚持立法就是坚持功利主义。按照他的这种观点,法学家应关注的只是实然意义的法,应然的法只是立法者和哲学家应该去关注的问题。

(2) 认为法理学的任务就是从实在法中抽象出一般的概念和原则。

奥斯丁坚持从实在法中抽象出一般的概念和原则予以阐释。他认为成熟的法律制度在概念和制度方面有众多的相似之处而联系在一起,对于这些概念和原则的阐述对于制度的完善具有卓越的指导意义。

(3) 在法的定义上认为法律是主权者的命令。

奥斯丁认为法律包含三个基本要素,即主权者、命令、制裁。所谓的法律就是主权者的命令,指示人们可以做或者不可以做某种行为,违反时就会遭到制裁。

奥斯丁的观点是资本主义早期的典型法学思潮的代表,反映了新的社会制度确立之后,人们希望通过法律来保证人们之间能开展自由、平等竞争的愿望。

2. 纯粹法学

纯粹法学的典型代表人物是奥地利法学家汉斯·凯尔森。汉斯·凯尔森是纯粹法学创始人,1919年任维也纳大学教授,曾参加起草《奥地利共和国宪法》,1920～1930年任奥地利最高宪法法院法官,1930～1933年在德国科隆大学任教,1940年移居美国,先后在哈佛、加利福尼亚等大学任教。其代表作包括《法与国家的一般理论》《纯粹法理论》《共产主义法律理论》《什么是正义》等。

汉斯·凯尔森的主要观点如下。

(1) 强调法学研究内容和方法的"纯粹性"。

汉斯·凯尔森

汉斯·凯尔森强调以一种彻底的方式将一切的意识形态因素从法律的一切领域中清除出去。所谓的正义观念,不过是一种反映个人的或者群体的主观价值倾向的非理性理想。正义是一个根本无法用科学方法加以回答的问题。他希望法律理论摆脱一切非法律的因素,以实现法律"纯粹"的目标。因此,汉斯·凯尔森的理论也被称为"纯粹法学理论"。纯粹法学理论试图回答法是什么和法是怎样的,而不是去回答法应当如何。

(2) 强调法的封闭性和法律规范的层次性。

汉斯·凯尔森把法看成是一个封闭的、自足的体系。在他看来,法律秩序是一个由层层法律规范构成的规范等级体系,其中一个规范的效力只能来自另一更高的规范,所有规范的效力最终来自一个基本规范。他还区分了"应当"和"事实",认为法律规范属于"应当"的范畴,而无关"事实"范畴,即不涉及人们"实际上如何行为"。他强调纯粹法学的研究对象是关于实在法的一般理论,并且将其研究的重点限制在对实在法的结构分析上。他试图在超越各种内容千差万别的具体法律制度,抽象出各种法律制度所共有的结构特征。

在分析法学家奥斯丁的思想基础上,汉斯·凯尔森继续往前推进,形成了他的纯粹法学,在当代法理学上起到了举足轻重的作用,这对巩固和加强分析实证主义法学的地位是不可或缺的。汉斯·凯尔森的纯粹法学以实在法为研究对象,导入规范分析,不仅抛弃了自然法学中的主观价值判断,而且也完全抛弃了现实生活中的政治经济因素,法律成为纯而又纯的远离人间烟火的"应有世界"。他所构建的体系是一个自我封闭的、由自身来说明自身的超现实生活的纯粹法律体系。

3. 新分析法学

新分析法学的典型代表人物是英国法学家哈特。哈特是新分析法学的创始人,曾长期任牛津大学法理学教授,主要著作有《法律的概念》《法、自由和道德》《刑法的道德性》等。其主要观点如下。

(1) 提出首要规则和次位规则说。

以哈特为代表人物的新分析法学兴起于20世纪下半叶,认为法理学的关键问题在于两类规则的结合,即所谓的首要规则和次位规则。首要规则出于社会的需要,用来保证一种令人满意的生活方式,这些规则约束力的基础则是多数人对它们的接受,而且多数人还会自觉地对不遵守的社会成员施加巨大的压力迫使其遵守。哈特认为,一个发达的法律制度还必须有一套"次位规则",这些规则为承认和执行首位规则提供了一种法定的手段,确认哪些规则是有效的,建立详尽的审判和执法程序来保证首位规则的实施。

哈特

(2) 在法学研究方法上有所创新。

哈特放弃理论和方法上的排他立场,承认自然法学和法社会学的某些理论和方法,把语义分析方法引入到了法学研究当中。新分析法学不再局限于分析法的概念与结构,开始涉及一些如法治理想、法的作用和司法审判等充满道德价值的范畴。

哈特试图缓和法律分析实证主义和自然法学派理论之间的尖锐冲突,并在二者之间构建沟通桥梁。哈特之后,当代三大法学派逐渐显现合流之势。

> **相关知识**
>
> 纽伦堡审判是1945年11月20日到1946年10月1日第二次世界大战结束之后在德国纽伦堡举行的国际战争犯罪审判。在这场世纪审判中,面临的最大困境:如果被起诉的纳粹战犯提出的辩护理由是他们只不过是在执行当时的法律,那该怎么办?
>
> 为此,法学家哈特与富勒进行了旷日持久的争论,这场争论又被称为分析法学派与现代自然法学派的强强对话。其中心内容可以归结为:法律与道德究竟是什么关系?

> 哈特从实证主义的立场出发,认为恶法亦法。哈特不否认纳粹德国法律违背了道德价值,但他主张解决问题的办法是制定一部可以溯及既往的法律来加以惩罚。在哈特看来,法律应当避免受到道德的影响,法律与道德分离,不仅有益于道德判断,也有利于法律改革的开展。富勒则认为,只有在法律体系中渗入道德价值,才能杜绝法律成为不道德、非正义的遮掩伞,认为恶法非法。因此,富勒直接否认了纳粹德国法律的有效。

4. 制度法理学

制度法理学的代表人物是英国法学家麦考密克。麦考密克曾在牛津大学学习文学,在爱丁堡大学学习法律,1967年至1972年在牛津大学巴利奥尔学院任教,自1972年起任爱丁堡大学法律系教授、系主任,是当今英国最杰出的法理学家之一。主要代表作有《法律推理与法律学说》《法律权利与社会民主》《哈特传略》。其主要观点如下。

麦考密克

(1) 以分析实证主义为基本立场,力图综合各个学派的理论和方法。

制度法理学在本体论上认为法是一种制度性事实,它将法律原则、法律制度、法学家的理论著作等纳入实在法的范围内,力图以实践观念为基础将自然法的内容实在化,将实证法学社会化,从而超越自然法和实证主义。

(2) 从社会学和哲学两种意义上来看待法律制度。

制度法理学一方面从哲学意义上看待法律制度,另一方面他们又从社会学意义上来看待法律制度,并且强调从两种意义融合的角度来对待法律制度。

三、分析法学派的主要特点

1. 分析法学派是一种描述性的法律理论

所谓描述性的法律理论,指的是法律实证主义试图通过对实在法的描述性分析来揭示法律体系的特征,并试图通过描述性理论来建构法的体系,从而使法律变成一门"科学"。

2. 分析法学派将法的研究对象限制于实在法领域

在分析主义法学产生之前,自然法和实在法的二元对立并不明显,甚至是和谐的。法律实证主义的出现打破了这种和谐与平静,将研究对象限制在实在法领域。它试图将自然法从法的领域中驱逐出去,试图将价值判断排除在法理学研究范围之外。他们认为所谓道德和正义的观念都是反规范的,是有害的,因为道德和正义从来都没有一个明确的衡量标准,不过是个人或者一群人的非理性的观念,只能带来复杂和混乱。

3. 分析法学派学者大多重视逻辑分析的方法

奥斯丁通过定义的方法来明确"法"的概念。凯尔森试图用逻辑公理化的方法建立"法律规范的逻辑"。凯尔森认为，逻辑对法律系统起着保护作用，可以避免外来因素的入侵，同时，它还是纯化法律科学的工具。哈特认为，司法决定过程从本质上是理性的事业，在很大程度上依赖于逻辑演绎，直觉只是在较小的意义上起作用。

四、对分析法学派的评价

纵观近代西方法学发展史，分析法学派是在与自然法学派的对立与较量中发展起来的，其较量的结果是推动法学摆脱了古典自然法学派强烈的思辨色彩，开始注重以经验的、事实的、分析实证的方法研究法律，以活生生的现实和客观存在的实在法为研究对象。比较而言，自然法学派是在"形而上"的框架里精心构筑法律的理想、价值和目的，而分析法学派则在"形而下"的指导下设计着法律的概念、技术和体系。

与自然法学派相比，分析法学派力图发现并创造法律通用的一般原则、概念和特征，使自然法学中的抽象、虚构的法律原则转变为具体的法律规范，使之更贴近于现实生活和资产阶级的实践需要。应当说，这种转变对于推动法学发展成为真正独立、严谨的学科起了巨大作用。

分析法学派也有自身的不足，即忽视了对价值目标的追求。分析实证的方法只对现实状况进行分析研究，而对良法或恶法的性质不予考虑。这也容易使法律偏离公平和正义的本质，达不到法律所要达到的终极目的。

> 法律用惩罚、预防、特定救济和代替救济来保障各种利益，除此之外，人类的智慧还没有在司法行动上发现其他更多的可能性。
>
> ——[美] 罗·庞德

第三节　社会法学派

一、社会法学派概述

社会法学派关注的是"社会的法"，或者说"法在社会中是怎么样的"。社会法学产生于 19 世纪末 20 世纪初。

社会法学的出现并非是空穴来风，也不是某个或某些法学家、社会学家闭门造车的产物。人们大多认为它是资本主义社会从自由资本主义时期向垄断资本主义时期过渡的产物，其正式出现的时间较自然法学、分析法学要晚。在这个时期进入垄断资本主义阶段的西方国家在新的矛盾推动下，社会本位的法权要求日益高涨。尤其是经济学和社会学的发展，促使西方法学研究方法及指导思想发生变革，社会法学就是在这样的背景下形成的。社会法学既是西方法学历史发展的延续，又是 19 世纪末以来西方社会经济、政治、文化和社会学思潮发展的产物。

> **相关知识**
>
> 假如法律规定"夫妻有相互继承遗产的权利"，而某一女子与某一男子长期以夫妻名义同居，但没有领取结婚证。假如该男子死亡留有遗产，那么，该女子是否有权继承遗产？这个问题假如直接让分析法学派的法学家和社会法学派的法学家出庭对抗，他们一定会争执得一塌糊涂。
>
> 分析法学派的法学家会认为：只有领到结婚证的男女才算夫妻，该案中的男女并未领取结婚证，因此他们不是夫妻，所以不适用"夫妻有相互继承遗产的权利"这一法律规定。社会法学派的法学家则会认为：这一对男女虽然没有领取结婚证，但是长期以夫妻名义同居，左邻右舍和社会民众也认为他们是夫妻，所以他们是事实上的夫妻，与有无结婚证没有关系。
>
> 又如，关于女儿是否享有继承权的问题上，分析法学派的回答是肯定的。实际上，我国《继承法》实施之时，虽然将女儿列为第一顺序继承人，但是当时在我国很多地区，女儿的继承权是根本无法得到保证的，所以《继承法》将女儿列为第一顺序继承人的规定，在社会法学派看来，就不是真正的法律，仅仅是纸面上的法律。

二、社会法学派的发展概况

社会法学派是一个极不统一的法学流派，其内部支派众多。从大的方面可以分为欧洲的社会法学和美洲的社会法学，各自又有很多支派。

1. 欧洲社会法学的主要派别

(1) 利益法学。

利益法学的代表人物是德国法学家菲利普·赫克，主要著作有《法律解释与利益法学》《概念与利益法学》《利益法学》《法哲学和利益法学》等。该派学者认为，传统的法学如分析法学是一种概念论的法学，它实际上假定法律是完整无缺的，因而法官在审理案件时便可以从法律中逻辑地推论出判决。事实上，法律只是立法者为了解决各种利益之间的冲突而制定出来的一些原则,因此法官在审理案件时应注意发现其背后种种利益冲突,特别是社会利益,从而使判决真正反映立法者的意图。

(2) 自由法学。

自由法学是1896年《德国民法典》颁布后,在德国等地兴起的自由法运动所产生的一个支派。其创始人是奥地利法学家埃利希,主要著作有《法的自由发现和自由法学》《法律社会学的基本原理》《法学逻辑》等。该派的中心思想是反对"概念法学"过于拘泥于法律条文进行判决的观点,主张给法官以自由权,认为法官有创造法律的自由裁量权,从而使法律促进各种利益间的平衡。它与利益法学的区别只在于它更强调扩大法官的权力。

(3) 社会连带主义法学。

社会连带主义法学的代表人物是狄骥,主要著作有《法和国家》《公法研究》《社会权利、个人权利和国家》《宪法论》《公法的变迁》等。该派学者认为,由于人们共同的和不同的需要,产生了同求、分工两种连带关系。只有通过连带关系与他人合作,人们才能实现共同或不同的需要。因此,社会连带关系是社会最高原则,是一切社会规范的基础。国家、法律、政治只是社会连带关系的反映,只能促进和保护这种关系。因此,应该用"国家公务概念"代替传统的国家主权概念,用"社会职能概念"代替公民权利概念。资产阶级占有生产资料,工人被迫出卖劳动力都是有连带关系的职责,也只有彼此合作才能互相实现需求。

(4) 斯堪的纳维亚的现实主义法学。

它又被称北欧法学和乌普萨拉学派,是20世纪初在瑞典产生的一个社会法学分支。这个学派标榜批判"形而上学",认为分析法学和价值法学都是"形而上学"的。他们不同意分析法学的法律是命令或规范的观点,而认为法律是一种社会事实,是为社会安全建立起来的以人为齿轮的社会机器,并不是由于强制,而是出于习惯。

2. 美洲社会法学的主要派别

(1) 实用主义法学。

实用主义法学的创始人是美国法学家霍姆斯,主要著作有《普通法》《法律之路》等。该学派认为,法律不是任何别的东西,法律是人们对法院实际上将作什么的预言。因而,真正的法律不是抽象的逻辑推理,它是社会的实际,是一系列的事实。法律的标准不是从天上掉下来的,而是人们对各种社会价值的选择结果,那些能够促进社会发展的需求经过多数人认可的,就可以成为法律。法律不是固定不变的,它应该在社会进步力量的推动下不断发展和演进。法律的发展不是完全来自历史,也不像分析法学家认为的完全来自自身逻辑的演绎,而主要是来自执法者自身的经验。正因为如此,霍姆斯对分析法学强调逻辑推理而忽视社会实际的倾向予以强烈批判,从而提出了"法律的生命不是逻辑,而是经验"的这一著名命题。

(2) 现实主义法学。

现实主义法学的代表人物是美国法学家卡多佐,主要著作有《司法过程的性质》《法律的成长》《法律科学中的矛盾》等。这一学派是从实用主义法学中分化出来的一个社会心理学法学分支,特别注意司法行为尤其是法官的心理活动。他们以霍姆斯的法律预测说和庞德的实在法的第三种涵义——司法行政行为为出发点建立其法律观,因而否认立法机关所制定的成文规则是法律,认为它只是一种影响判断结果的客观因素。

(3) 行为主义法学。

行为主义法学的代表人物是美国的 G. 舒伯特,主要著作有《司法行为的量的分析》《司法政策的制定》和《最高法官的法律思想、态度和意识形态》等。行为主义法学以法官的行为为研究对象,用计算机和高等数学为工具,把影响法官行为的各种因素变成数据用计算机对判决结果进行测算。由于它特别强调对法律行为进行量的分析,故又称为"计量法学"。

三、社会法学派的主要特点

1. 从法学研究的方法来看,社会法学派注重用社会学的观点和方法研究法律

社会法学派主张研究法律与其他社会因素的相互作用,特别是法律在社会生活中的作用,法律的社会目的和社会效果。因此,他们把各种社会学的方法引入法学,如社会调查的方法、心理分析的方法、行为分析的方法等。

2. 从法律的价值取向上看,社会法学派强调社会利益的重要性

社会法学派认为,好的法律就是能充分为社会服务的法律。法律的实际作用比抽象的法定内容更重要。法律必须依靠社会,适应社会的需要。社会法学派强调法律既要关心个人利益,更要关心社会利益。对于个人自由,除非是作为更大的社会安全和社会自由的一部分,法律不能予以保护。

3. 从法学研究的对象来看,社会法学派突出以社会本身为中心

其一,社会法学派把侧重点从国家转向社会,因而轻视国家制定法或成文法,重视非成文法或民间法。其二,他们对法律的理解从各方面都扩大了,如在形式上不再仅仅是成文法,而且有习惯法、判例法等;构成上不再仅仅是规则,而且还有原则和政策等。这就大大地突破了对法律的传统看法,提出了与传统不同的法观念。

四、对社会法学派的评价

社会法学的出现和发展对现代西方法学的发展具有重要意义。作为在 19 世纪占统治地位的分析法学的对立面,它使法学家对法律的研究由静态变成为动态,在继续研究"法律是什么"的同时,更加注重从法律条文到现实的转变过程和法律的实际社会效果的研究。

在法学研究范围上,它开辟了一系列新的研究领域,开阔了法学研究新视野。社会法学从其诞生之日起就担负起了打破"法律关门主义"禁锢的历史重任。从研究方法上看，它吸收了 19 世纪中期以来一系列科学进步的成果，把社会学、心理学、生物学、数学和其他学科的研究方法引入法学研究，开拓了人类思考法律和法学问题的思路。

总之，社会法学从社会的视角来观察研究法律现象，以实用主义哲学和社会学作为其理论基础，强调法学的研究中心不在于立法和司法判决而在于社会本身。应该说，社会法学派以其时效性和兼容性，促进了法学观念的进步和更新。

洞穴奇案

1883 年，澳大利亚游船木樨草号从英国埃塞克斯前往悉尼，途中沉没，四个幸存者——船长杜德利、助手斯蒂芬、船员布鲁克斯和见习船员帕克——被困在一艘十三英尺长的救生艇上，全部食物只有两个罐头。在第 19 天，杜德利建议，以抽签的方式选出一个人被杀掉，让其他三人食用，以求生存。对此，布鲁克斯反对，斯蒂芬表示犹豫，而杜德利表示：无须犹豫了，帕克身体最弱又没有家人，他肯定先死。杜德利随后杀了帕克，他们三人以帕克的尸体为食物支撑度日。四天后，他们被路过的法国帆船蒙堤祖麻号救起，蒙堤祖麻号进入英国法尔茅各斯港短暂停留，杜德利、斯蒂芬和布鲁克斯以涉嫌故意杀人罪被逮捕收监。陪审团同情被告，但为了避免无罪宣告的结果，法官要求陪审团进行特殊裁决，只认定事实。根据陪审团认定的事实，法官宣告被告犯有故意杀人罪，驳回他们的紧急避难抗辩。被告被判处绞刑，随后被维多利亚女王赦免了。

这就是英国历史上著名的"女王诉杜德利与斯蒂芬案"。它牵涉的问题众多，其中每一个问题都争议甚大：杜德利和斯蒂芬该被起诉吗？他们的行为构成紧急避险或正当防卫了吗？他们有罪还是无罪？如果有罪，他们的行为到底构成何种犯罪，是故意杀人罪还是侮辱尸体罪，抑或两者兼有？对他们行政赦免合适吗？这种赦免会构成对法治的伤害吗？当法律规则与道德原则冲突时该如何化解？这个案件牵涉多层关系，所以它不断地被人以各种方式解读。

在这个案件和其他类似案件的基础之上，1949 年，哈佛大学法学院教授 L·L·富勒在《哈佛法学评论》上提出了一个虚拟的人吃人案件，这个名为"洞穴探险"的案例后来被称为"史上最伟大的虚拟案例"：4299 年 5 月上旬，在纽卡斯国，五名洞穴探险人不幸遇到塌方，受困山洞，等待外部的救援。十多日后，他们通过携带的无线电与外界取得联络，得知尚需数日才能获救；为了生存，大家约定通过投骰子吃掉一人，牺牲一个以救活其余四人。威特摩尔是这一方案的提议人，不过投骰子之前又收回了意见，其他四人却执意坚持，结果恰好是威特摩尔被选中，在受困的第 23 天威特摩尔被同伴杀掉吃了。在受困的第 32 天，剩下四人被救，随后他们以故意杀人罪被起诉。

"女王诉杜德利与斯蒂芬案"所引发的诸多争议,在"洞穴探险"案中一一再现,后者所蕴含的争议更为庞杂。在纽卡斯国的初审法院,被告被判处死刑。被告上诉到最高法院,富勒虚拟了五位大法官就此案出具的五份不同的判决意见书:首席大法官特鲁派尼从法律实证主义的观点出发,认为法律是法律,道德是道德,同情心不会让法律人违反自己的职业判断去创造例外,所以他支持有罪判决;福斯特大法官则主张应该根据立法目的,对法律规则进行解释,联邦的法律不适用此案,被告无罪;唐丁大法官认为这是一个两难的案件,选择回避退出此案;基恩大法官主张法官应当忠于自己的职责,不能滥用目的解释,去规避法律规则的适用,坚持被告有罪;汉迪大法官则主张,抛开法律,用常识判案,通过常识来平衡道德与法律的冲突,坚持被告无罪。

思考:你是否可以选取三大法学流派中的某个法学流派的主要理论,来谈谈对本案的看法?

 思考题

一、名词解释
1. 自然法学派　　　　　　　　2. 分析法学派
3. 社会法学派

二、讨论题
在互联网时代和人工智能时代,律所和人类律师并非普通公众获取法律服务的唯一渠道。在线法律服务、机器人法律服务等替代性商业模式正在兴起,可以直接向终端用户提供一般法律咨询服务,比如遗嘱、婚姻咨询、交通事故咨询等等。请结合本章内容,讨论:人工智能的兴起会对法律行业带来哪些影响和挑战?传统的法学思想、法律思维还能继续适用于人工智能时代吗?

第三章　法学理念

导读

　　罗马法学家西塞罗说:"法律是人性中所蕴含的最高理性,告诉人们所应做之事,禁止人们所不应做之事。"确实,法律之于人、之于社会都是不可或缺的重要的行为规范,但作为行为规范的法律,不仅仅是法条文字,背后蕴含着丰富的思想理念。所谓法律理念,一方面体现了法律本身所具有的基本内涵,另一方面更是体现了人们对法律的期望和追求。对平等、公正、秩序的追求,是千百年来人们对法律寄予的最基本的期望。法律是实现平等、公正、秩序的必要手段和基本途径。

学习目标

◆ 掌握平等、公正、秩序的基本含义
◆ 理解法律理念对于具体法律制度的意义

> 平等是一项神圣的法律,
> 一项先于其他一切法律的法律,一项派生其他法律的法律。
> ——[法]皮埃尔·勒鲁

第一节 平 等

一、平等的含义

在人类的发展历史上,平等一直是人类社会追求的价值目标,更是法律的重要理念之一。那么,平等是什么呢?根据美国法学家博登海默的说法,"平等乃是一个具有多种不同含义的多型概念。它所指的对象可以是政治参与权利、收入分配制度,也可以是不得势的群体的社会地位与法律地位。其范围涉及法律待遇的平等,机会的平等以及人类基本需要的平等"。由此可见,平等的含义十分丰富。同时,平等也是一个历史的范畴,在不同的历史时期有不同的内涵。

在原始社会,人与人之间没有平等的观念,在古希腊和古罗马,希腊人和野蛮人、自由民和奴隶、公民和被保护民、罗马的公民和罗马的臣民之间地位悬殊。平等观念的真正形成是近代的事情。法国著名思想家卢梭认为,没有平等,"自由便不能存在"。他把平等提到十分重要的地位,明确要求道德平等、法律平等、财产平等和交换平等。道德平等是指在道德规范面前人人平等,善恶标准及其评价标准都是一样的。法律平等就是法律条件对人人都是同一的,没有主人与奴隶之分。财产平等是指:"没有一个公民可以富足得足以购买另一个人,也没有一个公民穷得不得不出卖自身";"人人都有一些东西又没有人能够有过多的东西"。交换平等就是要求等价交换。

> **相关知识**
>
> 世界著名的文学家萧伯纳曾讲过自己的一次经历。一次他到苏联访问,在街头遇见一位聪明伶俐的小姑娘,就和她玩了起来。到了说再见时,萧伯纳为让小姑娘更高兴,就对她说:"回去告诉你妈妈,今天和你玩的是世界有名的作家萧伯纳。"不料,小姑娘竟学她的语气说道:"你回去告诉你妈妈,今天和你玩的是苏联的小姑娘苏珊娜。"这件事给萧伯纳极大的震动,他感慨地说:"一个人不论他有多么大的成就,他对任何人应该平等相待。"这则趣闻告诉我们,无论你的身份多特

殊,地位有多高,财产有多少,每个人在人格上是平等的,都应该尊重他人,获得自尊。

二、平等的分类

1. 绝对平等与相对平等

绝对平等是指所有的人都应受到同样的对待,而不管他们的年龄、健康状况、财产状况、人格、身份、种族、民族等如何。相对平等是指人们应该得到与自己的优点、贡献、需要、身份等相称的待遇。前者是一种绝对的、无差别的平等,立足于人本的角度,属于一种价值观;而后者是一种相对的、按比例的平等,立足于现实。

2. 结果平等与机会平等

结果平等就是要求个人同样获得最后所要实现的目标。机会平等则仅要求个人获得平等的机会去实现目标。一般而言,法律保护的主要是机会平等。

3. 程序性平等与实体性平等

程序性平等仅要求法律在适用过程中平等,实体性平等则是指法律的内容必须平等。

三、平等与法律的关系

在不同的社会中,平等与法律的关系也有所不同,没有一个完全不变的模式。一般而言,包括以下两个方面。

1. 平等是法律的价值目标和制约因素

平等是法律所追求的价值目标之一。从立法的角度来看,平等是鉴别立法的进步与落后,区分民主立法与专制立法的显著标志。规定平等原则的立法是民主的立法、进步的立法;规定不平等的立法是专制、落后、野蛮、残暴的立法。

从执法的角度看,平等是促进执法活动公正无私、保障执法质量的必要因素。首先,执法离不开执法人员的思想和文化素质,执法人员有无平等观念,将直接影响法律执行的效果,而平等观念的形成,为保证执法的公正无私提供了思想条件。其次,执法的效果离不开制度的保障,而平等的社会制度或原则的确立,将为执法上的平等提供可靠的依据和标准,从而使执法平等成为可能。最后,执法离不开平等的社会环境,而平等制度和原则在社会生活中的实现,将会为达到执法公正无私的效果创造一个良好的社会条件。

从守法的角度看,平等是人们自觉遵守法律、反对特权的力量来源。遵守法律,既是国家强制的结果,又是人们自觉的行为过程。在民主的国家,平等是人们自觉守法的内在动力。

2. 法律是实现平等的必要条件和可行手段

平等的实现是一个复杂的过程。平等的实现过程实质上就是平等的观念、理想和要求以平等的原则和平等的社会制度为中介转化为事实平等的过程。从历史和现实的实践来看,平等原则和制度的确立,几乎都采取了法律规定的形式。也就是说,各个国家将平等上升为基本原则和制度都是通过法律来加以规定,使平等首先表现为法律原则和具体的法律制度。

然而,法律上的平等仍然只是一种可能的平等、形式上的平等,而且也是一种有限的平等。因为法律上的平等仅仅是一种法律规定上的平等,要转化为事实平等,还需要一个过程。

相关知识

关于平等的法律格言

1. 我们认为这是不言而喻的真理,一切人生来都是平等的。(托·杰弗逊)
2. 人生来就是不平等的,所以试图平等待人纯属徒劳之举。(詹·安·弗劳德)
3. 斯巴达人原则是:正义就是平等,但平等并不就是正义。(爱献生)
4. 有平等就不会有战争。(梭伦)
5. 平等者最能与平等者相投。(西塞罗)
6. 无产阶级平等要求的实际内容都是消灭阶级的要求。任何超出这个范围的平等要求,都必然要流于荒谬。(恩格斯)
7. 平等或许是一种权利,但却没有任何力量使它变为现实。(巴尔扎克)
8. 所有人都应该是兄弟,这只是那些没有兄弟的人们的幻想。(夏尔·尚肖那)
9. 只要世界上还存在一部分人不得不服从另一部分人的现象,平等就无从谈起。(威·吉尔伯特)
10. 行使权力的"人民"和被人民行使权力的人民,不会总是同一类人。(约翰逊·斯图亚特·穆勒)
11. 一个社团的基本努力或许就是设法使其成员平等,但其成员个人的自尊心却总是希望自己出人头地,在某处形成某种对自己有利的不平等。(德·托克维尔)
12. 想获得平等竟如此困难,原因在于:我们只想与上司共享它。(亨利·贝克)

第三章 法学理念

> 一次不公正裁判的罪恶甚于十次犯罪。
> 因为犯罪污染的只是水流,而枉法裁判污染的却是水源。
>
> ——[英]培根

第二节 公 正

一、公正的含义

公正作为人类最为古老的思想观念之一,也是法律始终追求的最高理念。从法律产生开始,公正就成为法律命题的应有之义。给予人类公平、公正正是法律区别于其他价值物的独特之处。因此,不管中国还是西方的法律,在其最初产生时就含有公平之意。中国"法"的古体字:"灋",从水,意为平之如水,象征公平。西方"法"的词源,即古罗马的"Jus",来自"公正",是公正意义上的"法",古罗马人眼中的法律即为"公正而善良的艺术"。古希腊先哲亚里士多德也认为:"要使事物合乎公正(公平),须有毫无偏私的权衡,法律恰恰正是这样一个中道的权衡。"

二、公正与法律的关系

1. 公正是法律的价值目标

通常公正被看作是法律的同义词。在许多国家,法院被称为"公平之宫",那些秉公断案、伸张正义的法官被人们推崇并名垂青史,如我国的包拯、以色列的所罗门王等。正义女神之形象、法律职业徽章上的天平等也表明了法律与公正的密切关系。

可见,追求公正的实现,是法律制度的价值目标。公正观念尽管具有主观性,但仍存在着某些相对稳定的内涵和准则,即最低限度的公正要求就是衡量法律优劣的基本标准。

相关案例

1944年,一名德国士兵在奉命出差执行任务期间,回家短暂探亲。

有一天,他私下里向妻子说了一些对希特勒及纳粹党其他领导人物的不满。他刚刚离开,妻子因为在他长期离家服兵役期间"已投向另一个男子的怀抱",想除掉自己的丈夫,就把他的言论报告给了当地的纳粹党头目。结果,丈夫遭到了军事特别法庭的审讯，被判处死刑。经过短时期的囚禁后，未处死，又被送到了前线。纳粹政权倒台后，妻子因设法使丈夫遭到囚禁而被送上法庭。她在法庭上的抗辩理由是：据当时有效的法律，丈夫对她所说的关于希特勒及纳粹党的言语已构成犯罪。因此，当她告发丈夫时，她仅仅是使一个罪犯归案受审。

这一案件以及类似的系列案件，使得"二战"后针对战争问题的审判在法律与道德问题上陷入了一个困境，如果严格坚持实证主义的"法律就是法律"的观点的话，那么，类似像告密者这样的人就不能得到法律的惩罚。但是，如果要惩罚告密者，则依据的似乎不是法律，因为他们并没有违背当时的法律，而是依据法律之外的公正理念。

事实上，德国的法院正是这么做的。对这一案件，德国的法院援引了"良知"和"公正"之类的观念，认为"妻子告发丈夫，导致丈夫的自由被剥夺，虽然丈夫是被法院以违法的理由宣判的，但是，这种法律'违背所有正常人的健全良知和公正观念，因此不能够被看作是法'。"

公正对于法律的制定和实施都有重要意义。就立法而言，一定的公正观念会对立法者产生重要影响，指导立法者在制定具体法律中反映公正的要求。就法的实施而言，法律制度的公正性会激励执法者、司法者公正执法，社会公众自觉守法。公正作为法律制度所追求的价值目标，也是法律进化的动力。正是对公正的追求，促使法律制度不断革新和进步。

2. 法律是实现公正的制度保障

法律对公正的制度保障主要体现在实体法和程序法之中。一方面，要求法律本身是公正的，即法律的实体公正，这体现于实体法；另一方面，要求法律获得公正的适用，即法律的程序公正，这体现于程序法。

(1) 实体法体现。

实体法是立法机关制定的分配权利义务的规范性法律文件。公正理念首先体现于实体法，即实体法表现为良法、善法，能够赋予每一个公民平等的权利和自由。

我国《宪法》保障私权利、控制公权力的宗旨就体现了公正理念，并在其具体规定中贯穿始终，同时通过宪法这一母法对其他所有法律法规起导向和制约作用。《宪法》中关于"中华人民共和国的一切权力属于人民""国家机构实行民主集中制原则""中华人民共和国各民族一律平等""公民的基本权利义务"等，都从整体上体现了公正理念。

公正理念在我国《刑法》中体现为罪刑法定、罪刑平等、罪责自负、罪刑相适应、法律溯及力上的从旧兼从轻等基本原则，这些原则又制约其后的法律规则，使整部刑法都不偏离公正理念。

我国《民法通则》规定的平等、自愿、等价有偿、公平、诚实信用等原则都是公正的具体化，并渗透于全部法律规则之中，如关于公民民事权利能力和行为能力的规定，关于无效、可变更、可撤销民事行为的规定，关于无过错责任原则、过错推定原则和公平责任原则的规定等。

"行政法"的依法行政、行政合理和行政公开原则,《行政处罚法》中的处罚法定、公正公开、处罚与教育相结合以及保障当事人程序权利等原则,均体现着公正的理念。

(2) 程序法体现。

实体公正的实现有赖于程序公正,没有程序公正的保障,任何实体公正都只有一种偶然性而绝不具有必然性。作为实现实体法中权利义务的步骤和过程的程序法,其使命就是为了保障实体法所承载的实体公正的实现。

目前,我国行政、民事、刑事三大诉讼法中的审判独立、公开审判、两审终审、审判监督等原则或制度,《刑事诉讼法》中的无罪推定、疑罪从无原则及死刑复核程序等,《行政程序法》中的听证、信息公开、行政调查等制度等,均体现了程序法对公正理念和正当程序原则的追求。

> **相关知识**
>
> 英国著名法学家边沁曾讲过这样一个故事:两人分一块饼。只能用刀来切,没有任何的尺子、天平等测量工具来保证一刀下去,饼能公平地被分成平等的两份。也就是说,两人都有可能在这次利益的分配中吃亏或者占到便宜,这次分割,将注定是难以达到实质公平的。那么,怎样做才能让两人心服口服呢?边沁给了一个答案:一人切饼,另一人先拿。
>
> 法的公正包含实体公正和程序公正。在两者不能兼顾的时候,我们如何作出取舍?实体公正和程序公正,无论哪一个,都不比另外一个距离真正的公正更近。但是,程序公正,却离法律的公正更近。

法律就是秩序,有好的法律才有好的秩序。

——亚里士多德

第三节 秩 序

一、秩序的含义

"定分止争",这个成语典出《管子·七臣七主》:"法者所以兴功惧暴也,律者所以定分止争也,令者所以令人知事也。"《慎子》中曾经就有个例子说明定分止争:"一兔走街,百人追之,分未定也;积兔满市,过而不顾,非不欲兔,分定不可争也。"意思就是说,一只野兔在田野上跑,后面很多人追着想抓住它。但是,市场上很多的兔子却没有人去抢着要它,为什么呢?因为前面的兔子权属没有定,而后面的兔子已经有了归属。"定分"指确定名分,"止争"指止息纷争。名分就是古代的秩序,确定了秩序,就能止住纷争。秩序也正是我们法律所追求的基本理念之一。在汉语中,秩序由"秩"和"序"组合而成。和英文的 order 一样,都有"次序、常规"的含义。许慎的《说文解字》:"秩,积也";段玉裁注释为:"积之,必有次叙,成文理,是曰秩。"进一步引申为"常规、常度"。"序"为"叙"的假借字。《说文解字》:"叙,次弟也。"

从静态上来看,秩序是指人或物处于一定的位置,有条理、有规则、不紊乱,从而表现出结构的恒定性和一致性,形成一个统一的整体。就动态而言,秩序是指事物在发展变化的过程中表现出来的连续性、反复性和可预测性。

二、秩序的分类

美国法学家博登海默指出,秩序是指"在自然进程和社会进程中都存在的某种程度的一致性、连续性和确定性。无序概念则表明存在断裂(或非连续性)和无规则性的现象"。可见,秩序可分为自然秩序和社会秩序。自然秩序是自然现象的规律,社会秩序则是社会生活中的有序状态。在人类发展的历史长河中,社会秩序形成所依靠的力量先后经历了宗教、道德和法律三个阶段,由此形成了三种不同的社会秩序,即宗教秩序、道德秩序和法律秩序。

1. 宗教秩序

在原始社会,甚至在阶级社会产生以后的很长一段时期内,宗教都是维持社会秩序最主要、最有效的手段。比如,在摩西十诫中,宗教、道德和法律的命令和规则是不分的,都以宗教命令的形式呈现出来。

2. 道德秩序

随着国家公共政治生活的出现,此前以畏惧和虔敬为特点的宗教的手段再也不能够充分地维持社会生活的秩序。道德开始取代宗教,日益成为整个社会秩序的中心。道德构成规范社会秩序的根本力量。

3. 法律秩序

(1) 法律秩序的含义。

对于法律秩序,存在着两种不同的观点:一是将法律秩序等同于法律制度或者法律体系;二是认为法律秩序不仅仅是一种抽象的法律规范或者法律体系,而是法律在社会生活中的实现,在这种意义上,法律秩序等同于法治秩序。

法律秩序构成法律内在运行的最后一环,是按照法律规范的要求,通过主体的法律行为建立法律关系,最终达到的社会生活呈现法律化的有序状态,从而实现法律调整社会生活,维护社会政治经济秩序的目的。

因此,法律秩序并不仅仅是抽象的法律条文和规范,也不是现实生活中的实际存在,而应当是两者的内在统一。

(2) 法律秩序的基本特征。

① 实在性。法律和道德的本质区别在于,道德基于个人的内在立法,而法律则是基于国家的外在立法。因此,法律具有客观的、确定的形式,摆脱了主观任意性,使人的行为"有法可依"。法律秩序则以法律为前提为基础,具有实在性。

② 强制性。宗教秩序的维持依靠神秘力量所唤起的人的内心的恐惧,道德秩序凭借道德主体所具有的道德意识或者对德行自身的尊重。两者都诉诸主体的内心,因而它们都是主观的,不具有客观的必然性。法律秩序的维护则除了诉诸个人对于法律的意识以外,更重要的是,还有专门的国家机构作为后盾,予以强力保障。

③ 普遍性。法律秩序的普遍性,一方面表现为对于独断、任意或者专制的权力的限制,另一方面表现为与法律秩序强制性的紧密结合。法律秩序的普遍性是其强制性的内在根据,而强制性则保证了普遍性的必然实现。

④ 自治性。法律秩序的自治性指法律规则不仅远离支配人与上帝关系的戒律,并且远离任何一种关于社会关系的宗教认识,完全建立在人的自主的理性的基础上。例如,法律秩序的元素之一,法律机构具有自治性。法律机构的自治性意指立法、行政和司法机关的分离,法律的适用要独立于行政与立法以外。

三、秩序与法律的关系

1. 秩序是法律的价值目标

秩序,是法律所要实现的最基本的价值之一,作为法律调整的出发点,构成法律所要保护和实现的其他价值的基础。在一个社会中,如果法律不能保障社会处于有秩序的状态,就谈不上对自由、平等以及其他价值的保障。当一个国家或者社会遭遇紧急状态时,秩序往往会成为首要的法律价值,因为一旦社会秩序失控,那么其他的法律价值也很难得到保障,因此在特定情形下为维护秩序甚至可以暂时牺牲其他的法律价值。

> **相关知识**
>
> 假设有一群小朋友在外面玩,而那个地方有两条铁轨,一条还在使用,一条已经停用。只有一个小朋友选择在停用的铁轨上玩,其他的小朋友都在仍然使用的铁轨上玩。很不巧,火车来了(而且理所当然地往上面有很多小孩的、仍在使用的铁轨上行驶),而你正站在铁轨的切换器旁,你能让火车转往停用的铁轨行驶。这样的话你就可以挽救大多数小朋友的生命;但是,那个在停用铁轨上的小朋友将被牺牲,你会怎么办?
>
> 一边只有一个孩子,而另一边是一群孩子,同时面临着危险。该如何选择?是选

择保护少数人的利益还是多数人的利益?是选择保护遵守规则的孩子的利益,让更多孩子为自己的行为付出代价、让更多的家庭承受悲剧带来的伤与痛,还是选择让遵守规则的孩子受到无辜的"惩罚"?

2. 法律维护社会秩序

对秩序的追求,反映了人们对社会生活的"安全""可预见性""常规性"和"有组织性"的期待。秩序是法的最基本的价值,人作为社会的主体,人与人的不可分离的群体属性,就决定了秩序对人类的意义。法作为一种具有外在强制性的行为规则,对于秩序必然具有重要的意义,维护秩序是法的最基本的价值诉求。

法律带来的秩序具有一些让人称道的优点。第一,人人都可以得到一个规则的指引,知道哪种行为是正当的,不会陷入无休止的"一种行为是否正确"的争论。第二,如果有人违反了规则,我们则可以得到一个明确无误的谴责甚至惩罚的理由和根据。相反的,如果遵守了规则便无遭受惩罚的理由。第三,根据这个明确无误的规则,我们都可以精明地算计自己的行为后果——符合规则会怎样,不符合规则又会怎样。因此在社会生活中,我们每个人都能通过法律来评价自己的行为、预测自己行为可能带来的后果。然而,这又是秩序实现的重要方式:运用法的规范功能,以引导和强制等适当手段,使社会成员的行为符合法定的行为模式,使社会有序化得以实现。具体而言,法律对社会秩序的维护主要表现在以下三个方面。

(1) 建立和维护国家的政治统治秩序。政治统治秩序是一个国家存在的标志;法律的职能之一就是调整各种不同类型的政治关系,使国家主权处在一个相对稳定有序的状态。

(2) 建立和维护社会公共秩序。社会公共秩序是一个较为宽泛的概念,它包括社会公共生活秩序、生产和交换秩序、工作秩序等。社会公共秩序的稳定是一个国家政治秩序稳定的基础。任何国家的法律都必须调整旨在维护公共秩序的社会关系,以使社会的生产、生活和工作等具有常规性和连续性。

(3) 建立和维护社会结构组织秩序。社会是一个巨大的结构组织体系,如何合理有效地组织社会、管理社会,分配社会的利益和负担,利用社会资源建立社会权力、权利的运行机制,也是法律在实现秩序价值时所要完成的具体任务。

关于《寻找法律的印迹——从古埃及到美利坚》

《寻找法律的印迹——从古埃及到美利坚》,作者余定宇,法律出版社 2004 年出版。

通过这本书,你会发现,每一条法律原则、每一项法律制度、每一种法律理念,甚至每一个法律概念,它们都并非凭空而降,而是人类抗争、血泪、智慧的凝结……

法律是什么?这是本书作者一直在追问的问题。他循着法律的印迹,开始了一次伟大的精神之旅:通过尼罗河俾格米人对于自己发现的食物——香蕉的一种先占观念,证实了人类法律"权利"最原始的足迹;通过古希腊神话中雅典娜基于人性的审判,宣示了古希腊人天然的神学情怀和宗教感受;通过手持天平利剑、蒙眼闭目的正义女神,宣示了古罗马人对法律"成熟稳重""公平正义"的期求;通过贝卡利亚对"罪刑法定""罪刑相适应""惩罚人道化"的论述,折射出了这位天才悲天悯人的人道主义光芒和哲学的激情;通过让英王约翰低下尊贵头颅的

《寻找法律的印迹》

《大宪章》和服从法官判决、依法赔偿平民的德王威廉一世以及夏威夷椰子的民告官案,宣示了公民自由和权利的至高无上;通过轰动全球的纽伦堡纳粹战犯大审判,验证了"恶法非法"的社会正义观念;通过洛杉矶警察殴打黑人事件和人权斗士马丁·路德的"我有一个梦",宣示了"不分种族的正义和友爱";通过美国"米兰达规则"和震惊全球的辛普森案宣示了公民拥有不自我归罪的权利、疑罪从无以及个案公正与社会秩序之间的价值冲突、选择;等等。

娓娓道来的法律故事配合充满传统风情与伟大召唤的历史遗址、原始文件的油画和照片,全书勾画了一幅宏大的历史画卷:正是这些不同身份的人物和不平凡的事件孕育了当代西方法律制度的基本原则、规则……

 思考题

一、名词解释

1. 平等
2. 公正
3. 秩序
4. 法律秩序

二、讨论题

平等就是一视同仁吗?结合你的生活体会,谈谈怎样理解法律所追求的平等。

PART 03

第三编　法律的基本部门

第一章 宪 法

导 读

宪法是国家的根本大法,通常规定一个国家的社会制度和国家制度的基本原则、国家机关的组织和活动原则、公民的基本权利和义务等重要内容。宪法有四大功能:确认功能、保障功能、限制功能和协调功能。宪法基本原则主要包括人民主权原则、基本人权原则、权力制约原则和法治原则。

学习目标

◆ 掌握宪法的概念、功能和特征
◆ 理解宪法的基本原则
◆ 了解宪法的形成和发展

> 宪法就是一张写着人民权利的纸。
>
> ——[苏] 列宁

第一节 认识宪法

一、宪法的概念、功能和特征

"宪法"一词来源于拉丁文,本是组织、确立的意思。古罗马帝国用它来表示皇帝的"诏令""谕旨",以区别于市民会议通过的法律文件。最早阐述宪法问题和为"宪法"一词下定义的是古希腊的亚里士多德。他认为宪法应是国家的根本法,是建立国家制度的依据。欧洲封建时代用它表示在日常立法中对国家制度的基本原则的确认,含有组织法的意思。英国在中世纪建立了代议制度,确立了国王没有得到议会同意就不得征税和进行其他立法的原则。后来代议制度普及于欧美各国,人们就把规定代议制度的法律称为宪法,指确认立宪政体的法律。

宪法概念的演变经过了三个大的阶段:英国的政治实践首先是将"constitution"这个古老词汇固化为一个确定的政治概念;美国的政治试验使它成为一个地地道道的法律性概念;而那些社会契约论的信奉者们则通过运用"社会契约"方法,重构了这个概念的含义,使其成为一个优越于其他政治类型的一种立宪体制的代名词。汉语的宪法一词能成为现代中国政治、法律话语表达与实践的关键词肯定与"constitution"一词有关。从某种意义上讲,正是后者激活了宪法这个古老的汉语词汇,使它与现代性的政治法律话语发生关联。①

"宪""宪令""宪法"等词在中国古代典籍中与"法"同义,日本古代"宪"也指法令、制度,都与现代"宪法"一词含义不同。19世纪60年代明治维新时期,随着西方立宪政治概念的传入,日本才有相当于欧美的概念出现。1898年,中国戊戌变法时,以康有为为首的维新派要求清廷制定宪法,实行君主立宪。1908年清政府颁布《钦定宪法大纲》,从此"宪法"一词在中国就成为国家根本法的专用词。

一般认为,宪法是规定国家的根本制度和根本任务、集中表现各种政治力量对比关系、保障公民基本权利的根本大法。宪法有四大功能:第一,确认功能。具体表现在:确

---

① 王人博:《宪法概念的起源及其流变》,《江苏社会科学》2006年第5期。

认宪法赖以存在的经济基础,宪法的性质和内容取决于经济基础的性质;确认国家权力的归属,使统治阶级的统治地位得到合法化;确认国家法制统一的原则,为法律体系的有机统一和协调发展提供统一的基础;确认社会共同体的基本价值目标与原则,为社会共同体的发展提供统一的价值体系。第二,保障功能。宪法对民主制度和人权的发展提供有效的保障。宪法是民主制度法律化的基本形式,对宪法上规定的各种民主原则、民主程序与民主生活规则,宪法提供了各种有效的保障。没有宪法的确认和保障,民主制度不可能转化为具有国家意志的国家制度。第三,限制功能。规定限制国家权力行使的原则与程序,确定所有公权力活动的界限。宪法的限制功能与宪法对人权的保障功能有着密切的联系,如果不对国家权力的行使进行有效的限制,人权保障就会失去必要的基础。第四,协调功能。在制定和实施宪法的过程中,由于利益分配的不平衡和主体价值观的不同,人们可能产生不同的利益诉求。宪法的特殊功能在于能够以合理的机制平衡利益,寻求多数社会成员普遍认可的规则和原则。

与其他一般法律相比,宪法有如下四个特征。

1. 最高权威性

宪法的最高权威性是由宪法的最高法律地位决定的。宪法是国家的根本法,规定国家的根本制度和根本任务,具有最高的法律效力。宪法是制定普通法律的依据,任何普通法律、法规都不得与宪法的原则和精神相违背。宪法是一切国家机关、社会团体和全体公民的最高行为准则。

2. 原则性

由于宪法所调整的社会关系十分广泛,因而只能规定社会制度、国家制度以及社会关系的一般原则,因此宪法实施过程也就表现为宪法规范对所调整的社会关系进行原则指导的过程。这种原则指导主要表现在两个方面:一是宪法确定的是社会关系主体的基本方向和原则标准,一般不涉及人们行为的具体模式,这些具体模式通常由一般法律进行调整;二是宪法在实施过程中,对人们的行为后果往往只是从总体上作出评价,从而为一般法律对人们的行为进行具体评价和追究法律责任提供基础和依据。可以说,宪法实施是一般法律实施的基础,一般法律的实施则是宪法实施的具体化。

3. 相对稳定性

宪法规范既然规定一国根本制度的重大原则,那就应当具有较高的稳定性和较强的适应性。未经缜密而慎重的考虑,宪法一般不会轻率地修改,即使修改,其程序要求也比其他法律要严格很多。否则,不仅可能造成社会的混乱,也会消减宪法的权威地位。

4. 普遍性与特殊性

宪法作为人类政治文明的重要成果,有许多普遍概念和一般性特征。例如,成文宪法通常使用国家、主权、民主、法治、自由、平等、人权、政府、选举、监督等概念,规定保障人权、维护主权、规范公权、构建政府、法律效力等内容。我国宪法从国情出发,同时借鉴世界各国的有益经验,既具有宪法的一般普遍特征,也具有鲜明的中国特色。比如,我国宪法明确规定了国家的指导思想、国家根本任务、发展道路、奋斗目标等。整体而言,我国宪法是立足中国国情和借鉴域外经验的产物,体现了普遍性与特殊性的统一。①

> **相关案例**
>
> **中国宪法平等权第一案**
>
> 2001年12月23日,原告蒋韬看到成都某媒体刊登的中国人民银行成都分行的招录行员广告,其中规定招录对象条件之一为"男性身高168厘米,女性身高155厘米以上",原告认为这侵犯了公民的宪法权利,于是向武侯区人民法院提起行政诉讼。
>
> 原告在起诉中写道:被告招考这一具体行政行为违反了《宪法》第33条关于中华人民共和国公民在法律面前人人平等的规定,限制了他的报名资格,侵犯了其享有的依法担任国家机关公职的平等权和政治权利,应当承担相应的法律责任。他请求确认"含有身高歧视的"具体行政行为违法,停止发布该内容的广告等。2002年1月7日此案一经成都市武侯区人民法院受理,就立即成为法律界和新闻媒体关注和争论的焦点。而蒋韬的代理人,四川大学法学院副教授周伟将本案称为"中国法院受理的宪法平等权利的第一案"。尽管此案最终以原告败诉而告终,但它却唤醒了人们对宪法平等权的重视和关注,影响十分深远。

二、宪法的形成和发展

宪法是人类社会生产力发展到一定阶段的产物。封建社会末期,伴随着天赋人权、自由平等博爱等资产阶级思想的兴起,产生了以限制王权为目的的大量规范性文件,这些成为宪法渊源。

英国是近代宪法的发源地。在英国推翻封建主义确立资本主义的"光荣革命"中,以《权利法案》的方式限制了君主的权利,确立了君主立宪体制,为资本主义的自由发展奠定了基础。该文件也具备了宪法的思想。但是,英国作为一个典型的不成文法国家,没有编纂一部全国性的统一的法典。世界上第一部宪法诞生于美国。与英国的改良主义不同,美国是通过独立战争的方式走上资本主义发展道路。在独立战争中起草的《独立宣言》具有宪法的性质,但是还不能称得上真正意义的宪法。不过,在此基础上于1787年美国出台了第一部真正意义上的宪法。它继承了《独立宣言》所选择的总统共和制度,是世界上第一部成文宪法。

宪法是阶级斗争的产物,由在阶级斗争中取得胜利、掌握国家权力的阶级所制定,用以维护和巩固本阶级的政权,是这一阶级的胜利成果。从宪法的阶级实质来看,现代宪法

---

① 李林、翟国强:《我国宪法的基本特征》,《光明日报》2018年3月30日。

第一章 宪 法

基本上可以分为两种类型,即资本主义宪法和社会主义宪法。

中国共产党领导中国人民推翻了帝国主义、封建主义和官僚资本主义三座大山,于1949年建立了自己的国家政权。为了巩固人民革命的胜利成果,确立国家最根本、最重要的问题,1949年9月,具有广泛代表性的中国人民政治协商会议召开,会议制定了起临时宪法作用的《中国人民政治协商会议共同纲领》(以下简称《共同纲领》)。1954年9月20日,第一届全国人民代表大会第一次全体会议在《共同纲领》的基础上制定了新中国第一部社会主义类型的宪法——1954年宪法。1975年颁布的第二部宪法是一部内容很不完善并在指导思想上存在错误的宪法。1978年颁布的第三部宪法,虽经1979年和1980年两次局部修改,但从总体上说仍然不能适应新时期社会发展的需要。1982年12月4日,第五届全国人民代表大会第五次会议通过了新中国的第四部宪法,即现行宪法。1982年宪法是对1954年宪法的继承和发展,全面总结了我国社会主义革命和建设的经验,反映了改革开放以来各方面取得的成果,规定了国家的根本制度和根本任务。1982年宪法除序言外,分为总纲,公民的基本权利和义务,国家机构,国旗、国歌、国徽、首都,共4章138条。1982年宪法颁布实施后,对于促进我国的政治体制改革和经济体制改革,推动我国社会主义现代化建设和改革开放事业的进行,建立健全社会主义民主法制等都发挥了重要作用。

自1982年现行宪法颁行以来,根据改革开放与国家发展的客观需要,在总体上保持宪法稳定性的同时对现行宪法进行了五次修改,使宪法与社会发展保持一致,不断完善中国宪法制度与体系,并形成了宪法与改革良性互动的运行机制与特色。

> **相关知识**
>
> **毛泽东与新中国第一部宪法**[①]
>
> 毛泽东对宪法的起草工作非常重视,他不但担任了宪法起草委员会的主席,而且亲自挂帅,领导中共中央宪法起草小组进行宪法草案初稿的起草工作。在宪法起草过程中,毛泽东对历次宪法草稿都作了多次修改,写了不少批语。在1954年6月11日宪法起草委员会最后一次会议上,毛泽东总结说:"宪法的起草,前后差不多七个月。最初第一个稿子是在去年11、12月间,第二稿是在西湖,花了两个月时间。第三稿是在北京,就是中共中央提出的宪法草案初稿,到现在又修改了许多。每一次稿本身都有许多修改,在西湖那一次稿,就有七八次稿子。前后总算起来,恐怕有一二十个稿子了……总之,是反复研究,不厌其详。"
>
> 1954年6月14日,中央人民政府委员会第三十次会议讨论通过了《宪法草案》和关于公布宪法草案的决议,要求广泛开展讨论,发动人民群众提出修改意见。一场

---

① 参考穆兆勇:《新中国第一部宪法的诞生》,载《南方周末》2003年8月21日。

> 全民大讨论以最快的速度在全国范围内展开。在大规模宣传的基础上,讨论持续了两个多月,参加讨论的人数达 1.5 亿之多。广大人民群众热烈拥护这个宪法草案,同时提出了很多修改和补充意见。据统计,前后共收到来自各方面的意见 118 万多条。宪法起草委员会据此对草案又作了修改。当时有些人提议将这部宪法命名为"毛泽东宪法",但被毛泽东拒绝了,认为这样写不科学。
>
> 1954 年 9 月 15 日,第一届全国人民代表大会第一次会议隆重开幕。刘少奇代表宪法起草委员会向大会作了《关于中华人民共和国宪法草案的报告》,并就宪法草案的基本内容及全民讨论情况作了说明。全体代表对宪法草案进行了认真的、充分的讨论。9 月 20 日,大会以无记名投票的方式通过中国人民的根本大法——《中华人民共和国宪法》。新中国第一部宪法就此正式诞生。

> 人一出生就口含一枚金币,一面写着平等,一面写着自由,这枚金币叫人权。
>
> ——[法]卢梭

第二节 宪法的基本原则

宪法的基本原则是指人们在制定和实施宪法过程中必须遵循的基本准则和基本精神,主要包括人民主权原则、基本人权原则、权力制约原则和法治原则。

一、人民主权原则

这一原则主要阐明了国家权力的来源和归属问题。人民主权是指国家或政府的最高权力来源于和最终属于人民,即国家或政府的最高权力的"民有",并且这种来源是政府或国家权力的合法化依据或前提。国家权力尊重和保障人民的权利与自由,人民能自主、平等地参与国家权力的运转和公共政策的形成,能够共享经济改革和社会发展的文明成果,能对国家权力进行有效的监督和控制。

西方世界在文艺复兴中发现了人自身,"人"的经验和理性开始成为人类观察自己、自然和宇宙的出发点。权力合法性的判断标准也由自然秩序或者神转移到了人,这才有了

第一章 宪 法

人民主权原则的确立。17、18世纪,对人民主权原则理论贡献最突出的是英国思想家霍布斯、洛克和法国思想家卢梭。霍布斯把"君权神授"转向了主权来自人的"自然权利",判断权力合法性的标准也由神转向了人。洛克虽然没有直接提出"人民主权"的概念,但其理论已经是人民主权的表达了。洛克认为,国家是保护公民的"生命、自由和财产"等天赋权利的工具,政府是受人民之托,从人民的同意那里才取得了合法权,政府如果违背了这种委托将会失去统治权。因此,主权虽从属于道德但主权最终在于人民。卢梭是近代人民主权理论的集大成者。卢梭认为,主权也就是公意的体现和运用,主权行为是共同体和它的各个成员之间的一种约定,一种以整个共同体合法的、公平的、有益的、稳定的社会契约为基础的约定。主权是不可转让、不可分割、绝对的、至高无上的和不可侵犯的。因此,主权不可能属于君主,只能属于人民。①

人民主权学说的出现是国家学说发展史上的一大飞跃,是资产阶级反对封建阶级的锐利武器,胜利后的资产阶级纷纷在宪法中确认人民主权原则。社会主义国家宪法一般表述为"国家的一切权力属于人民"的原则,"一切权力属于人民"是无产阶级在创建无产阶级政权过程中,批判性地继承资产阶级民主思想的基础上,对人民主权原则的创造性运用和发展。

二、基本人权原则

人权是指作为一个人所应该享有的权利。在奴隶社会和封建社会,不仅国家政权建立在"君权神授"基础之上,而且还公开推行等级特权和不平等制度。到了封建社会末期,随着资本主义商品经济的产生和发展,资产阶级经济地位的日渐提高,新兴的资产阶级强烈要求摧毁君权神授学说,确立以自由、平等为核心的资本主义精神。因此,西方资产阶级启蒙思想家提出了"天赋人权"学说,强调人人生而享有自由、平等,享有追求幸福和财产的权利。在天赋人权学说和人权口号的鼓舞下,资产阶级开始进行了争取人权的斗争。在资产阶级革命过程中以及革命胜利后,人权口号逐渐被政治宣言和宪法确认为基本原则。1776年的美国《独立宣言》是世界上最早宣布人权内容的宪法性文件,马克思称它为世界上"第一个人权宣言"。如今,尊重人权、保障人权已经成为时代的潮流。

我国是一个发展中的社会主义国家,党和国家一贯致力于维护和保障人权。基本人权原则和人权的具体内容,直接反映在宪法所确认和规定的公民的基本权利与义务之中,而且在实践中始终把生存权和发展权放在首位。

人权与基本权利之间存在价值上的共同性,但也存在一定的差别。我国宪法规定的基本权利主体是公民,而人权的主体是人。宪法列举了公民享有的若干基本权利,而人权的内容是无须列举的。当实践中出现侵害人权的事件时,应当积极运用宪法解释规则与

---

① 李龙、李小萍:《论宪法中人民主权与基本人权原则的沟通》,《法律科学》2008年第1期。

技术,在规范内涵所允许的范围内寻求可能的权利救济途径。

三、权力制约原则

权力制约原则是指国家权力的各部分之间相互监督、彼此牵制,以保障公民权利的原则。在资本主义国家的宪法中,权力制约原则主要表现为分权原则;在社会主义国家的宪法中,权力制约原则主要表现为监督原则。

分权理论可以追溯至古希腊著名思想家亚里士多德。他在《政治学》一书中明确指出:"一切政体都有三个要素——议事职能、行政职能和审判职能。"近代分权学说是由洛克所倡导,由孟德斯鸠加以发展的。洛克在《政府论》中将国家权力分为立法权、执行权和对外权。洛克认为上述三种权力不能集中在一个人和一个团体手中,并且特别强调立法权与行政权的分立。孟德斯鸠在总结洛克分权理论的基础上,将国家权力一分为三,即立法权、行政权和司法权。国家权力是不能在一个人或一个机关手中的,否则公民的权力没有保障。美国的汉密尔顿、杰斐逊等人将"分权理论"具体运用到了国家机构的创建和宪法的制定实践中,从而使"三权分立"由理论变成现实。

权力制约原则在我国宪法中的体现:

(1) 宪法规定了人民对国家权力活动进行监督的制度,如规定"全国人民代表大会和地方各级人民代表大会都由民主选举产生,对人民负责,受人民监督","国家行政机关、监察机关、审判机关、检察机关都由人民代表大会产生,对它负责,受它监督"等。

(2) 宪法规定了公民对国家机关及其公务员的监督权,如规定"中华人民共和国公民对于任何国家机关和国家工作人员,有提出批评和建议的权利"。

(3) 宪法规定了不同国家机关之间、国家机关内部不同的监督形式,如规定"人民法院、人民检察院和公安机关办理刑事案件,应当分工负责,互相配合,互相制约,以保证准确有效地执行法律"等。

四、法治原则

法治原则是指统治阶级按照民主原则将国家事务法律化、制度化,并严格依法进行管理的一种方式。法治的基本理念是强调平等,反对特权,注重公民权利的保障,反对政府滥用权力。

现代意义的法治起源于古希腊。亚里士多德的法治理论对西方法治传统产生过深远的影响。近代意义的法治理论是由英国的哈林顿、洛克、戴雪,法国的卢梭、孟德斯鸠和德国的康德、黑格尔以及美国的潘恩、杰弗逊等共同丰富发展起来的。

我国宪法规定:"中华人民共和国实行依法治国,建设社会主义法治国家。"其中的"法治国家"既包括实质意义的法治内涵,也包括形式意义的法治要素。宪法体系上的法治国家规定了法治秩序的原则和具体程序,形成政治共同体价值,保障国家权力运作的有序化。

相关知识

国家宪法日

2014年11月1日,第十二届全国人民代表大会常务委员会第十一次会议通过《关于设立国家宪法日的决定》。《关于设立国家宪法日的决定》指出:1982年12月4日,第五届全国人民代表大会第五次会议通过了现行的《中华人民共和国宪法》。现行宪法是对1954年制定的新中国第一部宪法的继承和发展。宪法是国家的根本法,是治国安邦的总章程,具有最高的法律地位、法律权威、法律效力。全面贯彻实施宪法,是全面推进依法治国、建设社会主义法治国家的首要任务和基础性工作。全国各族人民、一切国家机关和武装力量、各政党和各社会团体、各企业事业组织,都必须以宪法为根本的活动准则,并且负有维护宪法尊严、保证宪法实施的职责。任何组织或者个人都不得有超越宪法和法律的特权,一切违反宪法和法律的行为都必须予以追究。为了增强全社会的宪法意识,弘扬宪法精神,加强宪法实施,全面推进依法治国,第十二届全国人民代表大会常务委员会第十一次会议决定:将12月4日设立为国家宪法日。国家通过多种形式开展宪法宣传教育活动。

国家宪法日是一个重要的仪式,传递的是依宪治国、依宪执政的理念。设立国家宪法日,不仅是增加一个纪念日,使这一天成为全民的宪法"教育日、普及日、深化日",形成举国上下尊重宪法、用宪法维护人民权益的社会氛围;更重要的是真正增强全社会的宪法意识,弘扬宪法精神,加强宪法实施,全面推进依法治国,建设社会主义法治国家。

习近平总书记关于宪法的重要论述

在习近平总书记心中,宪法始终具有至高无上的地位。他多次强调宪法具有最高的法律地位、法律权威、法律效力,指出要加强宪法学习宣传教育,弘扬宪法精神、普及宪法知识,为加强宪法实施和监督营造良好氛围。

宪法是国家的根本法:

宪法具有最高的法律地位、法律权威、法律效力。

——2018年2月24日,在中共中央政治局第四次集体学习时的讲话

宪法是国家的根本法,坚持依法治国首先要坚持依宪治国,坚持依法执政首先要坚持

依宪执政。

——2014年9月5日，在庆祝全国人民代表大会成立六十周年大会上的讲话

公民的基本权利和义务是宪法的核心内容，宪法是每个公民享有权利、履行义务的根本保证。

——2012年12月4日，在首都各界纪念现行宪法公布施行30周年大会上的讲话

宪法的生命在于实施：

我们党首先要带头尊崇和执行宪法，把领导人民制定和实施宪法法律同党坚持在宪法法律范围内活动统一起来。

——2018年2月24日，在中共中央政治局第四次集体学习时的讲话

宪法的生命在于实施，宪法的权威也在于实施。

——2012年12月4日，在首都各界纪念现行宪法公布施行30周年大会上的讲话

坚定维护宪法尊严和权威：

党领导人民制定和完善宪法，就是要发挥宪法在治国理政中的重要作用。要用科学有效、系统完备的制度体系保证宪法实施，加强宪法监督，维护宪法尊严，把实施宪法提高到新水平。要在全党全社会深入开展尊崇宪法、学习宪法、遵守宪法、维护宪法、运用宪法的宣传教育活动，弘扬宪法精神，树立宪法权威，使全体人民都成为社会主义法治的忠实崇尚者、自觉遵守者、坚定捍卫者。

——2018年12月4日，在第五个国家宪法日之际作出重要指示

我们要把宪法教育作为党员干部教育的重要内容，使各级领导干部和国家机关工作人员掌握宪法的基本知识，树立忠于宪法、遵守宪法、维护宪法的自觉意识。

——2012年12月4日，在首都各界纪念现行宪法公布施行30周年大会上的讲话

《宪法的眼睛：宪法基本知识及其应用》简介

邓联繁著《宪法的眼睛：宪法基本知识及其应用》，湖南大学出版社2010年出版。

深入学习宣传宪法，既是尊重宪法应有地位的反映，也是时代的呼唤。无论是推进依法治国还是建设政治文明，无论是坚持科学还是促进社会和谐，都需要作为根本法的宪法之鼎力相助。可以说，这是一个需要宪法大有作为的时代，是一个需要宪法走下神坛、深入社会、贴近民众的时代。

该书介绍了宪法的基本知识及其应用。全书分上、中、下三篇：上篇"利国利民的宪法"是"总"，涉及"国"和"民"两个方面；中篇"见证国家命运的宪法"；下篇"伴随公民生活的宪法"则是"分"。书中结合国庆大典浓墨重彩地展示宪法、"史上最牛钉子户"手持宪法维权、著名作家冰心母女俩对宪法情有独钟、彭真委员长从喊"万岁"到读宪法的变化等一系列事例，介绍了宪法的基本知识及其应用。

思考题

一、名词解释
1. 宪法
2. 根本法
3. 人民主权原则
4. 基本人权原则
5. 法治原则

二、讨论题
2018年3月17日上午,十三届全国人大一次会议宪法宣誓仪式举行。新当选的国家主席、中央军委主席习近平进行宪法宣誓。宣誓誓词内容为:"我宣誓:忠于中华人民共和国宪法,维护宪法权威,履行法定职责,忠于祖国、忠于人民,恪尽职守、廉洁奉公,接受人民监督,为建设富强民主文明和谐美丽的社会主义现代化强国努力奋斗!"请你结合誓词的内容,谈谈进行宪法宣誓的目的和作用。

第二章 刑 法

> **导 读**
>
> 刑法是规定犯罪、刑事责任及刑罚的法律。与其他法律相比,刑法是强制性最为严厉的一个法律部门。刑法在一国法律体系中的地位是举足轻重的。刑法调整和保护的社会关系最广泛,在法律体系中处于保障法的地位。我国刑法规定了三个基本原则,即罪刑法定原则、罪刑相适应原则和刑法适用平等原则。

> **学习目标**
>
> ◆ 掌握刑法的概念、特征和功能
> ◆ 理解刑法的基本原则,尤其是罪刑法定原则
> ◆ 了解刑法的形成和发展

第二章 刑法

> 对于犯罪最强有力的约束力量不是刑罚的严酷性,而是刑罚的必定性。
> ——[意]贝卡利亚

第一节 认识刑法

一、刑法的概念、功能和特征

刑法是规定犯罪、刑事责任和刑罚的法律,是掌握政权的统治阶级为了维护本阶级的利益,以国家的名义根据自己的意志,规定哪些行为是犯罪并应当负何种刑事责任,给予犯罪人何种刑事处罚的法律规范的总称。

我国刑法的目的:惩罚犯罪,保护人民。刑法的任务是用刑罚同一切犯罪行为作斗争,以保卫国家安全,保卫人民民主专政的政权和社会主义制度,保护国有财产和劳动群众集体所有的财产,保护公民私人所有的财产,保护公民的人身权利、民主权利和其他权利,维护社会秩序、经济秩序,保障社会主义建设事业的顺利进行。

相关知识

《中华人民共和国刑法》第13条规定:"一切危害国家主权、领土完整和安全,分裂国家、颠覆人民民主专政的政权和推翻社会主义制度,破坏社会秩序和经济秩序,侵犯国有财产或者劳动群众集体所有的财产,侵犯公民私人所有的财产,侵犯公民的人身权利、民主权利和其他权利,以及其他危害社会的行为,依照法律应当受刑罚处罚的,都是犯罪,但是情节显著轻微危害不大的,不认为是犯罪。"

以饮酒驾车与醉酒驾车为例。

酒后驾车对交通运输安全危害极大,是我国法律严厉禁止的行为。根据驾驶人员血液、呼气中的酒精含量值分为饮酒驾车和醉酒驾车。所谓饮酒驾车,指驾驶员血液中的酒精含量大于或者等于 20 mg/100 ml,小于 80 mg/100 ml 的驾驶行为。所谓醉酒驾车,指驾驶员血液中的酒精含量大于或者等于 80 mg/100 ml 的驾驶行为。对饮酒驾车和醉酒驾车两类行为,我国法律分别给予行政处罚和刑事处罚。

我国2011年5月2日生效的《中华人民共和国刑法修正案(八)》和2011年4月22日修正的《中华人民共和国道路交通安全法》第91条规定:饮酒后驾驶机动车的,

> 处暂扣六个月机动车驾驶证,并处一千元以上二千元以下罚款。醉酒驾驶机动车的,由公安机关交通管理部门约束至酒醒,吊销机动车驾驶证,依法追究刑事责任(处拘役,并处罚金);五年内不得重新取得机动车驾驶证。饮酒后或者醉酒驾驶机动车发生重大交通事故,构成犯罪的,依法追究刑事责任,并由公安机关交通管理部门吊销机动车驾驶证,终生不得重新取得机动车驾驶证。

一般认为,刑法有以下三大功能。第一,行为规制功能。刑法通过将一定的行为规定为犯罪并规定相应的刑罚,表明国家对这种行为否定的价值判断,要求人们不要实施这种行为,并对实施这种行为者给予刑事处罚。一般公民慑于刑罚的威力,就会遵循刑法的规定规制自己的行为,不去触犯刑法,社会秩序也因此得到了维护。第二,法益保护功能。国家通过将侵害国家、社会和公民个人正当利益的行为规定为犯罪,通过要求人们不要犯罪和对发生的犯罪行为予以刑罚惩罚来遏制犯罪,以此来保护国家、社会和公民的正当合法利益不受犯罪的侵害。第三,自由保障功能。刑法的规定限制了国家司法机关在刑事司法中的行为,从而保障合法公民的自由不受刑罚权滥用的侵害,也保障了犯罪人的自由不受刑罚权滥用的侵害。

刑法有如下四个特征。

(1) 刑法的特定性。

刑法规定犯罪及其法律后果,其涉及的内容与对象都较为特殊,其他法律规定的仅是一般违法行为及其法律后果。

(2) 刑法调整社会关系的广泛性。

"从历史上讲,刑法是最古老的法律形式,至今它还独立地调整很广泛的范围,如生命、自由、荣誉或风俗等。"① 与其他法律规范不同,刑法规范不是保护某一领域、某一方面的利益,而是具有相对广泛的法益保护体系,其他法律保护的法益最终均须进入刑法保护的范围。

(3) 刑法具有特殊的强制性和严厉性。

刑法通过对犯罪行为追究刑事责任、适用刑罚的方式实现其法益保护功能。刑事责任是国家对行为人最严厉的否定评价和责任追究,刑罚作为实现刑事责任的基本方式是最具强制性和痛苦性的制裁手段。刑罚不仅可以剥夺犯罪分子的财产,限制或剥夺犯罪分子的人身自由,剥夺犯罪分子的政治权利,而且在最严重的情况下还可以剥夺犯罪分子的生命。

---

① 蔡墩铭:《法治与人权——司法批判》,台湾高雄敦理出版社1987年版,第69页。

第二章　刑　法

> **相关知识**
>
> 　　截至2012年,在世界195个国家中,执行死刑的国家有21个,呈日渐减少的趋势。2012年12月,111个国家投票支持联合国的决议,宣称要在世界范围内暂停执行死刑。
> 　　我国是世界范围内存在死刑的国家之一,但与以往相比,死刑的罪名有所减少。2011年2月,全国人大常委会审议通过的《刑法修正案(八)》取消了13个经济性非暴力犯罪的死刑,削减幅度近五分之一。同时,判决也受到了很多限制,比如规定审判时已满75周岁的老人、怀孕妇女及犯罪时未满18岁的未成年人都不适用死刑,从严掌控死刑的适用,做到尽量少杀、慎杀。

(4) 刑法具有补充性和保障性。

刑法是对第一次规范如民法规范、行政法规范等所保护的法益进行强有力的第二次保护的规范,是其他部门法的保障法。刑法仅作为保护社会的最后手段,只有当其他部门法不能充分保护某种社会关系时,才由刑法进行调整。第一次规范能够有效而充分地保护法益的,则无刑法干预的必要。

二、刑法的形成和发展

刑法,是伴随着氏族制度的解体、阶级社会的出现而产生的,是用以维护和巩固阶级统治的工具。我国刑法源远流长,已有4 000多年的历史,先秦典籍中就有不少相关记载。我国刑法成文法典源于夏朝的"禹刑",以后各代均有刑律。据甲骨文记载,商代不但有了刑法,而且有了司法结构,设置了监狱,使用了刑具,并有了专门的司法人员。

礼法结合是中国古代刑法的一大特色。"礼之所去,刑之所取,出礼则入刑,相为表里。"这是礼法关系的真实写照。唐律是中国古代礼法结合的典范。《唐律疏议》确立的立法指导思想"德礼为政教之本,刑罚为政教之用",标志着中国封建刑法儒家化的最终完成。

中国古代在专制主义统治下,维护国家利益重于维护私人利益,加上家族本位的社会结构,决定了中国古代重公权而轻私权。受封建专制思想、儒家思想和重农抑商等思想影响,中国古代法律呈现重刑轻民的特征。重刑轻民在立法上表现为法典的刑事化,在司法上表现为刑法的刑罚化和民法的刑罚化。重刑轻民使得刑法体系严密,刑罚手段残酷,也造成了私权不发达,民法无法形成一个独立完善的法律部门。

刑法从其产生起就是同阶级和阶级斗争联系在一起的,社会上有了统治阶级与被统治阶级之后,才有所谓反对统治关系的犯罪。由于刑法是反映掌握国家政权的统治阶级的意志,是规定什么样的行为是犯罪,应给予什么刑罚处罚的法律,因此它的阶级性表现得最为鲜明。历史上的刑法可以概括为两大类:一类是建立在私有制基础之上的剥削阶级类型刑法,包括奴隶制国家的刑法、封建制国家的刑法和资本主义国家的刑法;另一类是社会主义类型的刑法,即建立在公有制经济基础之上,体现以工人阶级为领导的广大人民意志的社会主义国家的刑法。中国刑法属于后一种类型。

1949年以后,我国第一部刑法是1979年制定的,共192条。1981年以后,基于社会情况和犯罪形势的发展变化,为适应惩罚犯罪的需要,我国先后又通过了25部单行刑法,并在100余部行政法律中规定有罪刑条款。因单行刑法、附属刑法规范过多,过于分散,冲突、矛盾日益显现,因此在1997年对刑法进行了大规模修订,共452条。在犯罪与刑罚的相关规定上都有重大改动,根据社会情势的变化,及时增设了新罪,加大了犯罪化的力度。1997年刑法生效至今已二十多年,其间我国经历了前所未有的高速发展和社会变革,进入了全面转型的关键期以及全球化时代、信息社会与风险社会,新的重大安全威胁与犯罪挑战不断出现,立法机关对之持续不断地予以立法回应。自1998年起,截至目前,全国人大常委会先后通过了1部单行刑法和十多个刑法修正案。①

> 无法律则无犯罪;无法律则无刑罚;无法律规定的刑罚则无犯罪。
>
> ——费尔巴哈

第二节 刑法的基本原则

刑法的基本原则,是指刑法本身所具有的、贯穿全部刑法规范、体现我国刑事立法与刑事司法基本精神、指导和制约全部刑事立法和刑事司法过程的基本准则。

我国刑法规定了三个基本原则,即罪刑法定原则、罪刑相适应原则和刑法适用平等原则。

一、罪刑法定原则

罪刑法定原则的经典表述是"法无明文规定不为罪","法无明文规定不处罚",即指某一行为是否构成犯罪,构成什么罪,对犯罪处什么刑,均须由法律预先明文规定。罪刑法定原则是现代刑法的基本原则之一。根据这一原则的要求,法院在判定一个人是否构成

---

① 张忠斌:《严而有别:我国刑法的发展与完善》,《人民法院报》2018年11月22日。

犯罪以及判处何种刑罚时，必须依照法律的明确规定，不能随意判案。如果刑法未对某行为作出规定，即使该行为有一定的社会危害性，也不能认定其为犯罪，当然也就不能因此追究行为人的刑事责任，对其施以刑事处罚。

罪刑法定原则的核心是规范司法机关的刑事司法权，防止司法机关在定罪量刑上的恣意妄为，保证刑罚权能够正确的启动和行使。这样，一方面可以保证无罪的人不受刑事追究；另一方面也可以保证构成犯罪的人不受刑法规定以外的刑事追究，从而保障了公民的人权。因此，罪刑法定既是"善良人的大宪章"，也是"犯罪人的大宪章"。

罪刑法定的理论渊源最早可以追溯到 1215 年英国《大宪章》第 39 条："凡是自由民除经贵族依法判决或者遵照国内法律之规定外，不得加以扣留、监禁，没收财产，剥夺其法律保护权，或加以放逐、伤害、搜索或逮捕。"这一规定奠定了"罪刑法定"的思想基础。17、18 世纪，资产阶级启蒙思想家进一步阐扬了罪刑法定的主张，将罪刑法定的思想系统化成为学说。资产阶级革命胜利以后，罪刑法定学说在资产阶级宪法和刑法中得以确认。1789 年法国《人权宣言》第 8 条规定："法律只应规定确实需要和显然必不可少的刑罚，而且除非根据在犯罪前已制定和公布的且系依法施行的法律，不得处罚任何人。"1810 年法国《刑法典》第 4 条首次明确规定了罪刑法定原则。之后，大陆法系国家纷纷在宪法和刑法中确立罪刑法定原则。目前，这一原则已深深植根于世界各国的刑事立法之中，成为不同社会制度国家刑法中最基本、最重要的一项准则。联合国大会 1948 年通过的《世界人权宣言》以及 1966 年通过的《公民权利和政治权利国际公约》也都对该原则作了明确规定。

我国刑法也确立了罪刑法定原则："法律明文规定为犯罪行为的，依照法律定罪处刑；法律没有明文规定为犯罪行为的，不得定罪处刑。"

> **相关知识**
>
> 放走许多有罪的人，也比惩罚一个无辜者好。——德沃金

二、罪刑相适应原则

罪刑相适应的基本含义：刑罚的轻重应与犯罪的轻重相适应，重罪重罚，轻罪轻罚，罪罚相当。我国《刑法》明文规定了这一原则："刑罚的轻重，应当与犯罪分子所犯罪行和承担的刑事责任相适应。"罪刑相适应，是适应人民朴素的公平意识的一种法律思想，是罪与刑的基本关系决定的，是预防犯罪的需要。

罪刑相适应原则的具体要求：法院在确定罪犯罪刑轻重时，应当考虑罪犯的犯罪行为、客观危害及其他影响刑事责任大小的各种因素，以客观行为的侵犯性与主观意识的罪过性相结合的犯罪社会危害程度，以及犯罪主体再次犯罪的危险程度，作为刑罚的尺度。换言之，刑罚既要与犯罪性质相适应，又要与犯罪情节相适应。在立法上实现罪刑相适应原

则,要求注重对各种犯罪的社会危害程度的宏观预测和遏制手段的总体设计,确定合理的刑罚体系、刑罚制度与法定刑;在量刑方面实现罪刑相适应原则,要求将量刑与定罪置于同等重要地位,强化量刑公正的执法观念,实现刑与罪的均衡协调;在行刑方面实现罪刑法定原则,要求注重犯罪人的人身危险程度的消长变化情况,合理地运用减刑、假释等制度。

> **相关知识**
>
> 《中华人民共和国刑法》将刑罚分为主刑和附加刑两大类。主刑有管制、拘役、有期徒刑、无期徒刑和死刑五种;附加刑包括罚金、剥夺政治权利、没收财产,以及适用于犯罪的外国人的驱逐出境刑。

罪刑相适应是实现刑罚目的的需要。刑罚目的在于预防犯罪,刑罚的裁量应有利于这一目的的实现。不均衡的刑罚,或因太轻而不足以威慑犯罪分子,或因太重而可能使犯罪分子产生对立与不服情绪,从而难以实现教育改造和预防其再次犯罪的目的,还可能会导致被害人与其他人认为刑罚不公正、不合理,不足以安抚被害人,也难以鼓励一般人与犯罪行为作斗争,因而不利于预防其他人实施犯罪。

三、刑法适用平等原则

刑法适用平等原则,即刑法面前人人平等,是指刑法规范在应当适用的所有场合,都予以严格适用。法律面前人人平等是我国宪法规定的法治的基本原则,刑法也不例外。我国《刑法》规定:"对任何人犯罪,在适用法律上一律平等。不允许任何人有超越法律的特权。"

平等适用刑法原则的基本内容:对刑法所保护的合法权益予以平等的保护。任何人犯罪都应当受到刑法的追究,不得享有超越刑法规定的特权。对一切犯罪行为应一律平等地适用刑法,定罪量刑时不得因犯罪人的社会地位、家庭出身、职业身份、财产状况、政治面貌和才能业绩的差异而有所区别。

罪刑法定原则是现代刑法的"灵魂"

罪刑法定原则,是现代刑法的"灵魂",也是法治精神在刑法领域的延伸和表现。确定罪刑法定原则的目的,在于使国家刑罚权的实施得以有效约束,避免肆意、过度地运用刑罚权。同时,刑法的一般威慑作用也得到加强,就是任何人触犯刑法的后果在其行为前就已经得到警示。

随着时代的发展,罪刑法定原则的内涵也不断发展,其理论根基也在不断重新塑造和完善。例如,刑法规范的明确性,就被视为罪刑法定原则的基本要求,如果刑法某个条文意思不明确进而容易导致滥用的,那么这个条文就违反了罪刑法定原则,应当被修改乃至被废弃。

由于这一原则明确限定了国家刑罚权的适用范围,使得国家刑罚权实施有章可循且受到明确限制,因而也就可能最大限度减少不当干涉公民权利的情形发生。

可能有人认为,罪刑法定原则会"捆住"国家惩罚危害社会行为的手脚,会导致对犯罪打击不力。这种看法其实并没有事实根据,目前刑法规定已经将严重的危害社会行为纳入犯罪当中,而且立法机关也会根据现实需要将一些新型危害社会行为规定在刑法当中。

相反,如果漠视罪刑法定原则,将刑罚权作为单向度的社会控制工具,那么只会带来社会的不稳定,会令人人自危,因为每个人都不知道哪天就会受到刑罚的制裁,从而国家刑罚权的正当性也会受到极大削弱。所以,罪刑法定原则的确立,不仅不会抑制国家刑罚权的有效实施,而且会有力地提升刑法的权威,有利于提高公民对法律的认同和信赖。

不过,在法律上明确罪刑法定,并不意味着在刑事司法中一帆风顺。客观地讲,直到今天,一些司法工作人员还没有完全意识并领会罪刑法定原则的要义,并体会到贯彻这一原则的重要价值。

厘清罪刑法定原则的法理,就能够正确地看待刑法的功能。社会矛盾仍处于高发期,一些新的、复杂的社会问题亟待法律予以调整。面对各种新问题,社会舆论寄予很高期待,希望通过刑法对失序行为进行惩罚。这种期待固然是可以理解的,但通过刑法进行治理并不可取。换言之,靠刑罚进行威吓并不能解决社会问题,反倒会造成更多的社会问题。当下绝大多数社会矛盾应该通过民事和行政的手段加以解决,而不能通过将这类行为犯罪化予以处理。

经过长期的探索,我国刑法已经不断走向成熟,而罪刑法定所体现的法治精神和人权保障意旨,也逐渐深入立法者和司法者的心中,并成为各种刑法实施活动的指南。这一成果来之不易,也是几代刑法学理论工作者和实践工作者共同奋斗的结果。如何维护这一成果,就是要始终明确罪刑法定的基本内涵,不能放弃这一原则的刚性要求一面,在解释和适用法律时不能功利化地任意扩大刑法的处罚范围。从这个意义说,捍卫罪刑法定,也是捍卫来之不易的法治成果,更是实现社会主义法治的必然选择。

来源:《新京报》2019年8月11日,作者:时延安

影片《一级谋杀》

年幼的亨利因偷窃五元钱而入狱,在狱中受到了极不公平的待遇,精神和肉体都备受摧残。冲动之下,他用吃饭用的匙子杀死了一名欺辱他的囚犯。于是,亨利被控一级谋杀(美国法律中的一级谋杀类似于我国刑法规定的直接故意杀人,对于一级谋杀的量刑是最

重的），而被关进死囚牢。年轻的律师在亨利一案中发现了许多疑点，从而为亨利带来了一线生机。在法庭上，他们揭露出一桩又一桩骇人听闻的监狱丑闻。此片根据发生在20世纪40年代的真人真事改编，矛头直指美国司法制度，尤其是美国监狱的黑暗面。

《刑法注释书》简介

何帆著《刑法注释书》，由中国民主法制出版社2019年出版。

一本好的刑法工具书绝不应是简单的罗列、堆砌各种法条、解释，而是应该深入使用者的内心体会，将方方面面、包罗万象的资料通过极具张力和统括性的结构布局，给你便捷的阅读习惯。如同我们使用智能手机一般。在你办案时，放在案头，遇到问题时不假思索地拿出来，在需要找到的部分，自然而然地就能找到最恰当的答案。何帆的《刑法注释书》就是这样一本拿来即用的工具书。

这本书最重要的特点是法条结合权威案例。《刑法注释书》是一本法条和三类案例结合的书，收集整理了最高法最高检指导性案例、公报案例和《刑事审判参考》参考案例要旨，这个工作量是巨大的，既要案例准确，又要内容精简，如同一块地毯一样，裁剪编织，精心打造。

《中华人民共和国刑法案典》简介

周强主编的《中华人民共和国刑法案典》由人民法院出版社2016年出版。

《中华人民共和国刑法案典》是中国特色社会主义法律体系形成后首部以典型案例为核心的大型审判指导类实务书，国家重点图书出版规划项目《中华人民共和国案典》丛书中之重要一卷。

本书精选来自最高人民法院发布的指导性案例以及相关业务庭（室）编写的如《最高人民法院公报》《人民法院案例选》《审判案例要览》等众多资料的近800个真实有效的典型案例，包含近500个刑法条文和2000多个相关法律及司法解释条文，收录《刑法修正案（九）》及其配套的三个司法解释的新内容，聚刑法理论与刑事审判实务于一体，是对中国现有法院判决进行案例化改造和理论性提纯加工的一次重要尝试。其出版发行对于规范自由裁量权、统一裁判尺度、充分发挥指导性案例作用以及构建公正高效的社会主义司法制度具有积极的促进作用。

思考题

一、名词解释

1. 刑法　　　　　　　　　　　　2. 罪刑法定原则

3. 罪刑相适应原则　　　　　　4. 刑法适用平等原则

二、讨论题

2006年4月21日,广州青年许霆与朋友郭安山利用ATM机故障漏洞取款,许取出17.5万元,郭取出1.8万元。事发后,郭主动自首被判处有期徒刑一年,而许霆潜逃一年落网。2007年12月一审,许霆被广州中院判处无期徒刑。2008年2月22日,案件发回广州中院重审,许霆被改判5年有期徒刑。请运用刑法中的罪刑相适应原则谈谈你对该案的认识。

第三章 民 法

导 读

民法来源于罗马法,是商品经济关系发展到一定阶段的产物。民法与我们的生活工作息息相关,它包罗万象、内容庞杂,涉及的法律规范十分广泛。民法的基本原则主要包括平等原则、自愿原则、公平原则、诚信原则、公序良俗原则和绿色原则。

学习目标

◆ 掌握民法的概念与特征
◆ 理解民法的基本原则
◆ 了解民法的形成和发展

第三章　民　法

> 在民法慈母般的眼神中,每个人就是整个国家。
>
> ——[法]孟德斯鸠

第一节　认识民法

一、民法的概念与特征

"民法"一词来源于古罗马的市民法。在罗马法中,市民法是相对于万民法而言的,它主要调整罗马公民之间的关系,而万民法则主要调整罗马公民与外国人之间的关系。作为市民要求的反映,民法的理念、原则、规范集中体现了人类社会文明、进步生活的基本规则和社会成员对权利与自由的向往和追求。

为了保护民事主体的合法权益,调整民事关系,维护社会和经济秩序,适应中国特色社会主义发展要求,弘扬社会主义核心价值观,我国根据宪法制定了《民法总则》。根据《民法总则》之规定,我们可以给民法下一个定义:民法是调整平等主体的自然人、法人和非法人组织之间的人身关系和财产关系的法律规范的总称。

民法有如下四个特征。

（1）民法是权利法。民法以权利为中心建立规范体系。民法的基本职能是对民事主体的民事权利的确认和保护。民法赋予民事主体广泛的民事权利,并为民事主体享有和行使民事权利提供充分的保障。

（2）民法是私法。在我国强调公法与私法的划分,有助于弘扬私法自治的民法精神和理念,减少国家对私人生活领域不合理的干预。

（3）民法主要是实体法。民法既是民事主体从事民事活动的行为规则,又是司法机关处理民事案件的裁判规则,主要规定民事主体的实体性权利和义务。民法中也有少数程序性的内容,如宣告失踪制度、不动产登记制度等。这些程序性的规定服务于民事权利、义务的实现。

（4）民法规范大多为任意性规范,兼有强行性规范。民法主要通过任意性规范而不是强行性规范调整社会关系。任意性规范充分尊重主体的意志自由,允许民事主体按照自己的意志和利益设立、变更和消灭民事法律关系。同时,民法利用强行性规范在合理的范围内对经济生活进行干预。在民法规范中,任意性规范和强行性规范并存,体现了民事主体的意思自治与国家强制的结合。

二、民法的形成与发展

民法是商品经济关系发展到一定阶段的必然产物。它随着商品生产和商品交换的发展而产生、发展，并为一定社会的商品生产和商品交换服务。"市民所进行的商品生产和交换活动，必然要求商品生产者在法律地位上与其他人同样平等，要求任何人在商品生产和交换的关系中地位平等，依照自己的意思生产和让渡产品，并保证自己的财产不受侵犯。民法当然要将市民的这些要求纳入自己的体系中去，从而形成了私权神圣、身份平等和私法自治等基本理念。"①与其他法律部门比较，民法与商品经济关系的联系最为紧密和直接。任何国家只要存在着商品生产和商品交换，就必然会有与该国商品经济关系的本质特征相适应的法律规范，这就是民法。②

民法也称为民事法律。狭义的民法仅指民法典，广义的民法既包括民法典，也包括一切存在于民法典之外的民法规范，它们共同构成作为一个实体法部门的"民法"。作为实体法部门的民法，它调整平等主体之间的人身关系与财产关系。大陆法系国家和地区往往制定民法典，集中规定民法的主要法律原则、制度和规范。民法典是成文法国家最重要的法律文件之一，著名的有《法国民法典》《德国民法典》等。1804年，拿破仑颁布的《法国民法典》体现了"个人最大限度的自由、法律最小限度的干预"的立法精神。1900年，《德国民法典》作为整个德国的统一私法开始实施。这些民事立法的光辉典范，高扬私法的精神旗帜，凝聚了自由、平等、契约自治等保障私权的法治原则。

> **相关知识**
>
> **"风能进，雨能进，国王不能进"**③
>
> 这是一句涉及财产权利的脍炙人口的法谚。它并非出自经典法学著作或教科书，而是源自老威廉·皮特于1763年在国会的一次演讲。原文是："即使最穷的人，在他的小屋里也能够对抗国王的权威。屋子可能很破旧，屋顶可能摇摇欲坠；风可以吹进这所房子，雨可以淋进这所房子，但是国王不能踏进这所房子，他的千军万马也不敢跨过这间破房子的门槛。"后来，这段话被浓缩成"风能进，雨能进，国王不能进"。
>
> 一般认为，现代民主是西方社会的产物，而现代民主与私人财产权是紧密联系在一起的，私人财产权在西方民主的产生和演变过程中发挥了特殊作用。实际上，"绝对的财产权"概念也是整个18世纪及其后西方民法最核心的内容，它构成了西方社会个人主义权利观的价值基础，与契约自由、过失责任并称近代西方民法三大基本原

---

① 江平、苏号朋：《民法文化初探》，《天津社会科学》1996年第2期。
② 王全弟主编：《民法总论》，复旦大学出版社2009年版，第3页。
③ 参考赵可：《风能进，雨能进，国王不能进》，载《人民法院报》2011年3月4日。

则。美国宪法起草人之一 Morris 曾明确表述财产权的崇高地位,称"只有文明世界才会为了保护财产权而建立政府"。既然私人财产权如此神圣,那么在国家公权力和私人财产权之间就理应有一条清晰的分界线,必须恪守"井水不犯河水"的原则。财产权划定了个人自由的范围与国家权力的界限,对于私权利之范围,公权力"非请莫入"。老威廉·皮特的这段话可以说是对私人财产权崇高地位最精辟的描述。

新中国成立后,1954 年全国人大常委会即着手起草第一部《民法典草案》。由于发生"整风""反右"等政治运动,民法典起草工作被迫中断。1962~1964 年,民法典的起草工作再次被提上议程,但不久就遇到了"文革",立法工作再度被搁置。1979 年,我国第三次起草民法典,但经济体制改革刚刚开始,条件还不具备。1985 年,随着改革开放日益深入,民事生活越来越活跃,客观上迫切需要制定一部全面调整各种民事关系的基本法律,于是 1986 年颁布民法通则。1992 年邓小平发表南方谈话,确定了改革开放的方向。随后,与之相适应的担保法、合同法等单行法相继制定。进入 21 世纪,中国经济与国际接轨,民法典的起草加快。

2017 年 3 月 15 日十二届全国人大五次会议表决通过《中华人民共和国民法总则》(以下简称《民法总则》),共十一章 206 条,内容包括基本规定、自然人、法人、非法人组织、民事权利、民事法律行为、代理、民事责任、诉讼时效、期间计算、附则,自 2017 年 10 月 1 日起施行。《民法总则》是由全国人大制定的法律,属于国家的基本法律,标志着民法典总则编的形成。它在民法典中起统领作用,规定民事活动必须遵循的基本原则和一般性规则,统领民法典各分编。各分编将在总则的基础上对各项民事制度作出具体规定。

第二节　民法的基本原则

民法的基本原则是贯穿于整个民事立法,对各项民事法律制度和全部民法规范起统领作用的基本准则。民法的基本原则对民事立法的完善具有重要指导意义,同时也是立法和司法机关解释民法规范的重要依据,在缺乏具体的民法规范时,司法机关也可以依据基本原则处理各类民事纠纷。民法基本原则具有根本性和普遍性特点,是整个民事法律制度的灵魂,渗透到民法的各个方面,在各类民事规范中都有体现。如果只反映在一部分民法规范中,只对某一类民事活动起指导作用,则不能认定为民法的基本原则,例如物权法中的物权公示原则,它只是物权法律制度的基本原则,而不能视为民法的基本原则。

我国民法的基本原则主要包括：平等原则、自愿原则、公平原则、诚信原则、公序良俗原则和绿色原则。"这些原则构成民法的骨骼，支撑着细节性规定，赋予该等规定意义和功能。……这些法律原则为我们画出了民法体系的基本面貌，界定了现行法律的内容，提供并奠定了构成民法的法律原素。"①"借助此种立法技术，民事立法者以十分直观的方式表达了其意欲追求的基本价值观念或理想的社会生活蓝图。"②

（一）平等原则

平等原则是民法的核心原则，是我国民法将平等主体之间的财产关系和人身关系作为其调整对象的必然体现，也是民法区别于其他部门法的重要标志。《民法总则》规定："民事主体在民事活动中的法律地位一律平等。"平等原则的基本涵义是指民事主体享有独立平等的法律人格，尽管民事主体之间存在出身、性别、年龄、职业、经济地位、生活习俗等方面的差别，但在具体的民事活动中互不隶属、地位平等，享有同等的人格尊严，各自能独立地表达自己的意志，并平等地受法律保护，任何人不得有超越法律之上的特权。"人人平等这个原则从形成之日起，就具有了一种不可逆转的力量，成为社会生活的基本原则。"③应该指出，民事主体在法律上的平等，并不意味着每个当事人享有的具体民事权利和承担的具体民事义务都是均等的。在具体的民事法律关系中，当事人从各自的需求出发，根据法律规定或双方约定，享有不同的权利，并承担不同的义务，以此保证各自的需求得到满足。这些权利和义务是不可能完全一致的。

（二）自愿原则

《民法总则》规定："民事主体从事民事活动，应当遵循自愿原则，按照自己的意思设立、变更、终止民事法律关系。"自愿原则也称为意思自治、私法自治原则。意思自治，就是指在民事活动中，民事主体的意志是独立的、自由的，其在自由意志支配下所从事的民事活动是自愿而为的。在私法领域，民事主体的意志不受国家权力和其他人的非法干预，实行私人权利的负面清单，即法无明文不为罪，法不禁止即自由。凡是法律不禁止的，都是私人可以做的。做了之后不受法律的处罚。民事主体有权完全根据自己的主观判断来决定民事法律关系的设立、变更和终止。任何人不得强迫、干预、禁止民事主体进行民事活动。这尤其体现在民事主体实施民事法律行为上。民事主体以自己的意思表示实施民事法律行为。如果该意思表示不真实，则该民事法律行为的效力就会出现瑕疵。

自愿原则不是绝对的，而是有一定的限制。第一，民事主体按照自己的意思设立、变更和终止民事法律关系需要具备相应的民事行为能力。没有民事行为能力的民事主体无法形成意思表示，也就无法按照自己的意思设立、变更和终止民事法律关系。他参与民事活动，由其监护人代理。限制民事行为能力的民事主体只能形成与其行为能力相当的意

---

① ［葡萄牙］Carlos Alberto da Mota Pinto：《民法总论》，林炳辉等译，澳门法律翻译办公室、澳门大学法学院 1999 年版，第 37 页。
② 易军：《民法基本原则的意义脉络》，《法学研究》2018 年第 6 期。
③ ［德］汉斯·布洛克斯、沃尔夫·迪特里希·瓦尔克：《德国民法总论》，张艳译，中国人民大学出版社 2012 年版，第 213 页。

思表示，只能在其相应行为能力的范围内设立、变更和终止民事法律关系，超出部分由其监护人代理。第二，民事主体按照自己的意思设立、变更和终止民事法律关系必须在法律允许的范围内进行。民事主体进行的民事活动违反法律、行政法规强制性规范的，不能完全按照民事主体自己的意思设立、变更和终止民事法律关系。例如，违反法律中强制性规范的合同无效，在民事主体之间不能设立该合同关系。①

（三）公平原则

《民法总则》规定："民事主体从事民事活动，应当遵循公平原则，合理确定各方的权利和义务。"所谓公平就是以利益的均衡作为价值判断标准以调整民事主体之间的经济利益关系，通过利益均衡配置民事主体的权利义务，公平正义是对民事司法活动的基本要求。公平原则"不以双方当事人的身份地位为转移：不管买主是一个乞丐还是一个百万富翁，一磅黄油的价值应当是一样的"②。公平原则意味着民事主体有同等机会参与民事活动，实现自己的经济利益。民事主体享有的民事权利和承担的民事义务要对等。在双务民事法律行为中，任何一方当事人都既享有权利，也承担相应义务，权利义务对等，不能一方承担义务另一方享有权利，也不能一方享受的权利和义务相差悬殊。对于相互独立平等的民事主体，不得强迫他们进行不等价的交换。

公平原则体现了民法促进社会公平正义的基本价值，对规范民事主体的行为发挥着重要作用。民事活动具有相当的复杂性和多样性，民法不可能对所有的民事关系毫无遗漏地进行规定，当民法没有明确规定的情形出现时，可以运用公平原则作为判断标准。公平原则不仅仅是民事主体从事民事活动应当遵守的基本行为准则，也是人民法院审理民事纠纷应当遵守的基本裁判准则。

公平原则和平等原则比较类似，因为两者都强调了公平、正义的价值理念。但两者的区别也是比较明显的：一方面，平等原则注重的是地位的平等，而公平原则注重的是结果的公平；另一方面，平等注重的是形式上的平等，而公平注重的是实质上的公平。

公平原则和自愿原则是相辅相成的。自愿原则要求当事人在从事民事活动中表达出自己的真实意志，公平原则要求当事人在民事活动中以公平、正义的观念指导自己的行为。在当事人的真实意思与其外在表示不一致而别人又无从得知时，应本着公平原则，从行为的结果是否公平合理判断该行为是否出于当事人的自愿。另外，即使出于自愿订立的合同，若双方的权利义务明显失衡，其也是与公平原则相悖的，因此此类显失公平的行为可依法予以撤销。

（四）诚信原则

《民法总则》规定："民事主体从事民事活动，应当遵循诚信原则，秉持诚实，恪守承诺。"诚实信用原则被奉为民法的"帝王条款"，是指民事主体在民事活动中应当讲信用、守

---

① 张新宝：《中华人民共和国民法总则释义》，中国人民大学出版社2017年版，第26—27页。
② ［德］莱茵荷德·齐柏里乌斯：《法学导论》，金振豹译，中国政法大学出版社2007年版，第55页。

诺言,诚实不欺,在追求自己利益的同时不损害他人和社会利益,维持双方的利益以及当事人利益与社会利益的平衡。正如亚当·斯密所言:"与其说效用、仁慈是社会存在的基础,还不如说信用、诚信、正义是这种基础。……而信用、诚信、正义则犹如支撑整个大厦的主要支柱,如果这根支柱松动的话,那么人类社会这个大厦就会顷刻间土崩瓦解。"[1]早在罗马法时期,诚实信用原则就已确立。罗马法有一条重要的准则,即"诚实生活,不犯他人,各得其所"。根据罗马法的诚信理念,债务人不仅要依据契约条件,而且要依据诚实原则完成契约规定的给付。当事人因误信有发生债的原因而承认债务,实际上该原因并不存在时,可以提起"诈欺之抗辩",以拒绝履行。1907 年《瑞士民法典》第 2 条规定:"无论何人,行使权利、履行义务,均应依诚信为之。"它首次以法典的形式将诚实信用原则的适用,由债权债务关系,拓展到民法中的一般权利义务关系,从契约的原则上升为整个民法的基本原则。

诚实,是要求人们在进行民事活动时实事求是,对他人以诚相待,不作假、不欺诈。信用,是要求人们在进行民事活动时要讲究信誉,恪守诺言,严格履行自己承担的义务。诚实信用原则要求一切市场参加者符合于诚实劳动者的道德标准,在不损害他人利益和社会公共利益的条件下,合理地追求自己的利益,目的是在当事人之间的利益关系和当事人与社会之间的利益关系中实现平衡,并维持市场道德秩序。诚信原则既是人们社会生活中的一项道德准则,同时也是能够对人们的行为产生普遍约束力的法律原则。

诚信是中华民族的传统美德,也是中国人安身立命的基本规范和行为准则。孔子主张内不欺己,外不欺人。他认为:"人而无信,不知其可也。"孟子认为:"诚者,天之道也;思诚者,人之道也。"荀子认为:"诚信如神,夸诞逐魂。"北宋王安石提倡以"信诚"治民,他写过一首题为《商鞅》的诗歌:"自古驱民在信诚,一言为重百金轻。今人未可非商鞅,商鞅能令政必行。"明代思想家薛瑄提出:"惟诚可以破天下之伪,惟实可以破天下之虚。"近年来,我国加快推进社会信用体系建设,不断扎牢制度的笼子,"一处失信、处处受限"的良好态势正在逐步形成。

> **相关案例**
>
> **买到"凶宅"可以违反诚信原则为由主张退房**
>
> 尽管再三提防,还是买到了凶宅,陈小姐近期碰到了这样的烦心事。因与卖家数次沟通无效,陈小姐只能走上诉讼的道路。
>
> 陈小姐在中介推荐下,去番禺区看楼并看中一套 76 平方米的两房单位,房子开价 213 万元,最终以 212 万元成交。双方完成过户交易并交房。在交房当天,陈小姐家人意外得知这个房子在数月前有人去世,死者是业主家人,放盘时间为事件发生后不久。关于死者的死因,陈小姐询问了很多人,有邻居告诉她死者是割腕自杀,而物

---

[1] [英]亚当·斯密:《道德情操论》,商务印书馆 1986 年版,第 106 页。

业说死者是猝死。知道有这样的事情后,陈小姐立刻询问中介并要求退房,中介表示他们也并不知情,经过多次沟通协商,业主仍不愿退房。

律师说法:出卖方如违背诚实原则则应视为欺诈。

广东君厚律师事务所卢律师表示,法律上对于"凶宅"并没有明确的界定,"凶宅"通常是指房屋内曾发生人的非正常死亡事件,给居住者带来不适感和恐惧感,以致价值贬损的房屋。对于"凶宅"的限定应符合以下要件:第一,房屋内自然人死亡的事实须是客观存在的,非人们的主观想象;第二,房屋内自然人死亡的事实须是人为因素的非正常死亡。

房屋买卖中的问题主要是对"凶宅"该如何认定,出卖人是否具有向买受人披露房屋负面关联信息的附随义务。"凶宅"的信息并非通过房屋的物理品质反映出来,但却能够引起买受人的负面情绪,足以影响买受人的购买决定。一般来说,买受人买到"凶宅"多为出卖人故意隐瞒"凶宅"信息所致,其实际上有违买受人的真实意思表示。因此"凶宅"这一信息应属于房屋的负面关联信息。

从诚实信用原则及房屋交易的公平性出发,出卖人应当负有披露"凶宅"信息等负面关联信息的义务,出卖人若不履行这一义务,买受人理应获得权利救济。出卖人未如实披露"凶宅"等房屋负面关联信息的行为,违背了诚实信用原则,应当视为欺诈,善意买受人享有请求法院或仲裁机关变更或撤销合同的权利,对于造成买受人损失的,出卖人应当承担损害赔偿责任。

律师表示,《民法总则》第七条规定:民事主体从事民事活动,应当遵循诚信原则,秉持诚实,恪守承诺。如果房产存在与订立合同有关的重要事项,如房屋的物理瑕疵、凶宅或所出售房屋中曾发生过非正常死亡、严重刑事案件等可能导致买家心理不安的情况,根据《民法总则》的诚信原则规定,业主是有告知义务的。

如果业主事先向买家出具告知书,告知房屋的物理瑕疵或曾经发生的恶性事件。该告知书的法律效力在于:有关房屋的物理瑕疵、凶宅等情况,业主在出售前如果已经告知买方,买方仍决定购买。那么在这种情况下,签订房屋买卖合同后,买方不能再就房屋存在该种不利因素而要求解除合同。如果在出售前业主没有告知过买方有关影响房屋交易的不利因素,买方可以以欺诈为由,要求解除合同,赔偿损失。

至于如家里老人自然死亡、正常病亡,就属于业主可告知可不告知的因素。

来源:《广州日报》2019年10月10日　记者:李凤荷　刘丽琴

(五)公序良俗原则

《民法总则》确立了公序良俗原则,即:"民事主体从事民事活动,不得违反法律,不得违背公序良俗。"公序良俗是公共秩序与善良风俗的简称。所谓公序,即社会一般利益,在我国现行法上包括国家利益、社会经济秩序和社会公共利益。所谓良俗,即一般道德观念或良好道德风尚,包括我国现行法上所称的社会公德、商业道德和社会良好风尚。公序良俗指民事主体的行为应当遵守公共秩序,符合善良风俗,不得违反国家的公共秩序和社会的一般道德,凡违反公序良俗的民事法律行为是无效的。民法是扬善之法,刑法是惩恶之法。维护公共秩序和善良风俗的原则,与社会主义核心价值观中的"友善"内容一致,并行不悖。友善即是与人为善,善待他人、善行于社会和善待大自然。①

在市场经济中,自由竞争不可避免地会带来唯利是图、欺诈、胁迫、乘人之危、显失公平等消极现象,造成人际关系紧张和社会矛盾加剧。民法确立的公序良俗原则,对于培育和践行社会主义核心价值观,缓解社会矛盾、维护社会秩序、促进社会和谐能够起到积极作用。

相关案例

"第三者"为何不能继承遗产?

被告蒋某与丈夫黄某于1963年结婚。1996年,黄某认识了原告张某,并与其同居。2001年4月,黄某患病去世,在办丧事时,张某拿出黄某生前所立的遗嘱,称她与黄某是朋友,黄某对其财产做出了明确的处理,其中一部分总值约6万元的遗产遗赠给她,此遗嘱经公证机关公证。遗嘱生效后,蒋某却控制着全部遗产拒不交出。张某认为,蒋某的行为侵害了她的合法权益,按《继承法》等有关法律规定,请求法院判令蒋某给付遗产。

一审法院认为,该遗嘱虽是遗赠人黄某的真实意思表示且形式上合法,但在实质赠与财产的内容上存在违法之处:黄某未经蒋某同意,单独对夫妻共同财产进行处理,侵犯了蒋某的合法权益,其无权处分部分应属无效。且黄某在认识张某后,长期与张某非法同居,此行为违反了《婚姻法》有关规定,其在此条件下所立遗嘱,是一种违反公共秩序、违反法律的行为。故该院判决,驳回原告张某获得遗赠财产的诉讼请求。

一审判决后,原告张某不服,提起上诉。二审法院经审理后认为:遗赠人黄某的遗赠行为虽是其真实意思表示,但其内容和目的违反了法律规定和公序良俗,损害了社会公德,破坏了公共秩序,应属无效民事行为。上诉人张某要求被上诉人蒋某给付受遗赠财产的主张不予支持。原审判决认定事实清楚,适用法律正确,依法应予维持。

本案中,法官用民法基本原则"尊重社会公德"作为判案依据,从而对不道德行为作出了公正的裁决,实现了个案的正义和公平,对社会风气作了正确、健康的引导,体现了法院坚决维护一夫一妻婚姻制度和良好的社会主义道德风尚的决心。

---

① 李雅云:《〈民法总则〉的中国特色和社会主义特色》,《法治研究》2019年第6期。

（六）绿色原则

《民法总则》规定："民事主体从事民事活动，应当有利于节约资源、保护生态环境。"绿色原则体现的是环境友好、生态文明、人与自然和谐相处的理念。这一原则是我国民法对传统民法的一大创新性贡献。在环境污染、生态恶化等问题日益突出的当代社会，这一原则显得至关重要。

绿色原则是贯彻宪法关于保护环境的要求，同时也是落实党中央关于建设生态文明、实现可持续发展理念的要求，将环境资源保护上升至民法基本原则的地位，具有鲜明的时代特征，将全面开启环境资源保护的民法通道，有利于构建生态时代下人与自然的新型关系，顺应绿色立法潮流。《民法总则》将绿色原则确立为基本原则，规定民事主体从事民事活动，应当有利于节约资源、保护生态环境。这样规定，既传承了天地人和、人与自然和谐共生的优秀传统文化理念，又体现了党的十八大以来的新发展理念，与我国是人口大国、需要长期处理好人与资源生态的矛盾这样一个国情相适应。①

从人肉搜索第一案看隐私权保护

北京一位女白领姜某因为发现丈夫王某的婚外恋情而跳楼自杀，并在自杀前公布了自己两个月来的心路历程。该"死亡博客"在网络里引起强烈反响，并引出中国第一例进入司法程序的"人肉搜索"案。

为了抨击王某的不忠行为，姜某的大学同学张某注册了"北飞的候鸟"网站。姜某的亲友们在该网站上发表了很多纪念姜某的文章。几天后，大旗网也制作了专题，将王某及案外女性东某的真实姓名和合影照片等粘贴在网上。网友们不仅谴责王某和东某的婚外恋行为，更是将王某父母对待姜某后事处理时的冷漠和逃避态度公之于众，一时间激起众怒。

王某和东某的行径被两人所在的某知名广告公司知晓，二人很快被辞退。王某和东某还遭到网友的人肉搜索：姓名、家庭住址、联系方式等个人信息均被公布在大旗网上，连家门口也贴满了"偿血债"等字样的标语。

此后的四个多月中，王某向公众表示自己精神受到了严重刺激，工作家庭均受到影响，已经有抑郁症的征兆。忍无可忍的王某将张某和大旗网、天涯社区一并诉至法院，索赔13.5万元。法院一审认定张某和大旗网构成侵权并判决赔偿，张某不服提起上诉。

二审法院认为，王某婚外恋的行为违反法律规定、违背了社会的公序良俗和道德标准，应受到批评和谴责。但对王某的批评和谴责应在法律允许的范围内进行，不应披露、

---

① 贾东明主编：《〈中华人民共和国民法总则〉释解与适用》，人民法院出版社2017年版。

宣扬其隐私,否则构成侵权。张某将王某的私人信息在网站上向社会公众披露,并通过该网站与其他网站的链接,扩大了传播范围,对相关网民发起"人肉搜索"、谩骂、骚扰王某及其父母正常生活的不当行为有相当的推动和促进作用,其行为已构成对王某名誉权的侵害。所以终审判定张某败诉,大旗网和天涯社区等行为构成侵权,判令张某删除网站上的侵权文章,在其开办的网站上对王某赔礼道歉并赔偿精神损害抚慰金及公证费共计五千余元。

《民法案例分析教程》简介

杨立新著《民法案例分析教程》,由中国人民大学出版社2018年出版。

本书用典型的民法案例,将民法的基本原理和规则串起来,让刻板的民法原理和规则与典型案例结合起来,使教师和学生能够把民法的条文、原理、规则变成生动的现实,做到民法理论和实践紧密结合,以案例指引进行民法教学,让学生能够更好地理解民法的基本原理和具体规则,既有形象、生动的说明,又有科学、完整的理论体系,改变过去民法教材那种以说教为主,过于重视理论体系和概念演绎的状况。使用好一个典型、生动的案例,去说明一个复杂的民法规则,往往事半功倍,便于学生理解和掌握,也便于记忆和适用,通过一个好的案例就能够记住一个原理和一串相关的规则。

 思考题

一、名词解释

1. 民法 2. 公序良俗原则
3. 绿色原则 4. 平等原则
5. 诚信原则

二、讨论题

2016年3月的一天,杭州一老人因转身撞在正常推行的自行车上而摔伤,进而起诉自行车车主,最后法院认定双方对此事故均无过错,适用"公平责任原则",依照《侵权责任法》第24条规定,由双方共同分担损失,自行车车主赔偿老人2万元。请结合案例谈谈你对民法中公平原则的理解。

第四章　诉讼法

导　读

诉讼是国家司法机关在当事人和其他诉讼参与人的参加下,依照法律规定的程序,解决争讼案件的活动。根据诉讼任务和诉讼形式特点的不同,诉讼分为刑事诉讼、民事诉讼和行政诉讼三种。三大诉讼法遵循的基本原则有共有原则,如公开审判原则、以事实为依据、以法律为准绳原则,也有特有原则,如行政诉讼法中的具体行政行为合法性审查原则。

学习目标

◆ 掌握诉讼的概念和特征
◆ 理解诉讼法尤其是三大诉讼法的共有原则和特有原则
◆ 了解诉讼法的形成和发展

> 正义不仅应得到实现,而且要以人们看得见的方式得以实现。

第一节 认识诉讼和诉讼法

一、诉讼的概念和特征

"诉"是告诉、控告的意思;"讼"是争论、争辩的意思。诉讼就是国家司法机关在当事人和其他诉讼参与人的参加下,依照法律规定的程序,解决争讼案件的活动,俗称"打官司"。

根据诉讼任务和诉讼形式特点的不同,诉讼分为刑事诉讼、民事诉讼和行政诉讼三种。刑事诉讼是指公安机关、人民检察院、人民法院在当事人和其他诉讼参与人的参加下,依照法律规定的程序,查明犯罪和追究犯罪的活动。民事诉讼是指法院在当事人和其他诉讼参与人的参加下,以审理、判决、执行等方式,依法审理和裁判民事争议的活动。行政诉讼是指公民、法人或者其他组织认为行政机关的具体行政行为侵犯其合法权益时,依法向人民法院提起诉讼,由人民法院进行审理并作出裁判的活动。

诉讼有如下五个特征。

1. 诉讼必须有法定的多方主体参加

诉讼所要解决的是当事人之间的纠纷和争议,因此当事人的存在是诉讼赖以成立的前提。仅有控告的一方,没有被指控的对象,或者只有被指控的一方,没有控告方,都不可能形成诉讼。法院是国家的审判机关,依法行使国家审判职能,没有法院的参加也不成其为诉讼。

2. 诉讼是诉讼主体严格依法进行的司法活动

为了体现司法的公正性,保证诉讼任务的顺利实现,在诉讼过程中所有诉讼主体都必须严格按照法律规定进行活动。例如,法院必须合法、及时地行使审判权,按法律规定的步骤和方式组织、管理、指挥庭审活动,不能违反法定程序;控告方和被告方也应依法行使各自的相应权利,履行必要的义务。

3. 诉讼应有争议事实的存在,且争议属于司法机关受理的职权范围

诉讼是为解决当事人之间争议的权利义务关系,确认某种法律事实的存在而展开的活动。在刑事诉讼中,诉讼是围绕着证明被告人是否构成犯罪和应否科以刑罚的事实而展开的。在民事诉讼中,法院和诉讼参与人的诉讼活动是围绕着证明双方当事人之间是否存在某种法律关系以及就这种法律关系是否有争议等问题展开的。同样,在行政诉讼中,诉讼是围绕原告与被告即行政机关对具体的行政行为是否合法等争议而展开的。可见,没有争议的事实存在,诉讼就不可能发生。

4. 诉讼由若干个诉讼程序和诉讼阶段组成

诉讼是由许多个诉讼程序组成的。诉讼程序通常可分为审判程序和执行程序,审判程序又包括一审程序、二审程序、再审程序等。在每一个程序中又有若干个诉讼阶段,如在一审程序中有起诉与受理、审理前的准备、开庭审理、裁判等诉讼阶段。

5. 诉讼终结所形成的裁判具有法律约束力

人民法院依法作出的裁判,一旦生效就具有强制执行力,当事人必须执行,否则就要承担法律责任。诉讼的这一特征体现了诉讼与仲裁、调解、和解等纠纷解决方式的显著区别,即在这些纠纷解决方式中,诉讼的效力最高,刚性最强。诉讼法又称为程序法,是指由国家制定或认可的,用以调整国家司法机关与当事人及其他诉讼参与人在案件审理过程中的各种诉讼活动,以及由这些诉讼活动所产生的诉讼法律关系的法律规范的总称。

诉讼只是解决社会纠纷的一种方式,并不是唯一的方式。在现代社会中,除了诉讼之外,还有仲裁、调解、协商、和解等多种纠纷解决方式。

相关知识

诉讼爆炸

随着社会的发展和人们法律意识的不断增强,中国法院目前正遭遇一场前所未有的"诉讼爆炸"。北京、上海、成都等多地法院出现立案数量成倍增长,特别是民事案件诉讼量暴增,法官不堪重负的现象。

专家指出,缓解"诉讼爆炸"与司法资源不足之间的矛盾必须充分利用社会资源,完善多元化的纠纷解决机制。定分止争,不一定都要上法庭。法院应该成为社会正义的最后一道防线,而非解决社会纠纷的排头兵。

二、诉讼法的形成和发展

在国家和法律产生以前,冲突和纠纷的解决一般通过"以血还血,以牙还牙"的同态复仇方式或者通过氏族组织在公共舆论、道德、习惯力量等支配下的仲裁来进行,带有原始野蛮的特征。尤其是自行解决纠纷的同态复仇方式,不但不能有效地解决冲突和纠纷,反而会给社会带来更多矛盾,威胁社会的和谐与稳定。随着生产力的提高和产品的增多,私有制、阶级和国家的出现,部落、氏族及其制度走向了解体。人类进入阶级社会以后的诉讼已经带有尖锐的阶级色彩,传统的习俗、部落首领的威望、舆论的力量已经无济于事,只有国家动用强制力,按照已经上升为统治阶级的人们的意志来调整人们之间的争端与纠纷。由此可见,诉讼是以国家名义并凭借国家强制力解决冲突和纠纷的公力救济方式,它取代私力救济是人类社会的一种进步。在法产生之后,一切当事人不能自行解决的严重冲突而要通过法律诉讼来解决,由此出现了司法活动和不断专门化的司法机关。法律诉讼和司法的出现,标志着公力救济代替了私力救济,文明的诉讼程序取代了野蛮的暴力复仇,使得人们之间发生的争端可以通过非暴力方式解决,从而避免或极大地减少了给人类造成巨大灾难的恶性循环的暴力复仇现象,社会的发展建立在理性基础上。

根据所解决的纠纷案件的性质不同,诉讼法可以分为刑事诉讼法、民事诉讼法和行政诉讼法。刑事诉讼法是指国家制定或认可的调整刑事诉讼活动的法律规范的总称。民事诉讼法是指由国家或有关部门制定或者认可的调整民事诉讼活动的法律规范的总称。行政诉讼法是规范各种行政诉讼行为、调整各种行政诉讼关系的法律规范的总称。三大诉讼法在性质、任务、基本原则、审判组织、诉讼制度、举证责任、诉讼程序等方面既有联系又有区别。

早在奴隶社会时期,西方的法典中就出现了民事诉讼的内容。在我国西周时期的典籍中也有关于民事诉讼的记载,但当时的民事诉讼与刑事诉讼是不加区分的,对民事诉讼的当事人同样采取残酷野蛮的刑罚。欧洲进入封建社会后,各国法律中关于民事诉讼的条款有所增加,内容也充实多了,在某些方面还出现了民事诉讼与刑事诉讼相分别的因素。随着资本主义制度的建立,民事案件大幅度增加。资产阶级为了保护本阶级的利益,反对封建的司法专横,为了适应案件种类增多的需要,就将民事诉讼与刑事诉讼区分开来。世界上最早出现的民事诉讼法典是 1667 年法国路易十四制定的《民事诉讼程序敕令》。大陆法系民事诉讼程序第一次以体系化的方式编纂,逻辑严谨,技术精湛,语言简练,将诉讼程序从启动到终结完整地组织起来,内容完全独立于民事实体法。闻名遐迩的 1806 年《法国民事诉讼法典》不过是 1667 年《民事诉讼程序敕令》的复制品。①

公元前 18 世纪,古巴比伦王国制定的《汉谟拉比法典》就规定刑事诉讼程序的内容。之后的古罗马、古希腊制定的法律都有关于诉讼程序的规定。按照历史发展的顺序,刑事诉讼先后经历了三种类型,即弹劾式诉讼、纠问式诉讼和混合式诉讼。弹劾式诉讼盛行于奴隶制时期,是指个人享有控告犯罪的绝对权利,审判机关不主动追究犯罪,而仅以仲裁者的身份处理刑事案件的制度。纠问式诉讼产生于罗马帝国时期,盛行于中世纪时期的欧洲大陆各国,是封建专制时期的主要诉讼模式。纠问式诉讼是指国家司法机关对犯罪行为,无论是否有被害人控告,都依据自己的职权主动进行追究和审判的制度。混合式诉讼是指资产阶级革命后逐步形成的以弹劾式诉讼或者以纠问式诉讼为基础发展成的现代

---

① 徐昕:《法国民事诉讼法律发达史及其理论意义》,《江西社会科学》2013 年第 9 期。

诉讼形式。17、18世纪，各国资产阶级通过革命夺取政权后，对原有的刑事诉讼制度进行了彻底的改革，大多采用了混合式诉讼制度，主要表现为大陆法系的国家职权主义和英美法系的当事人主义。第二次世界大战后，日本刑事诉讼以当事人主义为主而又保留职权主义的某些方面，成为典型的混合式诉讼。

行政诉讼成为一种独立的诉讼是资产阶级革命以后的产物，并随着资产阶级民主制度的建立而逐步发展。由于社会制度和法治传统不同，世界各国对于行政诉讼机构的设置、职权范围和程序制度等的规定各有差异。法国行政诉讼一向被奉为经典，并在某种意义上奠定了现代行政诉讼的基础。1889年西班牙制定了世界上第一个行政程序法典，行政程序法在全世界范围内成为立法热点则始于1946年美国通过的《联邦行政程序法》。

1949年中华人民共和国成立后，国家即开始着手制定诉讼法律规范。1950年12月中央政府法制委员会草拟了《中华人民共和国诉讼程序通则》（草案），内容包括管辖、审判、执行等一系列问题，但未公布施行。1951年9月中央人民政府颁布了《中国人民共和国法院暂行组织条例》和《中华人民共和国人民检察署条例》，确立了审判和检察活动的基本原则和制度，并对检察院参加民事诉讼的问题作了规定。1979年7月1日第五届全国人民代表大会第二次会议通过了《刑事诉讼法》。1989年4月4日第七届全国人民代表大会第二次会议通过《行政诉讼法》。1991年4月9日第七届全国人民代表大会第四次会议通过《民事诉讼法》。经过几十年的艰辛努力，我国的三大诉讼法均已制定并不断修正完善。

> **相关知识**
>
> ### 程序法与实体法的关系
>
> 实体法是指以法律关系主体的实体权利和义务为主要内容的法律，程序法是指以保证法律关系主体的权利和义务得以实现的程序或方式为主要内容的法律。前者如民法、刑法等，后者如刑事诉讼法、民事诉讼法、行政诉讼法。
>
> 由于历史的原因和认识的局限，我国诉讼法学界一度将实体法和程序法的关系表述为"内容与形式的关系""目的与手段的统一"等，认为实体法决定程序法，程序法依附于实体法而存在，并为实体法服务。这导致司法实践中"重实体、轻程序""重结果，轻过程"的情况屡屡发生。近些年来，随着程序意识的加强，又有学者提出，程序法是实体法之母，程序法优于实体法。实际上，诉讼权利本身就是一种非常重要的实体权利。实体法和程序法是互相依存，不可分离的关系，不存在谁主谁从，谁优谁劣的问题。实体法经常涉及权利和义务的行使的程序和方式问题，程序法也往往涉及实体的权利和义务问题。

> 程序决定了法治与恣意的人治之间的基本区别。
>
> ——[美]道格拉斯

第二节 诉讼法的基本原则

诉讼法的基本原则是指贯穿于诉讼的全过程,对诉讼法的制定和实施具有普遍指导意义和规范作用的,国家司法机关和诉讼参与人都必须遵循的行为准则。

(一) 共有原则

1. 审判权由人民法院依法独立行使原则

人民法院是国家的审判机关,依法行使国家的审判权,这是宪法赋予法院的神圣权力。人民法院独立行使审判权意味着任何行政机关、社会团体和个人都应尊重法院的司法活动,不得干涉法院的审判工作。

2. 以事实为依据,以法律为准绳原则

以事实为依据,是指诉讼活动必须致力于查明案件的事实真相,对案件的处理必须建立在查清事实的基础上。它要求司法机关应当全面收集证据,认真审查判断,正确分析和认定事实,查明案件的真实情况,而不能偏听偏信,主观臆断,凭推测想象办事。以法律为准绳,是指诉讼活动必须依照法律的规定进行,在查明事实的基础上,准确适用法律。

3. 公民在适用法律上一律平等原则

所谓公民在适用法律上一律平等,是指司法机关在适用法律时,应当一视同仁,平等对待,对所有公民的合法权益应当一律平等地加以保护,对所有公民的违法或犯罪行为,应当一律平等地追究其法律责任,不允许任何人拥有超越法律之上的特权。

4. 公开审判原则

公开审判原则,是指除了法律有特别规定外,案件审判过程应当公开进行,审理结果应当公布,允许群众旁听案件的审判,允许新闻记者采访报道。

5. 辩论原则

辩论原则,是指当事人在诉讼活动中,有权就案件所争议的事实和法律问题,在人民法院的主持下进行辩论,各自陈述自己的主张和根据,互相进行反驳与答辩,从而查明案件事实,以维护自己的合法权益。

6. 使用民族语言文字进行诉讼原则

为了方便当事人进行诉讼,我国法律规定在诉讼活动中,允许当事人使用本民族语言文字进行陈述、辩论,有权使用本民族的文字书写有关诉讼文书。

（二）特有原则

由于刑事、民事和行政诉讼各自处理的案件性质和具体任务不同，因此我国三大诉讼法各有其特有原则。

刑事诉讼法的特有原则：专门机关与群众路线相结合原则；分工负责，互相配合，互相制约原则；犯罪嫌疑人、被告人有权获得辩护原则；具有法定情形不追究刑事责任原则。美国著名律师德肖维茨曾说："一个国家是否有真正的自由，试金石之一是它对那些为有罪之人、为世人不齿之徒辩护的态度。"① 由此可见，辩护权是犯罪嫌疑人的核心权利。犯罪嫌疑人、被告人辩护权的有效行使程度是衡量一个国家刑事诉讼保障人权程度的重要标尺。

> **相关案例**
>
> ### 佘祥林冤案的启示
>
> 1994 年，湖北省京山县雁门口镇何场村村民佘祥林因被怀疑谋杀妻子而被捕入狱。事隔 11 年，当年的"亡妻"突然出现，尘封已久的案子重又浮出，成了不折不扣的冤案。
>
> 惩治犯罪与保障无罪的人不受刑事追究，是我国刑事制度并列的两大功能。无罪推定、疑罪从无等，正是从这一保障功能中衍生出来的具体制度。佘祥林一案，也正是忽视了这一保障功能，才有了司法机关重打击、轻保护的错误办案原则，导致有罪推定、未审先定、疑罪从有，并最终酿成冤假错案。
>
> 2004 年修改的宪法明确规定："国家尊重和保护人权。"这也成为刑事司法制度所必须遵循的基本原则。这就要求司法机关不仅要把惩治打击犯罪作为法定任务，而且要把尊重和保护犯罪嫌疑人、刑事被告人的合法权利，以事实为根据，以法律为准绳，独立行使司法权作为重要任务。两者辩证统一，共同保证司法机关准确、及时、有效地打击犯罪，维护公共安全。
>
> 培根认为，一次不公的裁判比多次不平的举动为祸尤烈。因为这些不平的举动不过弄脏了水流，而不公的裁判则把水源败坏了。保障无罪的人不受刑事追究，是司法公正的必然要求。刑事司法的结果，往往关系到被告人的生命、自由等基本人权。一旦出现错误，将会给予被告人带来灾难。因此，刑事司法过程中如缺乏保障无罪的人不受追究的理念，不尊重和保障犯罪嫌疑人的权利，很容易带来司法不公。

民事诉讼法的特有原则包括平等原则、依法调解原则、诚实信用原则、处分原则、支持起诉原则。其中，支持起诉原则是指，机关、社会团体、企业事业单位对损害国家、集体或者个人民事权益的行为，可以支持受损害的单位或者个人向人民法院起诉。

---

① ［美］德肖维茨：《最好的辩护》，唐交东译，法律出版社 1994 年版，第 482 页。

行政诉讼法的特有原则主要是具体行政行为的合法性审查原则。人民法院审理行政案件,只对行政机关的具体行政行为是否合法进行审查,不审查行政机关的抽象行政行为的合法性。人民法院以审查具体行政行为的合法性为原则,以审查具体行政行为的合理性为例外。与刑事诉讼和民事诉讼相比,具体行政行为合法性审查原则是行政诉讼最有特色的基本原则。

《法律程序的意义》简介

季卫东编著《法律程序的意义(增订版)》,由中国法制出版社 2011 年出版。

《法律程序的意义(增订版)》旨在就秩序的建构和规范的运作等问题正本清源、拾遗补阙,以便把重新诠释和发展了的程序正义论与既有的人际互动关系结合起来。自 1993 年论文发表以来,新程序主义论在国内学界产生了巨大的反响,甚至引起某些持续性发酵的效果。学有专攻的诸位先进以及广大读者在不同程度上给予了理解、声援以及引申。与此同时,批评和质疑的言论也很强劲,历经十余年之后仍然余波荡漾。由此可见,无论立场和判断的差异有多大,要不要把公正程序作为中国法制改革的突破口,这的确是个值得反复探讨的真问题。

中国正处在社会转型的关键时刻。在这样的时刻,必须通过正当程序来协调不同利益集团、不同价值观之间的关系,凝聚基本共识,进而以井然有序、波澜不惊的方式推动政治改革,逐步达到建设民主法治国家的宏伟目标。作者深信,没有程序就没有真正的法治可言。为此,有必要对各种质疑和辩难进行反驳,并对新程序主义作进一步的阐发。这就是出版《法律程序的意义(增订版)》的缘由。

《正当法律程序简史》简介

美国学者约翰·V·奥尔特著《正当法律程序简史》,由杨明成、陈霜玲翻译,商务印书馆 2006 年出版。

本书的主题——正当法律程序,是英美法的核心概念,它使诸如法治、经济自由、个人自治以及免于政府专断行为的侵害等价值观念具体化,因而是法学领域一个永恒的主题,数百年以来一直是法学家、法官及律师关注的重点。本书以极为简洁、精确的语言总结了五百年法律发展的恢弘历史,为人们描述了正当法律程序观念发展演变的清晰轨迹。沿着这条轨迹,人们可以准确地了解正当法律程序这一重要概念所包含的广泛的问题。

作为一本研究法律历史的书,作者没有按照通常的讲故事的方法,而是以一种非常规的方式研究正当法律程序这一重大主题,那就是通过对在正当程序的法律史上充当范式的案例的分析,阐释正当法律程序的概念、发展及演变。用作者的话来说,就是"用典型案例阐述普通法的重要公式——'正当法律程序'"。因此,本书在美国学术界享有很高的声誉。有人说,无论是法学院各专业的师生还是司法领域的实务工作者,都可以从这本书里获益。

 思考题

一、名词解释

1. 诉讼　　　　　　　　　　2. 诉讼法
3. 辩论原则　　　　　　　　4. 弹劾式诉讼
5. 混合式诉讼

二、讨论题

1994年前美式橄榄球明星运动员辛普森杀妻一案成为当时美国最为轰动的事件。此案的审理一波三折,辛普森在用刀杀前妻及餐馆的侍应生罗纳德·高曼两项一级谋杀罪的指控中,由于警方的几个重大失误导致有力证据的失效。辛普森最终以无罪获释,仅被民事判定为对两名被害人的死亡负有责任。本案因此成为美国历史上疑罪从无的最著名案件。请根据你所学到的诉讼法知识,谈谈对辛普森杀妻案的认识。

第五章　行政法

导　读

行政法是指调整行政权在行使过程中所产生的社会关系,以及对行政权进行规范和控制的法律规范的总称。行政法是效力仅次于宪法的独立法律部门,是我国法律体系中与民法、刑法并列的三大部门法之一。行政法所调整的社会关系涉及社会生活的各个领域和层面,而且这类社会关系与国家权力和公民权利息息相关。行政权是国家政权的一个重要组成部分,承担着管理国家的职能。近代国家行政权的扩张给国家的稳定和发展带来了积极的影响,但与此同时,政府因滥用职权侵犯公民和其他行政相对人权利的可能性也大为增加。如何在行政权的扩张及其制约之间保持相对的平衡,从而最大限度地保障行政相对人的合法权利,同时在行政权合法使用的前提下,进一步追求其合理性,正是当代行政法需要解决的重要问题。

学习目标

◆ 掌握行政法的基本概念和调整范围
◆ 理解行政合法性原则的内涵
◆ 理解行政合理性原则的内涵
◆ 了解行政法产生与形成的过程

第五章 行政法

> 法治意味着,政府除非实施众所周知的规则,否则不得对个人实施强制。
>
> ——哈耶克

第一节 认识行政法

一、行政法的概念

在我国的法律体系中,行政法是仅次于宪法的一个独立法律部门,与刑法、民法并列为三大部门法。相较而言,大家可能对民法和刑法比较熟悉,对于行政法却感觉比较陌生,其实行政法也是我们日常生活中经常会碰到的一个部门法,可以毫不夸张地说,行政法是一个贯穿于人的一生的部门法,从人的出生、成长到离世,都得跟行政法打交道。比如,孩子出生后,派出所根据由医院开具的出生证明来落户口的行为,就是行政法上的行政确认;孩子长大后,需要考一张驾照,相关部门核发驾照的行为就是行政法上的行政许可;如果有了驾照后,开车闯红灯,交警开了罚单,那么就是行政法上的行政处罚了……所以,行政法其实渗透于我们生活的方方面面。看到这里,或许有人会问:那么,到底什么是行政法呢?它是如何定义的呢?

何谓行政法?这是一个迄今为止尚无统一认识的问题,不同的教材从不同的角度给出了不同的定义。在这里,我们暂且采用皮纯协教授的定义:行政法是指调整行政权在行使过程中所产生的社会关系,以及对行政权进行规范和控制的法律规范的总称。关于这个定义,我们可以从以下两个方面来理解。

其一,行政法是规范行政权的法。行政权作为国家权力的一种,它具有两面性:一方面它为社会提供秩序、促进社会发展、维护民众的权益;另一方面却又有被滥用侵害公民权益的极大可能性。对行政权加以制约、使其扬长避短,这是行政法需要达到的首要功能。因此,行政法只能是以规范行政权为己任的法,凡是有关行政权的授予、行使,以及与之相联系的活动及基于此而形成的社会关系,都属于行政法所规范的内容及其调整的范围。

其二,行政法是规范行政权的法律规范的总称。行政法是规范行政权的法,那么行政法是通过何种形式表现出来的呢?行政法律法规是行政法的外在表现形式,没有行政法律规范的存在,我们就无法直观地认识行政法现象。因此,行政法是由一系列的、多层级的行政法律规范和公认的法律原则所组成的。比如,我国行政法其实就包括了宪法、法律、行政法规、行政规章、地方性法规、单行条例、自治条例等多层次、多等级的法律表现形式。

二、行政法的形成与发展

在对行政法有了一个初步地了解后,我们就可以关注下一个问题了:行政法是什么时候产生的?关于行政法的产生,我们现在普遍认为,现代意义的行政法最早产生于近代资产阶级革命后的西方国家,行政法被作为民主与法治的产物,使宪法在政府与公民关系问题上得以具体化,从而成为宪法的延续和补充。1789年的法国大革命推翻了封建专制制度,资产阶级按照孟德斯鸠的"三权分立"的理论重新设计了法国的政体,为了更好地保障公民的权利,限制和规范政府的权力,行政法作为一个独立的法律部门才开始被确认起来。

具体到我国,现代意义的行政法直到民国时期才开始萌芽。孙中山领导的资产阶级革命推翻了封建统治,主张实行资产阶级民主与法治。中华民国根据孙中山先生"五权分立"的宪政思想颁布了宪政文件,实行五权制,同时也制定了一些行政法令,并设立行政法院,管辖行政诉讼。

在这里,我们还要稍微探讨一下一个长期众说纷纭、莫衷一是的问题,即我国古代是否有行政法?众所周知,我国历史悠久,中华法系源远流长,早在商周时期就有了专门制定警戒、惩罚各级官吏的制度。至西周时期,这种制度有了进一步发展,如《周礼》中就有规定国家机构设置及其活动的《六官》《六典》。进入封建社会后,更有了进一步地发展,如唐代的《唐六典》、明代的《大明会典》、清代的《清会典》等。细察这些典章制度,就不难发现,它们涉及的内容基本围绕国家机构的设置、官员的编制、品级、职责、选拔等方面展开,与近代意义上保护公民权利、规制政府权力的行政法相去甚远,因此现在大家普遍达成的共识是,我国古代出现的仅仅是国家组织的规章制度,而不是我们今天意义上的行政法。

我国现代行政法虽如上述,在民国时期已经开始出现,但是真正得以发展壮大的还是在中华人民共和国成立之后。中华人民共和国初期,我国根据宪法制定了一系列规范行政组织的法律,颁布了各种行政管理法规。在"文革"时期,由于受到"左"的思想的影响,行政法也就停滞不前。1982年新宪法的颁布成为行政法恢复和发展的重要契机。1982年宪法重新确认和发展了作为行政法基础的人民主权、法治等原则。随后,一系列行政法律、法规、规章相继出台,各种有关的行政管理制度纷纷建立,使我国的行政管理逐步走向了法制化的进程。改革开放后,随着商品交换的日益发展,政企分开,政府职能的转变,亟需行政法予以调整和规范,行政法迎来了历史发展的新时期。

今天我国的行政法已经逐步从管理目的为核心向服务目的为核心转移,将供给行政、社会行政等方面的立法作为行政法的主要内容,充分发挥行政法服务与授益的功能,由强化权力手段向淡化权力手段转变,一改往日采用强制命令的单一权力手段,更多地运用行政指导、行政合同、行政奖励等非权力方法实现行政目的,在行政行为的实施上不但注重合法性,还提出了更高的合理性要求,使我国行政法的发展有了更为广阔的发展前景。

相关知识

法国行政法简介

法国有"行政法母国"之称,其行政法理论也最为完备。在法国,学者们倾向于从公法角度去阐述行政法的概念,"行政法是调整行政活动的国内公法","从某种程度上说,行政法是公法的一支,它以国家行政体制为立法对象"。著名学者术·瓦林认为:"行政法不仅包括行政权及其行使的程序和原则,公民在受到行政行为侵害时的救济措施,还包括行政机关的组织形式,行政机关颁布规章的权力及程序,文官制度,政府对财产的征用和管理,公共事业、行政责任。"综上可知,法国在行政法研究的侧重点上,法国学者认定的一个基点是"行政"。行政作为国家的一种职能是无可争议的,但对于行政的内涵和范围,由于各个学者的出发点和考察的角度不尽相同,对行政的定义也就有所不同。尽管如此,法国学者更倾向于从形式意义上考察行政,认为行政是行政机关的公务行为。在这个基础上,法国学者普遍认为,行政法是调整行政机关一切行政活动的国内公法。

对于这一定义,我们可以从三个方面进行理解:首先,行政法是公法而不是私法。因为大陆法系严格划分公法和私法,而法国作为大陆法系的代表,也不例外。因此,只有行政机关的公务活动才能纳入作为公法的行政法的调整范围之内,而行政机关的私法活动则被排除在外;其次,行政法是国内法而不是国际法。行政法只调整国内关系,而国家和国家之间的关系则被排除在行政法调整范围之外;最后,行政法是调整行政活动的法,而不是调整私法行为的法。只要是行政机关的公务活动,均受行政法调整。行政机关非公务活动则不受行政法支配。

——摘自《大陆法系英美法系行政法概念》

文章搜索来源:http://www.zllunwen.com/falvlw/41706.html

> 法律是人类为了共同利益,
> 由人类智慧遵循人类经验所做出的最后成果。
>
> ——强森

第二节 行政法的基本原则

行政法的基本原则,是贯穿于全部行政法律规范之中的,是调整和决定行政全部行为的基本准则。行政法的基本原则是国家行政管理活动中必须遵循的共同准则。在国家大量的行政法律法规中，其所体现的基本精神必须是统一的。行政主体各类行政管理行为不能违背行政法的基本原则。行政法的基本原则起着保证行政法制统一、协调和稳定的重要作用，是行政法的灵魂。在实践中，违背了行政法的基本原则，将直接产生某种法律后果，有关的行政主体必须承担相应的行政法律责任，如与基本原则相抵触的行政法律条文必须修改或撤销。一般而言，行政法的基本原则具有以下三个特点。

其一，普遍性。这是指行政法基本原则是行政法制中普遍适用的基本准则。

其二，基础性。这是指行政法的基本原则既是宪法精神或宪法原则的具体化，又是行政法中的其他原则和规则产生的前提和基础。

其三，自身的特殊性。这是指行政法的基本原则应能反映出行政法律规范区别于其他法律规范的本质特征。

基于以上特点，我们认为行政法基本原则具有立法准则功能、行为准则功能、解释准则功能以及补缺功能。

那么，在我国行政法的基本原则应该由哪几项原则来构成呢？关于这个问题，其实不同的学者持有不同的观点。这里，我们采用比较普遍的一种说法，即行政法的基本原则主要包括行政合法性原则和行政合理性原则。对于这两条原则，行政法学界基本达成了共识，我们在这里对其展开具体的介绍。

一、行政合法性原则

行政合法性原则是行政法治原则的核心内容。它是指行政权力的设立、行使必须依据法律，符合法律要求，不能与法律相抵触。行政合法性原则要求行政主体必须严格遵守行政法律规范的要求，不得享有行政法规范以外的特权，超越法定权限的行为无效。违法行政行为依法应受到法律制裁，行政主体应对其行政违法行为承担相应的法律责任。行政合法性原则主要是从形式法治角度切入的，是法治在行政法领域的体现、要求和反映。

行政合法性原则包括实体合法和程序合法两方面的内容。违反实体法和违反程序法都是对行政合法性原则的破坏。实体法是指规定行政主体在行政管理活动中的权利和义务关系的行政法律规范。程序法则通常是为保证行为程序公正，没有偏私，从而保障实体权利得以实现的法律规范。

行政合法性原则的前提条件是"有法可依"。行政合法性原则通常要求行政权以法律的规定存在，行政机关依法设立并应依法行使行政职权。具体而言，行政合法性原则应包括以下三个方面的要求。

第一，任何行政职权都必须基于法律的授予才能存在。这是指中央政府与地方政府的权限划分、上级与下级的权限划分等都必须依据法律确立。各部门不能超过法律赋予的职权范围，否则即构成违法。

第二，任何行政职权的行使应依据法律、遵守法律，不得与法律相抵触，这就要求行使行政权力不仅应遵循实体规范，而且应遵循程序规范，两者不能偏废。

第三，任何行政职权的授予和委托及其运用都必须具有法律依据，符合法律宗旨。

行政合法性原则的这三方面的具体内容要求行政主体应严格依法办事，行政管理活动应有法可依，严格按照法律规范进行。为了进一步将行政合法性原则的要求加以具体化，我们可以从法律优位、法律保留、越权无效三个方面阐述合法性原则。

法律优位，又称法律优先或法律优越，是指法律的位阶和效力高于行政法规。在已经具有法律规定的情况下，行政法规、地方性法规和规章等规范性文件，都不得与法律相抵触，凡有抵触以法律为准。法律优位原则适用于行政法的所有领域，不论行政机关作出抽象行政行为还是具体行政行为，都不得与现行法律相抵触。法律优位的目的在于解决不同位阶的行政法规范之间的效力等级问题，防止行政机关置立法机关的法律于不顾，单纯依照其内部的规范行使行政权力。法律优位原则对于厘清行政权与立法权的关系，维护国家法制的统一有着重要的作用。

法律保留，是指行政主体实施行政行为必须获得法律的授权。法律保留原则基于民主原则、法治原则、尊重和保障人权原则而产生。在现代法治国家，公权力与私权利有着完全不同的运行规则。对于公民而言，法不禁止即自由；对于公权力的行政权来说，法无授权即禁止。行政机关只有在法律明确授权的情况下才能实施相应的行政行为，才取得行为的合法性；否则，缺乏法律的授权，行政机关就不得为之。这种积极地要求任何行政行为都必须有法律授权的基础，体现了行政来源于法律的精神。要指出的是，法律的授权一是来源于行政组织法的授予，二是由单行的法律授予行政机关和公务组织某些方面的职权。

越权无效，是指凡是逾越行政权边界的行为都作无效处理。越权无效是一种直接的责任承担。如果行政权越权行使后的问责机制缺失，法律优位、法律保留的要求就无异于纸上谈兵了。可见，越权无效是行政合法性原则的内在保障，可以有效保障法律优位和法律保留原则的贯彻实施。

显然，法律优位、法律保留和越权无效从三个更为具体的维度保障了行政合法性原则的实现。

二、行政合理性原则

行政合理性原则指的是行政法律关系当事人的行为，特别是行政机关的行为不仅要合法而且要合理。行政合理性原则主要针对自由裁量权，在行政自由裁量权日趋广泛的现代社会，行政合理性原则是合法性原则的必要补充，也就是行政机关的自由裁量行为要做到合情、合理、恰当和适度。要求法律对所有的行政行为都予以具体的详细的规定是不可能的，也是不现实的，因此行政机关就被赋予了一定的自由裁量权，使其视具体情况作出相应的行为。但是，仅以行政合法性原则限制自由裁量权是不够的，必须以行政合理性原则加以限制。一般认为，行政合理性要求：行政行为必须符合法律的目的；行政行为必须有合理的动机；行政行为应考虑相关的因素，而不考虑无关的因素。行政合理性原则的具体要求包括以下三方面。

第一，行政行为的动因应符合行政目的。凡有悖于法律目的的行为都是不合理的行为。

第二，行政行为应建立在正当考虑的基础上，要有正当的动机。行政行为不得违背社会公平观念或法律精神，不得存在法律动机以外的目的或追求。行政机关在实施行政活动时必须出于公心，平等地对待行政相对方。

第三，行政行为的内容应合乎情理，即应符合事情的常规或规律。

行政合法性原则和行政合理性原则共同构成行政法治原则。合法性原则主要解决行政合法与非法问题，合理性原则解决行政是否适当的问题。

我国行政法学家王周户在《行政法学》中对这一原则的论述：行政合理性原则是指政府的行为应当符合法律的意图或精神，符合公平正义等法律理性。这里的"理"不是仅指社会道德、伦理、逻辑和常情，更是指要符合法的精神、法的理念。

总之，行政合理性原则是指行政行为的内容要客观、适度、合乎理性，要求行政机关合理地行使自由裁量权，不得滥用自由裁量权。合理行使自由裁量权的情况有以下三种。

第一，在法律没有规定限制条件情况下，行政机关在不违反宪法和法律的前提下，所采取的必要措施。

第二，法律只规定了模糊的标准，而没有规定明确的范围和方式，行政机关根据实际情况和对法律的合理解释，在不违背常规情况下所采取的具体措施。

第三，根据法律明确规定的范围、幅度和方式，由行政机关根据具体情况选择采用合乎比例的措施。

相关案例

李某系从事饮食业的个体工商户，出售自制的蛋糕，但李某的蛋糕未经有关部门进行检验。这一行为被某市场监管部门所查获。根据相关法律规定，对此类违法行为，应予以警告、没收违禁食品和违法所得，并处以违法所得一倍以上五倍以下罚款；没有违法所得的，处以1万元以下罚款；情节严重的，可责令停业整顿或者吊销其营业执照。在某市场监管部门查获前李某出售蛋糕共获利590元。根据上述有关规定，某市场监管部门没收了李某尚未出售的蛋糕，没收其违法所得590元，并且某市场监管部门认为李某曾因伤害罪而被判刑3年，一年前刚出狱，因此要重罚，又处以李某1500元的罚款。

问题：

某市场监管部门对李某的违法行为进行的行政处罚是否合法适当？是否符合行政法的基本原则？

分析：

某市场监管部门的行政处罚行为是合法的，但不合理，违背了行政合理性原则，主要表现在对李某的罚款行为上。在本案中，根据法定的罚款幅度的规定，某市场监管部门对李某处以 1 500 元的罚款属于法定的幅度内，其行为没有超越法律，不与法律相抵触，是合法的。但是，某市场监管部门在法定幅度内的自由裁量权行使不恰当，对李某进行 1 500 元的罚款，除以其违法事实情节等为依据外，还出于一种不正当的考虑而作出行政处罚行为，违背了行政合理性原则的要求，属不合理的行为。

拓展阅读

电影《秋菊打官司》

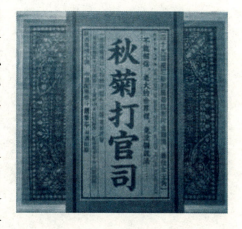

《秋菊打官司》是张艺谋执导的农村题材剧情片，该片改编自陈源斌的小说《万家诉讼》，讲述了农村妇女秋菊为了向踢伤丈夫的村长讨说法，不屈不挠逐级上告的故事，从侧面反映了那个年代行政法与行政诉讼法方面的一些不足和漏洞。

故事发生在中国西北一个小山村。秋菊的丈夫王庆来为了自家的承包地与村长王善堂发生了争执，后被村长一怒之下踢中了要害后，王庆来整日躺在床上干不了活。秋菊是个善良有主见的女人，此时已有 6 个月的身孕。丈夫被踢伤，她便去找村长说理。村长不肯认错，秋菊认为这样的事一定得找个说理的地方。于是，便挺着大肚子去乡政府告状。经过乡政府李公安的调解，村长答应赔偿秋菊家的经济损失，但当秋菊来拿钱时，村长把钱扔在地上，受辱的秋菊没有捡钱，而又一次踏上了漫漫的告状路途。她先后到了县公安局和市里，最后向人民法院起诉。除夕之夜，秋菊难产，村长和村民连夜冒着风雪送秋菊上医院，使她顺利产下一名男婴。秋菊一家对村长非常感激，也不再提官司的事了。但是，正当秋菊家庆贺孩子满月时，市法院发来判决，村长因伤害罪被拘留。望着远处警车扬起的烟尘，秋菊感到深深的茫然和失落。

思考题

一、名词解释
1. 行政法 2. 行政合法性原则
3. 行政合理性原则

二、讨论题
1. 在日常生活中,我们会看到,有些商店的墙壁上贴着"偷一罚百""偷一罚十"等类似告示语,学了本章关于行政法的内容后,你觉得这些告示有法律效力吗?请谈谈你的看法。

2. 超市保安怀疑某个顾客有盗窃超市商品的行为,他可以对顾客进行扣留、搜身吗?请结合本章内容,谈谈你的看法。

第六章 社会法

导读

社会法作为我国现行法律体系的重要组成部分，以劳动法、社会保障法、特殊群体权益保护法为主要内容，具有追求实质性公平的独特属性，核心是弱势群体享有的体现社会正义的社会权利。社会法与人权保护、民生保障息息相关，是社会建设的重要法律支撑。

学习目标

◆ 掌握社会法的专有属性
◆ 理解社会法的核心价值
◆ 了解社会法的概念

> 法者，天下之公器也。
>
> ——梁启超

第一节　社会法的形成与发展

一、社会法的由来

社会法是调整有关劳动关系、社会保障和社会福利关系的法律规范的总和，它主要是保障劳动者、失业者、丧失劳动能力的人和其他需要扶助的人的权益的法律。①

说起社会法，大家可能比较陌生，社会法确实形成时间较晚。作为社会文明的标志，社会法是20世纪以来出现的与公法、私法并列的第三大法域。

古罗马著名法学家乌尔比安最早进行公法与私法两大法域的划分。他认为，公法是有关国家稳定、保护公共利益的法律，其原则是"公法的规范不得由私人间的协议而变更"，其规范是命令性的、强制性的，属于无条件的义务，包括宪法、行政法、刑法等法律部门。私法则涉及个人的福利，是保护私人利益的法律，其原则是"协议就是法律"，以"自治""任意"为特点，民法就属于典型的私法。西方尤其是大陆法系国家，继承了公法与私法的划分原则。

相关知识

乌尔比安

乌尔比安（Domitius Ulpianus，约170～228）古罗马著名的五大法学家之一，主要著作有《论萨宾派》51篇和《法令集》81篇。东罗马帝国皇帝查士丁尼于公元533年颁布施行的《学说汇纂》，约三分之一的内容引自他的著作。乌尔比安在法学上首创"公法"和"私法"的体系范畴，对后世资产阶级法学具有重大影响。

---

① 王维澄："关于有中国特色社会主义法律体系的几个问题"，《全国人大常委会法制讲座第八讲》。

第六章 社会法

19世纪到20世纪,自由资本主义进入垄断时期,社会经济组织形态发生变化,新兴技术和新兴产业如雨后春笋般出现,生产的社会化程度越来越高。这一切为社会带来了丰富的物质财富,也带来了严重的社会问题,如贫富悬殊、劳资矛盾突出、弱势群体极度贫困、自然和人文环境屡遭破坏等。显然,在以要素分配为特征的市场经济初次分配制度下,依据传统私法平等保护的原则,只能强者恒强、弱者恒弱,弱势群体难以拥有参与社会财富分配的机会。新型的社会关系如劳动关系、救济关系等不能完全被私法所调整,也不属于公法调整的范围。面临这种困境,人们不得不思考新的解决办法。

在此政治经济文化背景之下,占据西方近现代法学主流地位之一的社会法学派应运而生。社会法学派从社会的视角来研究法律现象,认为对于个人自由,除非是作为更大的社会安全和社会自由的一部分,否则法律不能予以保护。社会法学派从价值取向上强调法律必须适应社会的需要,法律要关心个人利益更要关心社会利益,它突破了传统的法律观念,社会影响深远。20世纪初,随着国家管理日趋专业化,行政权力日渐扩张,加之社会法学派的影响,行政行为逐渐介入传统的私法关系,国家不再局限于中立仲裁的角色,开始通过立法对劳动、福利、救济、教育等各种社会问题进行干预和调节。

因此,原来主要使用任意性规范的劳动雇佣、教育等领域逐渐被部分强制性规范所替代,公权力合法进入私人领域,形成公法与私法的交错重叠,即所谓私法的公法化。公法与私法的交叉领域便构成了社会法的内容。社会法的学术概念起源于德国,而英国1802年《学徒健康与道德法》以及法国1806年《工厂法》、1841年《童工、未成年工保护法》等则是较早的社会立法。社会法实质上是国家为解决各种社会问题而制定的,是以维护社会整体利益为宗旨的新的法律门类,因此也被称为解决社会问题之法。

> **相关知识**
>
> 《学徒健康与道德法》,英国议会1802年通过。它规定,禁止纺织厂雇用9岁以下的学徒,童工每天工作不得超过12小时,且限于清晨6时到晚间9时之间,不准做夜工,但这一规定仅适用于从救济院出来的贫苦儿童。1819年《学徒健康与道德法》修正,规定禁止雇用9岁以下儿童,16岁以下儿童每日最长工作时间为12小时。

二、我国社会法的基本情况

(一) 社会法的提出

李鹏委员长于2001年3月9日向第九届全国人大第四次会议上所作的《全国人大常委会工作报告》,是我国第一次出现社会法概念的官方文件。据此,我国现行法律体系划分为七个法律部门:宪法及宪法相关法、民法商法、行政法、经济法、社会法、刑法、诉讼与非诉讼程序法,每类法律部门中又包括若干子部门,有些子部门下面还可进一步划分。① 社会法位列我国现行法律体系之中,是七个法律部门不可或缺的组成部分。

(二) 我国社会法的主要构成

目前来说,我国社会法立法范围相对较窄,主要包括劳动法、社会保障法、特殊群体权益保障法。

1. 劳动立法

劳动法是调整劳动关系以及劳动附随关系的法律规范的总和。我国在劳动立法方面形成了以《劳动法》《劳动合同法》《劳动争议调解仲裁法》为核心,附带多个配套法律、法规和规章的完整的劳动法律体系,建立了包括最低工资、工作时间、休息休假、安全卫生等内容的劳动基准法。劳动合同与集体合同制度普遍实施,解决劳动争议的机构和程序日渐完善,使劳动关系的建立和调整有了明确而具体的遵循标准。

具体而言,《劳动法》于1995年1月1日起实施,共计13章107条。作为我国第一部全面系统保障劳动者利益、调整劳动关系的法律,《劳动法》既是宪法有关劳动规定的明晰化,又是具体劳动立法的制定依据,为建立公平公正符合市场要求的劳动力市场提供了重要法律保障,标志着中国劳动法制建设的重大进展。

《劳动合同法》于2008年1月1日起实施,共计8章98条。《劳动合同法》尊重劳动,保护劳动者,完善了劳动保障法律体系,是自《劳动法》颁布实施以来我国劳动法制建设中的又一个里程碑。

《劳动争议调解仲裁法》于2008年5月1日起实施,共计4章54条。《劳动争议调解仲裁法》为及时公正解决劳动争议,保护当事人合法权益,促进劳动关系和谐稳定,提供了重要的法律保障。

值得注意的是,劳动立法适用于基于订立劳动合同而形成劳动关系的劳动者与用人单位。因此,我国目前相当部分主体间的劳动关系不在劳动法的调整范围之内。例如,国家机关与公务员之间的劳动关系,主要由《公务员法》和国家的人事政策来调整。随着我国劳动法律制度的发展和完善,劳动法对人的适用范围将逐步扩大。

2. 社会保障立法

社会保障法是调整社会保障领域中各种权利义务关系的法律规范的总称。我国社会保障体系包括社会保险、社会福利、社会优抚、社会救助四个部分。其中,社会福利是以提高公民的生活质量为目的的保障制度;社会救助是对贫困与不幸的社会成员予以接济和扶助的保障制度;社会优抚则是以军人及其家属作为优待和帮助对象的保障制度。社会保险是国家依法对劳动者因年老、疾病、伤残、失业和生育而丧失劳动能力和劳动机会时,提供一定的物质补偿和帮助,以维持其基本生活水平的法律制度。作为社会保障体系中的一个子系统,社会保险是一种特定的社会保障制度。两者的最大区别在于:社会保险关系中享受保障待遇的主体必须是劳动者,具备劳动法意义上的劳动经历;其他社会保障

---

① 王维澄:"关于有中国特色社会主义法律体系的几个问题",《全国人大常委会法制讲座第八讲》。

第六章 社会法

关系中的保障受益人是全体公民,不以是否存在劳动经历为限。

现行社会保障立法以《社会保险法》为核心。《社会保险法》于 2011 年 7 月 1 日起实施,共计 12 章 98 条。《社会保险法》作为我国第一部社会保险制度的综合性法律,奠定了民生领域社会保障的基本框架,是国家和社会对遭遇困难的劳动者给予基本经济生活保障的制度规范,养老、失业、医疗、生育、工伤五大保险日益成为劳动者不可或缺的安全网。

3. 特殊群体保护法

20 世纪 80 年代以来,我国颁布了一系列保护妇女、老人、未成年人和残疾人等特殊群体权益的法律、法规,《妇女权益保障法》《老年人权益保障法》《残疾人保障法》《未成年人保护法》等先后面世,形成了较为完善的特殊群体保护法体系,未成年人、妇女、老年人、残疾人的合法权益越来越受到实质性保护。

应当说,社会法制建设取得了令人瞩目的成绩。同时,我们也要清醒地认识到,在现行法律体系中社会法是立法缺失最为严重的一个法律部门,不仅立法数量不足,而且立法质量也有待提高。社会法领域迄今为止仍然存在着无法可依的状况,而且不同法律、法规缺少衔接,社会福利、社会救济、优抚安置等制度尚未进一步的有效整合,这是我国最需要加强的法律部门。

我国社会法产生的历史最多不过二十几年,理论和实践都处于探索的阶段。社会法与人权保护、民生保障息息相关,在社会转型和制度变迁的进程中,众多的社会问题需要社会法的逐步调整。政府负有法定义务通过社会立法的途径,让全体公民特别是公民中的穷人和弱势群体分享到社会发展的成果。社会法学科自身也需要不断发展成熟。体系完备、内容丰富、造福弱势群体、保障社会安全,使全体人民在共享发展中拥有更多安全感和获得感,是社会法的历史使命,也是社会法的发展机遇。

> 法律的基本原则:为人诚实,不损害他人,给予每个人他应得的部分。
>
> ——[古罗马]查士丁尼

第二节 社会法的核心价值与专有属性

一、社会法的核心价值

关于社会法的范畴,学者们看法不一。广义说认为,社会法作为国家为解决各种社会问题而制定的有公法与私法相融合特点的第三法域,包括在工业化和市场化过程中产生的用以应对社会危机、经济危机、生态危机的劳动法、社会保障法、经济法、环境法等,具有广泛的发展前景。中义说认为,社会法包括劳动法和社会保障法。狭义说认为,社会法仅指社会保障法。

虽然对于社会法的范畴界定不尽相同,但其核心和价值取向是共同的。作为20世纪以来一种全新的立法思路,社会法在承认每个自然人的能力禀赋与资源占有存在诸多差异的前提下,追求结果和实质意义的平等与公平。① 也就是说,通过公权力对私法领域的介入,国家主动干预调节各种社会问题,促成人与人、人与社会,以及人与自然的协调,维护社会整体利益而不是个人或单方利益,以有效实现社会公平和正义的目标,特别是弱势群体享有的体现社会正义的社会权利。作为权利主体,弱势群体的社会权需要政府和社会提供条件、资源和帮助才能实现。弱势群体的社会权具体包括工作权,享有公平与良好之工作条件权,组织、参加工会权,结社自由、罢工自由、社会保险、社会保障权、健康权、家庭母亲儿童和青年受特殊保护权,免受饥饿和改善生活环境权,受教育权等。② 与之相对应,国家则是社会权的义务主体,对保障公民的社会权利负有法律责任。

二、社会法的专有属性

1. 以"形式上平等、实质上不平等"的社会关系为调整对象

在公法、私法、社会法三大法域,各自所调整对象的特点显著不同。公法调整的是"形式上不平等、实质上也不平等"的社会关系,如行政主体和行政相对人之间的行政关系,根本上就是管理与被管理的关系,无法平等。私法调整的是"形式上平等、实质上也平等"的社会关系,如合同关系、婚姻家庭关系,双方当事人都是平等的民事主体。

在竞争激烈的市场经济中,优胜劣汰必然会产生弱势群体。如果没有公权力介入、对弱者利益予以特别的倾斜性保护,社会关系中的强势群体和弱势群体就会向两个极端发展,也就是强者越强、弱者越弱,加剧社会关系的失衡,最终导致严重的社会问题。例如,劳动关系的主体双方用人单位与劳动者,形式上两者法律地位平等,但在实力对比上不可同日而语。拥有人、财、物强势地位的用人单位与处于弱势地位的劳动者个体,存在着实质上的管理与被管理的隶属关系,属于典型的"形式上平等、实质上不平等"的社会关系。如果单纯适用私法平等保护的原则,劳动者无法得到相对公平的结果。而且,劳动者与用人单位的关系,也不是从内容到形式都不平等,自然也不适合用公法来调整。因此,从社会公平的角度就需要有一套不同于公法与私法的法律规则加以调整,而社会法恰恰能够充当这一角色。可以说,社会法较好地弥补了公法与私法各自的不足,并在很大程度上起

---

① 余少祥:《共享和谐需要社会法》,《浙江日报》2006年10月16日。
② 联合国《经济、社会和文化权利国际公约》(1966年生效),我国全国人大于2001年批准。

到了社会减震器的作用。

> **相关知识**
>
> "在社会法领域中,我们看到的满眼都是劳动者、消费者、环境污染受害者、妇女、老人、未成年人、残疾人这样的弱势群体"。①

2. 以"倾斜立法保护弱者"为调整原则

以调整"形式上平等、实质上不平等"的社会关系为己任,借助国家公权力注重维护社会整体利益的社会法,为追求"实质正义",对权利主体实行倾斜保护而不是私法意义的平等保护。例如,同是单方预告性解除劳动合同,劳动法律规定用人单位必须在劳动者有下列情形之一,才可以提前30日书面通知或额外支付一个月工资,解除与劳动者的劳动合同:患病或者非因工负伤,在规定的医疗期满后不能从事原工作,也不能从事由用人单位另行安排的工作的;不能胜任工作,经过培训或者调整工作岗位,仍不能胜任工作的;劳动合同订立时所依据的客观情况发生重大变化,致使劳动合同无法履行,经用人单位与劳动者协商,未能就变更劳动合同内容达成协议的。劳动者预告辞职,则不需要任何理由,只需提前30日书面形式通知用人单位。

从字面规定来看,劳动法对劳动关系的双方实行了不平等的差别待遇,劳动者享有较多的权利、承担较少的义务,而用人单位则与之相反。但是,这种立法上的不平等正是针对劳动关系本身存在的实质不平等而采取的矫正措施,即通过公权力的介入,运用法律适度限制强势的用人单位权利,以保障弱势的劳动者权利。一定程度上的纠偏,使个别劳动关系得以实现相对的平衡。

3. 以"法定限制约定,团体约定限制个体约定"为调整方法

社会法融合了公法的"法定"调整方式和私法的"约定"调整方式,与其自身的调整对象和调整原则相配套,形成了多元的调整方法,即以法定内容来限制约定内容,以团体约定来限制个体约定。法律的硬性标准与当事人的自由协商相结合,这样一种调整方法在劳动法中有突出表现。所谓"劳动基准限制劳动合同,集体合同限制劳动合同",比如,最低工资制度就十分典型地体现了这一特点。在劳动合同中,劳动者和用人单位都必须严格遵守劳动法关于最低工资的规定,不得约定低于最低工资标准的劳动报酬。同时,也不得约定低于集体合同中的相关工资标准,否则无效。在符合法定限制(劳动基准)和团体约定限制(集体合同)的基础之上,劳动关系主体双方享有自由协商劳动报酬的权利,法律不加干涉。

---

① 董保华:《社会法原论》,中国政法大学出版社2001年版,第144页。

 拓展阅读

关于劳动者婚假相关规定的解读

（1）婚假期间发工资吗？

婚假指劳动者本人结婚依法享受的带薪假期。婚假期间当然要发工资，这是劳动者的一项法定权利。

（2）上海地方立法中规定婚假究竟有几天呢？

上海地方立法规定：按法定结婚年龄（女20周岁，男22周岁）结婚的，可享受3天婚假；符合晚婚年龄（女23周岁，男25周岁）的初婚者，除享受国家规定的3天婚假外，增加晚婚假7天，晚婚假7天中如遇到法定节假日顺延；结婚时男女双方不在一地工作的，可视路程远近，另给予路程假；在探亲假（探父母）期间结婚的，不另给假期。

（3）再婚还有婚假吗？

再婚者可享受法定婚假，不能享受晚婚假。

（4）用人单位怎么支付劳动者婚假期间的工资？

劳动者在依法享受婚假期间，用人单位应当按国家规定支付假期工资。根据《上海市企业工资支付办法》的规定，婚假期间的工资应当按这样的原则确定：

"（一）劳动合同有约定的，按不低于劳动合同约定的劳动者本人所在岗位（职位）相对应的工资标准确定。集体合同（工资集体协议）确定的标准高于劳动合同约定标准的，按集体合同（工资集体协议）标准确定。（二）劳动合同、集体合同均未约定的，可由用人单位与职工代表通过工资集体协商确定，协商结果应签订工资集体协议。（三）用人单位与劳动者无任何约定的，假期工资的计算基数统一按劳动者本人所在岗位（职位）正常出勤的月工资的70%确定。按以上原则计算的假期工资基数均不得低于本市规定的最低工资标准。法律、法规另有规定的，从其规定。"

关于女职工"三期"（孕期、产期、哺乳期）特殊保护规定的解读

（1）女职工怀孕后单位能否以不胜任工作为由解除劳动合同？

《劳动合同法》第42条规定：女职工在孕期、产期、哺乳期的，用人单位不得以本法第40、41条的规定解除劳动合同，即怀孕期间的女职工受法律保护，如本人无严重过失行为，用人单位不得与其解除劳动合同。

（2）职工怀孕后能否提前1小时下班（或工作间休息1小时）？

《上海市女职工劳动保护办法》规定：女职工妊娠7个月以上（按28周计算），应给予每天工间休息1小时。即女职工怀孕7个月以上，就有权利享受工间1小时的休息，单位

不能因生产工作需要为由拒绝安排。至于能否将工间休息1小时改为提前1小时下班，需要由单位与女职工本人协商确定。

（3）女职工怀孕后单位能否安排其加班？

《劳动法》和《女职工劳动保护规定》都规定：怀孕7个月以上的女职工，不得安排其延长工作时间和夜班劳动。"夜班劳动"指在当日22时至次日6时期间从事劳动或工作。

（4）女职工怀孕后能否申请产前假？

《上海市实施〈中华人民共和国妇女权益保障法〉办法》规定：经二级以上医疗保健机构证明有习惯性流产史、严重的妊娠综合征、妊娠合并症等可能影响正常生育的，本人提出申请，用人单位应当批准其产前假。

（5）女职工怀孕后能否调岗降薪？

《上海市实施〈中华人民共和国妇女权益保障法〉办法》规定：女职工在孕期或者哺乳期不适应原工作岗位的，可以与用人单位协商调整该期间的工作岗位或者改善相应的工作条件。用人单位不得降低其原工资性收入。

（6）女职工产假期满能否请求哺乳假？

《上海市实施〈中华人民共和国妇女权益保障法〉办法》规定：经二级以上医疗保健机构证明患有产后严重影响母婴身体健康疾病的，本人提出申请，用人单位应当批准其哺乳假。

《沪府(90)36号令》规定：女职工生育后，如有困难且工作许可，经本人申请领导批准，可请哺乳假6个半月。

思考题

一、名词解释

1. 社会法   2. 公法
3. 私法   4. 劳动法
5. 社会保障法   6. 特殊群体保护法

二、讨论题

我国社会法制建设虽然取得了令人瞩目的成绩，但在现行法律体系中仍然是立法缺失最为严重的一个法律部门。请根据社会法的价值取向与调整对象，结合你本人的工作与生活，谈谈完善社会立法的构想。

PART 04

第四编　法律的基本设施

第一章 机 构

导 读

机构是最主要的法律设施,是法律得以产生和实施的客观条件。具体包括机构的设置和运行直接体现了法律文化的特点和发展状况。

学习目标

◆ 掌握我国现行的各种法律机构的组织设置及其职责权限
◆ 了解各种法律机构的历史发展和主要西方国家的法律机构设置状况

> 法律是使人类行为服从于规则之治的事业
>
> ——[美]富勒

第一节 立法机构

一、概述

现代意义上的立法机构是指在一国范围内根据国家权力分权制衡的原则依照法定程序制定、修改、废止法律的国家机关,通常称为国会、议会、立法院等。立法机构的职能除了汇集并代表民意、审议制定法律之外,各国宪法一般都赋予其审批公共财政开支、监督政府运作等大权。立法机构的决策方式是按照少数服从多数的原则进行集体决策,为此各国都设有一套自己的仪式和议事程序。

从历史发展来看,原始氏族社会时期主要的行为规范是人们在长期共同生活中自发形成的习惯,因此也就不存在立法权和相应的立法机构。在奴隶社会时期,法律已经成文,但立法权的归属在不同国家各不相同。在独裁君主国家,立法权属于君主;在古代印度,立法权隶属于神权,具体掌握在祭司阶层,即婆罗门手中;在古代雅典,立法则由奴隶主组成的议会共同决定。在封建社会时期,立法权一般都掌握在君主手中,君主既是立法者,也是执法者,还是最终的司法裁判官。当代的立法机构产生于欧洲,最初只是君主不定期召集的贵族集会,渐渐地演变成为正式的集会组织。到了19世纪,议会成了新兴民族国家独立的标志。在现代社会,各国的立法权一般都是掌握在议会,各国的议会制度也不相同。

我国古代社会虽然也有具体负责法律起草和制定(前期准备)的机构或者官员,但立法基本承袭一种由君主诏令、臣僚草拟编撰、君主裁决颁行的模式,独立的立法机构在中国古代是没有的。我国现代意义上的立法起于清朝的预备立宪,立法运动才风起云涌的展开。清朝灭亡后中华民国成立,采用三权分立的机制,设立立法机构,以行使民国立法权。根据《中华民国临时政府组织大纲》《中华民国临时约法》《中华民国约法》《中华民国宪法》的规定,行使中华民国立法权的机关分别为参议院、国会、立法院。这些机关的出现标志着中国产生了现代意义上的立法机构。

二、我国现行的立法机构

立法有广义和狭义之分,相应的立法机构也有广义、狭义之分。就广义来说,只要是有权制定法律、行政规章和部门规章或者地方性法规等广义法律的机关都可以称为立法机构。比如,有权制定宪法和法律的全国人民代表大会及其常务委员会、有权制定行政法规的国务院、经授权可以制定部门规章的国务院各部委、有权制定地方性法规的各省、自治区、直辖市的人民代表大会等,都是广义的立法机构。就狭义来说,只有专门的立法机关依据特定程序制定法律才是立法。我国《宪法》第 58 条和《立法法》第 7 条规定:"全国人民代表大会和全国人民代表大会常务委员会行使国家立法权。"由此可见,我国狭义的立法机构是全国人民代表大会及其常委会。

1. 全国人民代表大会

中华人民共和国全国人民代表大会为中华人民共和国的最高权力机构,简称"全国人大"。全国人民代表大会由省、自治区、直辖市、特别行政区和军队选出的代表组成,各少数民族都有一定名额的代表,总代表人数保持在 3 000 人以内,每届任期 5 年。

根据《宪法》第 62 条的规定,全国人民代表大会有关立法的职权包括:(1) 修改宪法;(2) 监督宪法的实施;(3) 制定和修改刑事、民事、国家机构的和其他的基本法律。

2. 全国人大常委会

全国人民代表大会常务委员会为最高国家权力机关全国人民代表大会的常设机构,在全国人大闭会期间履行全国人大的职责。全国人大常委会由委员长、副委员长、秘书长和委员组成。全国人大常委会组成人员由全国人大选举产生,对全国人民代表大会负责并报告工作,每届任期为 5 年,目前常委会组成人员名额为 175 名。

我国《宪法》第 67 条规定了全国人民代表大会常务委员会的相关立法权限:(1) 解释宪法,监督宪法的实施;(2) 制定和修改除应当由全国人民代表大会制定的法律以外的其他法律;(3) 在全国人民代表大会闭会期间,对全国人民代表大会制定的法律进行部分补充和修改,但是不得同该法律的基本原则相抵触;(4) 解释法律。

为了保证全国人大及其常委会依法履行职权,常委会设立办事机构和工作机构,作为全国人大及其常委会的助手班子,为全国人大会议、全国人大常委会会议、委员长会议服务,也为全国人大代表和常委会组成人员依法行使职权服务。其中,法制工作委员会是全国人大常委会的法制工作机构,其主要职责:受委员长会议委托,拟订有关刑事、民事、国家机构以及其他方面的基本法律草案;对提请全国人大及其常委会审议的法律草案进行调查研究,征求意见,提供有关资料,提出修改建议;对省级人大常委会及中央有关国家机关提出的有关法律问题的询问,进行研究答复;开展法制宣传工作等。

3. 专门委员会

专门委员会是全国人大的常设专门机构,各专门委员会在全国人民代表大会和全国人民代表大会常务委员会领导下,研究、审议和拟订有关议案。

目前,全国人大共设置了 10 个专门委员会:民族委员会、宪法和法律委员会、监察与司法委员会、财政经济委员会、教育科技文化卫生委员会、外事委员会、华侨委员会、环境和资源保护委员会、农业和农村委员会、社会建设委员会。

三、主要西方国家的立法机构

1. 英国的立法机构

近代意义的立法机关是英国资产阶级在反对封建君主专制的革命过程中逐步建立起来的,英国议会历史最长、经验最丰富,被称为"议会制的典型""议会之母"。英国议会(The United Kingdom Parliament)又称威斯敏斯特议会,起源于13世纪,是英国的最高司法和立法机构。1341年,议会分为上下两院,实行两院制,由君主、上院(House of Lords)和下院(House of Commons)组成,行使国家的最高立法权。

英国国王是英国宪法规定的世袭的国家元首,是立法机关的组成部分,同时也是法院的首领、联合王国全部武装部队的总司令、英国国教的世俗领袖和英联邦元首。在立法职权方面,君主批准并颁布法律;制定文官管理法规;颁布枢密院令和特许状;召集、中止议会会议;解散议会;任免重要官员。对议会而言,一切立法权的行使和上下两院的运作在名义上都是在英王的意愿下进行的,英王出席议会一年一度的开幕式,并宣读由政府准备的施政纲领。英王有权随时宣布终止议会对某项法案的审议和讨论,有权下令解散任期尚未满的下院,有权册封上院议员。上下两院讨论并通过的法案,只有呈请英王批准和签署并以英王的名义公布后,方可生效。但是,英王的这些权力都是象征性的,只是一种形式而已。英王批准法律,只是履行手续;英王解散议会,必须根据首相的决定才能采取行动。

上议院又称贵族院,主要由王室后裔、世袭贵族、新封贵族、上诉法院法官和教会的重要人物组成。上议院议员不由选举产生,部分是世袭贵族。自19世纪以来,上议院的权势逐渐衰弱,至今已远不如由选举产生的下议院。

下议院又称平民院、庶民院或众议院,是英国议会的下院,但最具影响力,是英国代议制民主的标志。下议院议员由直接选举产生,任期5年。下议院对立法事务拥有至高无上的权力,在一般情况下具有争议性的议案都由下院提出,而他们提出的某几类议案更可以不经上议院的同意,直接获得批准。

威斯敏斯特宫又称为国会大厦,是英国国会(包括上议院和下议院)的所在地。威斯敏斯特宫坐落在泰晤士河西岸,接近白厅范围内的其他政府建筑物。威斯敏斯特宫是哥特复兴式建筑的代表作之一,1987年被列为世界文化遗产。西北角的钟楼就是著名的大本钟所在地(大本钟已于2012年6月更名为"伊丽莎白塔")。该建筑包括约1 100个独立房间、100座楼梯和4.8公里长的走廊。尽管今天的宫殿基本上由19世纪重修而来,但依然保留了初建时的许多历史遗迹,如威斯敏斯特厅(可追溯至1097年)今天用作重大的

第一章 机 构

国会大厦

公共庆典仪式,如国葬前的陈列等。国会大厦的内部十分华丽,穿过圣·斯蒂芬门厅,大厦中的中央大厅是整个大厦的交通枢纽,从这里可以前往上院和下院。此外,大厦中还有许多著名的房间和走廊,它们是议会各委员会的办公室,上下两院的图书馆也在其中。

2. 法国的立法机构

现代法国政治始于1789年的法国大革命。法国1958年10月4日生效的现行第五共和国宪法以分权原则为基础,即立法权与行政权严格区分。作为法国最高立法机关的法国议会一直实行两院制,两院包括国民会议和参议院。议会两院拥有立法、监督政府、审批国家预算等项权力,但其权力受到总统和政府的制约。

国民议会议员由直接选举产生,任期5年,可连选连任。国民议会设有文化、家庭和社会事务委员会、经济事务委员会、外交事务委员会、国防和武装力量委员会、财政委员会、法律委员会共6个常设专门委员会,负责在其职权范围内审查议案,每一位议员只能是一个常设委员会的成员。

参议院议员由选举人团间接选举产生,任期为6年(原为9年),可连选连任。从2011年起,每3年改选半数参议员。各省或者省级行政区域的选举人团由该地区的国民议会议员、省议员与市议员代表组成。由于参议院的功能之一是代表地方政治或行政地方的利益,因此市镇议会的代表们在选举人团中占较大比例。参议院也设有文化事务委员会、经济事务委员会、社会事务委员会、外交、国防和武装力量委员会、财政、预算控制和国民经济统计委员会、宪法、立法、普选、规章和行政管理委员会共6个常设专门委员会。

3. 美国的立法机构

根据美国宪法,美国为立法、司法、行政"三权分立"的联邦制国家,国会行使立法权,以总统为首的政府行使行政权,法院行使司法权。国会是联邦最高立法机构,由参议院和众议院组成,每两年为一届。

国会行使立法权,通过立法,批准政府年度财政预算并进行拨款,批准其赋税、贸易、征兵、财政等重要内外政策,批准政府及总统与外国政府和国际机构缔结的条约、协定,决定战争与和平。国会须经众、参两院 2/3 以上议员提议,方能修改宪法,宪法修正案须经3/4 以上州议会批准后予以实施。国会还有权提出、审议和通过大量无须总统签署的各类决议案。根据美国宪法和美国国会众、参两院议事规则,国会领导层由参议长、众议长、临时参议长、两院多数党领袖和督导、少数党领袖和督导组成。众、参两院下设 200 多个委员会和小组委员会,依法承担国会立法、监督、调查和自身管理四项工作。经过二百多年的演变,国会委员会已成为国会工作的中心,民主、共和两党政治较量的舞台,各种利益集团、游说集团、院外集团及外国政府施加影响的工作对象。

相关知识

根据美国国会众、参两院议事规则,一项议案自提出到最终成为法律要经过以下5 个立法程序。

1. 议案提出。议案提出程序比较简单。国会例会期间任何时候,提案议员按固定格式填写议案标题主要内容并签名后,众议员将议案投入"议案箱",即完成议案提交程序;参议员则将议案面交参院书记官,或在全院大会上,经会议主持人允许,宣读议案标题并陈述议案内容,方完成议案提交程序。

2. 委员会审议、通过。议案提交委员会后即进入一个复杂、漫长、多变的审议程序。提案议员须争取尽可能多的议员的支持,相关议员可能会对议案表示支持或反对,并提出修改意见,政府部门、利益集团、游说集团、民间团体、外国政府代表等也会纷纷介入,施加影响,以谋求最大利益。委员会审议过程是各种势力在较量、妥协基础上达成共识的过程。

3. 全院大会审议、通过。一项议案在委员会获得通过后,即送交全院大会辩论和表决。众、参两院在全院大会审议程序上有较大不同。众院强调"少数服从多数,多数说了算"原则,在通常情况下是多数党意志强加给少数党;参院则突出多数党和少数党"协商、妥协、合作"原则,多数党除非掌握 60 席立法多数,否则必须与少数党合作,以推进立法进程。

4. 两院统一文本。由于美国会系两院制,众、参两院对国会立法议程的观点、立场、出发点各异,两院通过的法案往往存在着文本形式和内容不一致的问题。在有关法案提交总统签字成法前,须由两院协商统一法案文本。因此,统一两院文本是一项必不可少的程序。

5. 总统签署。总统收到两院通过的法案或联合决议案,如签署,该法案或联合决议案即成为国家法律。总统也可予以否决,并连同否决理由一并退回众院或参院,要求复议。两院可接受总统意见,对该法案或联合决议案重新修改后再送总统签署。两院也可以2/3多数票推翻总统的否决,使之自动成为法律。如果总统在10天内(星期日除外)既不签署,也不否决,而此时国会仍在例会,那么该法案或联合决议案将自动成为法律;如果此时国会已休会,该法案或联合决议案则被视为否决,这种否决既不需要理由,也不能被推翻。

> 法院是法律帝国的首都,法官是帝国的王侯。
> ——[美]德沃金

第二节 司法机构

一、概述

近现代意义上的司法基于宪政国家对国家权力的分立,一般是指国家专门机关依照法定职权和法定程序,以公正为价值目标,查明争端事实并将法律适用于争端事实,对权利主张或其他争议加以判断的一种专门化活动和过程。

在通常意义上,司法机构指的是一国内行使司法权的国家机构。最广义上讲,司法机构不仅包括法院、检察院,还包括负责侦查和执行的公安机关(含国家安全机关)和监狱机关,甚至包括公证机关、仲裁组织、律师事务所等提供司法服务的组织。最狭义上讲,司法机构仅指审判机关,即法院。一般认为,司法机构除了法院,还包括检察机关。

相关知识

中国古代社会的司法机构

中国古代司法、行政往往不分,行政机关兼行审判权,审判权受皇权左右,这是中国古代司法制度的一个基本特点。

秦以前没有专设司法机关,只是设官理刑。夏有大理,商周有司寇。因古代兵刑不分,刑起于兵,所以往往军事长官即转变为司法长官。战国时期,各诸侯国先后设置掌握狱讼的最高法官,秦称"廷尉",齐称"大理",楚称"廷理"。从称谓即可得知,这些官职在战时都是军官,转入正常的统治时期才兼理司法事务,而后渐渐变成专职的司法官吏,进而形成组织机构。

统一的秦王朝建立后,"廷尉"列为九卿之一,作为中央司法机关的长官,负责审理皇帝交办的案件和地方移送的疑难案件。秦地方无专门的司法机关,郡守、县令兼行审判权,可自行处理一般案件。

汉代中央仍以廷尉(又称大理)为最高司法长官,地方司法机关与秦基本相同。汉在司法制度方面也有一些变化,尚书台设立后,其中的三公曹(西汉时)、二千石曹(东汉时),亦掌有一定的司法权,分割了廷尉的一部分职权。

三国两晋南北朝这一时期的司法制度基本沿袭汉制,又有所发展。中央司法机关一般仍称廷尉。北齐沿称大理寺,机构日趋扩大。这一时期的地方司法机构仍与行政机构合而为一,司法权由郡太守、州刺史和县令等各级行政长官掌握。

唐代是中国封建法律的高峰,在中国古代法律发展史上起了重要的典范作用。唐代的中央审判机关称大理寺,以卿、少卿为正、副长官,主要负责审理中央百官及京师徒刑以上的案件。但是,徒、流案件的判决权只有刑部才能行使,刑部以尚书、侍郎为正副长官。实际上,唐代审判权主要由大理寺和刑部共同行使。

宋初沿袭唐制,在中央,审判机构为大理寺。对大理寺判决的复核机关为刑部。宋太宗时在宫中设置了审刑院,将大理寺、刑部复核的职权归入审刑院。宋神宗时,又恢复大理寺与刑部复核的职权。除大理寺、刑部之外宋代还设有御史台,除享有监察权外还享有对官员犯法的审判权,故宋代审判权也主要由大理寺、刑部、御史台共同行使。

元代审判机关是大宗正府,大宗正府掌握审判职权。此时,刑部主掌司法行政与审判,部分的行使审判权。由于在元代僧人享有特殊的权利,故元代的审判机关还包括宣政院,是主持全国佛教事务和统领吐蕃地区军、民事务的中央机关,行使对僧人僧官刑事、民事案件的审判权。因此,元代审判权主要由大宗正府、刑部、宣政院行使。

明代审判机关合称"三法司",即刑部、大理寺、都察院。明代刑部替代大理寺掌管主要的审判业务。大理寺成为慎刑机关,主要管理对冤案、错案的驳正、平反。都察院不仅可以对审判机关进行监督,还拥有"大事奏裁、小事立断"的权利。"三法司"之间在一定程度上体现出了职权分离、相互牵制的特点。

清代承袭明代三法司体制,审判机关仍为刑部、大理寺、都察院,但此时三机关的

第一章 机 构

职权与明代大不相同。清代的刑部仍为中央审判机关,但职权范围远远超过明代,不仅享有审判权,还享有复审与刑罚执行的权力。清代的大理寺地位远不如前代,其职责主要是复核刑部拟判死刑的案件。都察院是法纪监督机关,既审核死刑案件,并参加秋审与热审,还监督百官。

二、我国现行的司法机构

1. 人民法院

根据我国《宪法》和《人民法院组织法》的规定,人民法院是国家审判机关,依法独立行使审判权,其组织体系包括最高人民法院、地方人民法院和专门人民法院。

最高人民法院设于首都北京,它是国家的最高审判机关,依法行使国家最高审判权,对全国人民代表大会及其常务委员会负责,同时监督地方各级人民法院和专门人民法院的工作。自2014年始,最高人民法院专门设立巡回法庭,主要审理跨行政区域重大行政和民商事案件。地方各级人民法院根据行政区划设置,在省、自治区、直辖市设立高级人民法院;在省、直辖市、自治区内按地区设立中级人民法院;在县、自治县、不设区的市、市辖区内设立基层人民法院。专门人民法院是指根据实际需要在特定部门设立的审理特定案件的法院,目前在我国设军事法院、海事法院、铁路运输法院、互联网法院、金融法院等。

作为国家审判机关,人民法院的主要职责就是依法审判本院管辖的民事、刑事、行政案件和上级人民法院交由审判的案件,并依法执行已经发生法律效力的判决、裁定以及国家行政机关依法申请执行的案件。中级以上法院依法按照审判监督程序审理当事人提出的申诉、申请再审和人民检察院提出抗诉的刑事、民事、行政案件,依法审理减刑、假释案件。

根据我国人民法院组织法和其他法律的规定,人民法院的审判组织目前有三种形式:(1) 独任庭,即由审判员一人审判简易案件的组织形式;(2) 合议庭,即由3名以上审判员或审判员和人民陪审员集体审判案件的组织形式,这是最主要的审判组织形式;(3) 审判委员会,即各级人民法院的常设组织,主要讨论重大或疑难案件、总结审判经验,以及讨论其他有关审判工作的问题。

2. 人民检察院

根据《宪法》和《人民检察院组织法》的规定,人民检察院是国家的法律监督机关,行使国家的检察权。我国设最高人民检察院、地方各级人民检察院和军事检察院等专门人民检察院。

最高人民检察院是国家最高检察机关,领导地方各级人民检察院和专门检察院的工作。地方各级人民检察院包括:省、自治区、直辖市人民检察院;省、自治区、直辖市人民检察院分院，自治州和省辖市人民检察院；县、市、自治县和市辖区人民检察院。专门人民检察院主要包括军事检察院、铁路运输检察院。各级人民检察院都是与各级人民法院相对应而设置的，以便依照刑事诉讼法规定的程序办案。

作为国家法律监督机关，人民检察院对侦查机关的侦查活动、人民法院的审判活动、监狱等执行机关执行刑罚的活动是否合法实行监督。同时，作为国家公诉机关，人民检察院有权对直接受理的犯罪活动进行侦查，有权对公安机关、国家安全机关等侦查机关侦查的案件进行审查批捕、作出不起诉决定或提起公诉。

人民检察院按照法律规定和业务分工设置内部机构，最高人民检察院的内设机构除了办公厅、政治部、法律政策研究室等常规部门之外，专门设置了十大检察厅，分别负责侦查监督、公诉、刑事执行检察、民事行政检察、控告检察、刑事申诉检察、死刑复核监督、未成年人检察等业务。

三、主要西方国家的司法机构

1. 英国的司法机构

英国司法有三种不同的法律体系：英格兰和威尔士实行普通法系，苏格兰实行民法法系，北爱尔兰实行与英格兰相似的法律制度。司法机构分民事法庭和刑事法庭两个系统。在英格兰和威尔士，民事审理机构按级分为郡法院、高等法院、上诉法院民事庭、上议院。刑事审理机构按级分为地方法院、刑事法院、上诉法院刑事庭、上议院。英国最高司法机关为上议院，它是民、刑案件的最终上诉机关。1986年英国成立皇家检察院，隶属于国家政府机关，负责受理所有的由英格兰和威尔士警察机关提交的刑事诉讼案。总检察长和副总检察长是英政府的主要法律顾问并在某些国内和国际案件中代表王室。

从法院组织的上下级关系来看，英国的法院组织体系大致可以分为中央法院和地方法院两级；若从审理案件的性质来看，则可分为民事和刑事两大系统。

中央法院包括最高法院、枢密院司法委员会和上议院；地方法院则包括治安法院和郡法院等。最高法院包括高等法院、上诉法院和皇家刑事法院三个组成部分。枢密院司法委员会受理来自这些法院以及英格兰、威尔士各个专门法院判决的上诉案，它是一个常设委员会。上议院是民刑事案件的最高上诉审级，是最高审判机关，行使国家的最高司法权，上议院的判决是终审判决。

英国的民事法院系统由郡法院、高等法院、民事上诉法院和上议院四个审级组成。英国的刑事法院系统由治安法院、皇家刑事法院、刑事上诉法院和上议院四级组成。治安法院是英国的刑事基层法院，是最低级的刑事审级。皇家刑事法院是英国的高级刑事法院，是英国最高司法法院的一部分。上诉法院刑事庭不受理初审案件，只受理不服刑事法院判决的上诉案件。上议院是英国国内的最高审级，它不仅行使立法权，而且受理来自上诉法院、高等法院、军事上诉法院的民事、刑事和军职诉讼案件（不受理苏格兰刑事上诉

第一章 机 构

案件)。

除上述法院外,英国还有一些特别设立的专门法院,独立于民事和刑事法院系统以外,主要有军事法院、少年法院、劳资上诉法院、验尸官法庭和行政裁判所等。

2. 法国的司法机构

法国是单一制国家,法院由全国统一设置。法国根据司法区设置法院,其法院的设置和行政区划没有关系,主要是考虑历史传统,同时也根据社会发展进行调整,总体的设置原则是方便诉讼。同时,在法国为了保证法院独立审判,法院经费采取预算制,并统一由司法部提出预算,由议会批准实施。

法国存在普通法院和行政法院两种司法系统。普通法院系统由基层法院、上诉法院和最高法院组成。基层法院主要包括初审法院、大审法庭、警察法庭、轻罪法庭、专门法庭等。上诉法院分为刑事、民事、预审三部分,由法院的院长和检察长主持上诉法院的工作。上诉法院可用"上诉判决"变更下级法院的原审判决,上诉人不服上诉法院的判决可以向最高法院上诉。最高法院又称撤销法院,它审理案件只复议适用法律问题,不审理事实。经审理,如果认为下级法院的判决没有错误,就作维持原判处理;如果认为原判不当,可将原判撤销,但不另行判决,而是将原案和最高法院就此案件所作的法律解释一并送至与原审判法庭同级的法庭再审。最高法院对于适用法律的"正当解释"的指示,以及它对法律解释所发布的公告,下级法院必须遵守。

法国的另一种司法系统,即行政法院系统,由行政争议庭、行政法庭、上诉行政法院和最高行政法院组成。为了解决这两种司法系统的审判权限的争端,从 1872 年开始设立了一个权限争议法庭,审理普通法院和行政法院在权限上的争议案件,从而最终形成多系统的法院格局。另外,在法国还有"宪法委员会",行使司法审查权。

3. 美国的司法机构

美国是联邦制国家,法院独立于政府之外,因此法院系统也相应地分为联邦法院系统和州法院系统,并各自成体系。联邦法院负责实施联邦法律,它的司法管辖权受宪法赋予的由国会立法规定的联邦司法权力的限制,各州法院负责实施本州的法律,除两个或者两个以上的州、联邦政府与州之间的争执,以及涉及一个外国大使馆外交人员、海事或者海商案件之外,有权审判任何类型的案件,它行使的司法管辖权只受州法律的限制。州法院与联邦法院之间没有隶属关系,这两个系统之间的有限联系是一些案件可以上诉到联邦法院。州法院系统处理的各类案件占美国全国案件总数的 98%,联邦法院系统处理的各类案件只占总数的 2%。这种联邦与州双重法院结构的存在以及法院体系的多样性和复杂性,成为美国司法制度的一个显著特点。

现行的美国联邦法院体系实行三级制,即联邦最高法院、联邦巡回上诉法院、联邦地区法院。另外,还设有一些专门法院,如联邦索赔法院、联邦关税法院、联邦关税和专利上诉法院、联邦破产法院、联邦行政法院、联邦军事法院等专门法院,处理特殊类型的案件。美国联邦最高法院对美国政府的行为是否符合宪法,有最终裁决权,即违宪审查权,以保护美国公民免遭违宪行使政府权力的损害。

美国有50个州,加上哥伦比亚特区,共51个州级单位。由于美国实行联邦制,各州拥有较大的自主权。加上多数州参加联邦的时间不同,各州的情况也各有不同,这最终形成了美国州法院机构的多样化和法院名称的不统一的状况。但是,从这些法院的司法管辖权来看,大约有一半的州设立三级法院:州最高法院(即终审法院)、上诉法院(即中间上诉法院)、普通管辖权的初审法院和有限管辖权的初审法院(后者包括若干专门管辖权法院)。另一半较小的州则只设两级法院:最高法院和普通管辖权及有限管辖权的初审法院。哥伦比亚特区由于管辖范围较小,只设一个初审法院、一个上诉法院。

> 法律必须依靠某种外部手段来使其机器运转,
> 因为法律规则是不会自动执行的。
> ——[美]庞德

第三节 执法机构

一、概述

关于执法的含义,有广义和狭义之分。广义的执法,即法的执行,指的是国家行政机关、司法机关及其公职人员依照法定程序实施法律的活动。狭义的执法,则专指国家行政机关的公职人员依法行使管理职权、履行职责、实施法律的活动。在通常意义上,人们理解的是狭义的执法含义,因此行政机关也被称为执法机关。

所谓执法机构,也就是依法享有国家执法权的机构,主要包括警察机构、安全机构、监狱、海关,以及各种行政执法部门等。在此,我们重点介绍警察机构和监狱。

二、警察机构

1. 我国警察机构的历史沿革

警察(police)一词最早源于古希腊,表示"秩序""社会和平"的意思。严格意义上讲,中国古代并没有专门的警察制度,直到清末才开始使用"警察"之名。我国古代,地方行政、司法不分,由府、县行政长官兼管社会治安和司法审判等事宜,只是在府、县衙门内设有巡守、捕快等类似现代警察职能的人员,负责社会一线维持治安、抓捕人犯等工作。

> **相关知识**
>
> 衙门差役(简称衙差、衙役)是我国古代衙门内实际处理管辖地区行政及司法事务的职位或人员。衙门差役在位阶上与衙门胥吏相同,都属于没有官品的行政人员,甚至亦可能被视为贱民。衙门差役的核心是皂隶和快班,两者因时代迥异而有不同称呼,也可合称皂快、皂快班、皂快役。皂快役亦包含捕拿普通罪犯的步快以及捕拿强盗土匪等重刑犯的马快。其中,步快亦可称为捕快。另外,皂班也包含了其他特殊差役,如站堂役、刑仗役及粮差役。衙役除了核心的皂快役外,也有如民壮、仵作、长班、库丁等执行公务的其他行政人员,此设置名称大致相同,但仍依机关的实际情况有所特例。除此,衙门也编制了茶房、轿夫等杂役。

中国正式设置警察大概在 20 世纪初。1900 年八国联军攻入北京,联军除军事占领外,为维持治安而设了有警察之实的"安民公所"。1901 年《辛丑条约》签订后,清政府在天津设立了警察厅,这是我国历史上第一个警察机构。1905 年 10 月 8 日,慈禧批准了袁世凯的建议,并责令设立巡警部,成为全国统一的中央警察主管机构。巡警部下属分别设有敬政、警法、警保、警务及警学五个部门,统领全国警察事务。这标志着中国现代警察制度的正式建立。

辛亥革命后,北洋政府保留并完善了由袁世凯在清末建立的现代警察制度,且借鉴和参考了欧洲,特别是德国警察机构的运行模式,使警察的职能、机构和警种更加趋于完善。1914 年,北洋政府在北京创建了最早的武装警察队伍——"保安警察大队"。它名义上是保安警察,实际上却是北洋政府的内务部队性质的武装,类似于今天的"武警"。

南京国民政府继续沿用了北洋政府时期的警察制度和模式,并在警种职能的设置上更加细化。警种分设为治安巡警、税务警察、刑事警察、消防警察、政务警察、卫生警察、盐务警察、矿业警察、渔业警察、森林警察、铁路警察、交通警察、航空警察等十余个警种。1929 年,上海警察局招募了当时中国的第一批女警察。同时,南京国民政府也分批派遣人去国外学习先进的警察制度。另外,还设立了高等警官学校、初等警官学校、警事训练所等各项制度比较完备和健全的三级警察教育、培训机构。

中国共产党在国内革命时期也设立了相应的保卫制度。1928 年 11 月 14 日,中共中央常委会议决定成立中央特科,负责保卫党的中央机关的安全保卫工作。1931 年 11 月,在江西瑞金召开的第一次中华苏维埃工农兵代表大会上,成立了中华苏维埃临时中央政府,以原来的苏区中央局保卫处为基础,组建了国家政治保卫局,这是中国最早的人民政权的公安机关。1937 年 7 月,抗日战争全面爆发,在建立民主政权的同时,公安机关随之建立。中华人民共和国成立后,警察被正式命名为"人民警察"。

2. 我国现行的警察机构

(1) 警察的类别

中国现行的警察包括武警和人民警察两大类。"公安"广义上是指人民警察,分为公安部门管理的公安警察(即狭义"公安",包括治安警、户籍警、刑警、交警等)、国家安全部门管理的国家安全警察、司法行政系统的监狱人民警察,以及法院、检察院系统的司法警察。人民警察是国家公务员,实行警监、警督、警司、警员的警衔制度,服装以藏黑为主色调。武警全称中国人民武装警察部队,是中华人民共和国武装力量的一部分,是担负国家赋予的安全保卫任务的部队,受国务院、中央军事委员会双重领导。

(2) 公安机关

根据我国宪法及相关法律、法规的规定,我国公安机关由中央公安机关、地方各级公安机关和专业公安机关组成。

中央公安机关,即国务院设置的公安部,是我国最高公安机关。它在国务院领导下,领导和管理全国公安工作,内设司(局)和处两级机构。我国各级政府均设有公安机关,各省(自治区、直辖市)设公安厅(局);市(地、州、盟)一级设公安局(处)内设处(支队)、科(大队),同时派出若干分局;县(旗)一级公安局内设科(股、大队),同时派出若干派出所。专业公安机关,是指经国务院批准,在国家有关部门内设的专门从事具有一定专业内容和范围内公安警务活动的公安机关。专业公安机关是中央公安机关的派出机构,依法行使相应的公安职权。在我国专业公安机关有民航、铁路、交通和林业等专业公安机关。

公安机关的职责:预防、制止和侦查违法犯罪活动;防范、打击恐怖活动;维护社会治安秩序,制止危害社会治安秩序的行为;管理交通、消防、危险物品;管理户口、居民身份证、国籍、入境事务和外国人在中国境内居留、旅行的有关事务;维护国(边)境地区的治安秩序;警卫国家规定的特定人员、守卫重要场所和设施;管理集会、游行和示威活动;监督管理公共信息网络的安全监察工作;指导和监督国家机关、社会团体、企业事业组织和重点建设工程的治安保卫工作,指导治安保卫委员会等群众性治安保卫组织的治安防范工作。

> **相关知识**
>
> **世界著名的警察机构介绍**
>
> 1. 伦敦警察厅
>
> 英国伦敦警察厅(Metropolitan Police Service),又译称伦敦警务处、伦敦警视厅、伦敦都市警部等,是世界首个以现代警察制度维持治安的城市警察部门。1829年,它在英国内政大臣罗伯特·皮尔主导下成立,负责着重大的国家任务,包括配合指挥反恐、保卫英国皇室及政府高层官员等。伦敦警察厅因其原先的总部位于白厅

大苏格兰广场,也常被代称为苏格兰场。目前,伦敦警察厅的总部位于威斯敏斯特市境内的新苏格兰场。

2. 香港警务处

香港警务处成立于1844年5月1日,是中华人民共和国香港特别行政区保安局辖下编制最庞大的纪律部队及香港特别行政区政府辖下编制最庞大的部门,是全亚洲第一个以现代警察制度运作的警察机关。1969年,它获得英女皇赐封皇家名衔,从而成为皇家香港警务处,为英联邦5支获得赐封的警察队之一,直至1997年香港主权移交,除去皇冠封号。香港警务处有170多年的专业经验,于1960年代开始,被国际刑警组织评定为亚洲最佳警队,为世界上最优秀的警察机构之一。

3. 国际刑警组织

国际刑警组织(International Criminal Police Organization,通称Interpol,缩写ICPO),成立于1923年,专门调查及打击跨境罪案。其总部最初设在维也纳,德奥合并后,该组织被德国秘密警察接管,成为盖世太保的一个分部。德国投降后,英国、法国、比利时和斯堪的纳维亚国家的刑事警察成立了新的组织,沿用"国际警察组织"的原名。国际刑警组织是除联合国外,规模第二大的国际组织,也是全球最大的警察组织,包括184个成员国,每年预算超过3 000万欧元,其运作资金由成员国拨出。1989年以前总部设于法国巴黎,其后迁往里昂。由于国际刑警组织须保持政治中立,它并不会介入任何政治、军事、宗教或种族罪行,也不会介入非跨国罪案。它的目标是以民众安全为先,主要调查恐怖活动、有组织罪案、毒品、走私军火、偷渡、清洗黑钱、儿童色情、高科技罪案及贪污等罪案。

4. 美国联邦调查局

联邦调查局(Federal Bureau of Investigation),简称FBI,是美国司法部的主要调查机关。美国法典第28条533款授权司法部长"委任官员侦测反美国的罪行",另外其他联邦的法令给予FBI权力和职责调查特定的罪行。FBI现有的调查司法权范围已经超过200种联邦罪行。FBI每次调查的情报资料递交适当的美国律师或者美国司法部官员,由他们决定是否批准起诉或其他行动。其中五大影响社会的方面享有最高优先权:反暴行、毒品或组织犯罪、外国反间谍活动、暴力犯罪和白领阶层犯罪。

三、监狱

1. 我国监狱的历史沿革

监狱的产生是历史长期发展的结果,也是社会进步和刑罚执行科学化、法制化的标志。据史料记载,中国在原始社会末期就有了刑罚和监狱的雏形。监狱的真正产生是在夏朝,夏朝初期的监狱称为"牢",夏朝将奴隶和战俘与牛猪等牲畜置于同等地位,用绳索捆缚起来驱赶到丛棘之处囚禁。夏朝中期的监狱称为"圜土",即用土夯筑成圆状围墙或挖地而成的圆状土坑,是用来集中关押战俘和罪隶的监狱。夏朝末期的监狱称为"夏台",夏桀曾将商汤囚禁于夏台(今河南禹县境内)。

在两千多年的封建社会,随着国家统治的不断强化,从中央到地方的监狱体系也相应形成并日益严密庞大。虽然"德治"思想影响深远,对犯人采取种种"仁政"措施,但总体上封建狱政制度对犯人实行威吓主义、惩治主义和报复主义原则,专制暴虐。

清末是中国狱制发展的一个转折时期:一方面中国政府的监狱受到西方狱制理论和实践的影响开始向近代狱制转变;另一方面外国在中国国内兴建租借地监狱,由此揭开了中国近代监狱史的序幕。清末的监狱立法和监狱管理制度直接为北洋军阀政府和国民党政府继承和发展。国民党政府的普通监狱体系包括司法行政部门的监狱、法院系统的看守所和管收所、警察部门的拘留所。同时,为独裁专政的需要,国民党政府还设立了特殊监狱体系,包括军事监狱、反省院和集中营,如重庆中美合作所、上饶集中营、息峰集中营等。

1927年以后,中国共产党领导下的革命根据地创建了人民民主政权的新型监狱和看守所,为新中国成立后的监狱转型发展奠定了实践基础。从1954年开始,新中国的监狱工作进入到稳步发展时期,其标志是《劳动改造条例》的颁布实施。1994年12月29日,《监狱法》的颁布实施进一步明确了"惩罚与改造结合,以改造人为宗旨"的方针,使我国监狱行刑改造罪犯的法制建设进入到一个新的发展阶段。

> **相关知识**
>
> ### 中国古代"德治思想"对监狱制度的影响
>
> 1. 矜老怜幼,对弱势罪犯实行颂系。为了防止罪犯逃亡,囚犯一般都戴狱具、著囚衣。自汉朝始,在监狱管理上实行颂系制度。所谓"颂系",即为了矜恤老幼残疾人犯,对其不戴桎梏,实行散禁的制度,也就是后世所谓的散收。
>
> 2. 满足囚犯基本生存需要,建立相对合理的生活卫生管理制度,禁止瘐死狱囚。早在西晋时期,就形成了一套比较详细的生活卫生管理办法以保障罪犯的基本衣食和卫生需要,禁囚的衣食因家贫不能供给者,由官府负担。为体现"仁政""恤囚"精神,历代统治者都对违反狱制凌辱、虐待囚犯,克扣囚衣、囚粮的狱官狱吏予以严惩。
>
> 3. 维护儒家伦理道德,屈法以伸伦理,用"孝悌"观念提倡教化。
>
> (1)存留养亲或留养承祀。情况属实,情节较重,因父母、祖父母年老患病,无人奉养,且本人又是单丁(独子)者可免于处死的情况。留养承祀适用于非"十恶"案件。
>
> (2)离监奔丧。据《后汉书·钟离意传》载,东汉堂邑县人防广为父亲复仇杀人

第一章 机 构

入狱,在狱中得知其母病死,防广哭泣不食,县令钟离意得知后深表同情,乃决断让防广回家殡敛其母。防广处理了母亲后事,按期返回狱中,后来钟离意将此事奏明光武帝,防广竟得减死罪。

(3) 听妻入狱。对死罪系囚娶妻无子,允许其妻入狱,妊娠有子,再予行刑。

4. 优待女性罪犯。对怀孕女犯实行颂系、对妇女劳役有别于男子、对孕妇罪犯缓刑,待其产后百日执行刑罚。

5. 实行"放归""纵囚归家约期还"和"听还本土"。根据情势需要,本着有利生产的原则,对罪囚暂时释放。对久系未决或年老多病的系囚,实行"听还本土"。

6. 重视疏狱,录囚制度化。录囚是皇帝或上级官吏定期或不定期地直接审理在押囚犯,平反冤假错案,监督司法审判活动并疏通监狱的制度。

2. 我国现行的监狱机构

我国广义的监狱指关押一切犯人的场所,包括监狱、看守所、拘留所等。狭义的监狱指依照刑法和刑事诉讼法的规定,被判处死刑缓期二年执行、无期徒刑、有期徒刑的罪犯,在监狱内执行刑罚。一般认为,监狱是国家的刑罚执行机关,其主管部门是监狱管理局,最高行政主管部门是司法部。我国监狱的设置主要分类如下。

(1) 按照押犯性别分为男犯监狱和女犯监狱,多数省(直辖市、自治区)设有一所女犯监狱,也有少数省没有设置单独的女犯监狱,而是在某一监狱设置与男犯监区完全隔离的女犯监区。

(2) 按照押犯年龄分为成年犯监狱和未成年犯监狱(称为未成年犯管教所),前者关押年满18周岁的罪犯,后者关押不满18周岁的罪犯以及满18周岁时剩余刑期已不足2年的罪犯。我国对未成年人一贯给予特殊的保护,对犯了罪的未成年人同样如此,未成年犯管教所采用与其关押对象相适应的管教原则及方法。目前,一般每个省(自治区、直辖市)设置一所未成年犯管教所,个别押犯较多的省设有两所。

(3) 按照押犯劳动生产的主要方式分为工业型监狱和农业型监狱。在工业型监狱里,大部分罪犯的劳动生产活动是在厂房或车间里进行的;在农业型监狱里,大部分罪犯是在室外从事农业、林业、畜牧业劳动生产活动。近些年来,在许多监狱犯人的劳动已从生产型转向劳务加工型,或者部分劳务加工活动,工业型监狱和农业型监狱的划分已越来越模糊。

(4) 按照押犯原判刑罚的轻重分为重刑犯监狱和轻刑犯监狱。重刑犯监狱关押被判处较重刑罚,通常包括被判处10年以上有期徒刑、无期徒刑和死刑缓期两年执行的罪犯,这类监狱多是工业型监狱;轻刑犯监狱关押被判处较轻刑罚,通常是10年以下有期徒刑的罪犯,这类监狱多是农业型监狱。

> 你所说的话不一定正确,但我誓死捍卫你说话的权利。
>
> ——[法]伏尔泰

第四节 其他法律服务机构

法律服务机构是指面向社会提供有偿法律服务的组织。设立法律服务机构,应当向司法行政部门提出申请,经司法行政部门批准。其中,按照国家规定须办理工商登记的,还须持司法行政部门的批准文件,到工商行政部门登记,领取营业执照。法律服务机构必须以事实为根据,以法律为准绳,恪守执业纪律和职业道德。狭义的法律服务机构主要包括律师事务所、公证处和司法鉴定机构。

一、律师事务所

1. 律师事务所的产生

现代律师制度至少可追溯至古罗马时代甚至古希腊。古罗马人发展了复杂的成文法典以及诉讼制度。罗马的诉讼必须根据执政官或法务官的告示,按法定的手续进行。由于法律和告示不断增多,日趋复杂,当事人在诉讼中,特别是在法庭进行辩论时,要有熟悉法律的人协助,因此从共和制末期到帝国制初期(公元前1世纪后半期)辩护人应运而生。由于城邦社会重视法治及程序保障的缘故,古罗马时代的律师享有相当崇高的地位。他们常代表当事人与对方或政府进行诉讼,并且讲求来自希腊地区一脉相承的修辞学及雄辩术训练。许多元老院议员都曾操此业,其中最著名者当推古罗马名政治家西塞罗。至公元5世纪末,充当辩护人的罗马公民须在主要城市学过法律,取得资格。他们组成自己的职业团体,这应该是最早的律师事务所的雏形。

2. 我国律师事务所的发展

我国自1978年恢复律师制度以来,律师行业获得巨大发展。但是,律师事务所的发展并不是一帆风顺的,特别是对律师身份的不同理解对于律师事务所的发展有很大的影响。律师制度刚刚恢复之时,律师被认为是国家法律工作者,因此当初的律师事务所也主要由国家出资设立。但是,随着时代的发展和法治观念的建立,律师的身份已经从"公职人员"转变为"为社会提供法律服务的人员"。

1993年司法部提出《解放思想、革新观念,推动律师工作改革的方案》。该方案明确指出:律师事务所应当是自愿组合、自收自支、自负盈亏、自我发展、自我约束的自律性组

第一章 机 构

织。要求全国各地以多种形式,加速建立适应社会主义市场经济需要的律师事务所。据此,第一批以私有合伙制为组织形式的律师事务所在中国产生。很多国营的律师所开始转换体制,成为类似公司的合作制律师事务所和承担无限连带责任的个人合伙律师事务所。

2008年我国修改了《律师法》,90％以上的律师事务所成为合伙性质的个人所、个人名号的个人所,而经济不发达的边远地区还保留了少量国家办的所,所有的类似公司的合作所全部取消。同时,中国在司法局设立了一些法律援助中心,由国家对一些困难民众的诉讼事务进行国家出资的法律帮助。

3. 我国现行的律师事务所

目前我国的律师事务所的组织形式有三种:合伙所、个人所和国资所。除满足上述基本条件以外,还有其各自不同的设立条件。

(1) 合伙型的律师事务所,包括普通合伙律师事务所和特殊的普通合伙律师事务所(又称为有限合伙的律师事务所)。合伙律师事务所的合伙人按照合伙形式对该律师事务所的债务依法承担责任。

(2) 个人律师事务所,是由一个律师投资设立的律师执业机构,设立人对律师事务所的债务承担无限责任。

(3) 国家出资的律师事务所,即由司法行政机关根据国家需要设立,并以其全部资产对债务承担有限责任的律师事务所。

二、公证机构

1. 公证制度的产生

公证制度同其他法律制度一样,是随着人类社会的发展、私有制的出现,逐渐由私证演变过来的。在阶级社会里,经常发生一些涉及权利义务的争论,如处理不好可能引发纠纷、诉讼。因此,在涉及比较重要的权利义务时,人们往往要写出字据,请见证人在场见证,签字画押,这就是一种私证(见证人往往只是以私人身份进行见证)。

在古代奴隶制罗马共和国时期,出现了一种经奴隶主授权,专为办理其主人法律事务的奴隶,称为"诺达里"(notayial),意即"书写人"。他们专门为奴隶主起草各种合同和法律文书,对于其主人的这些活动也起到见证的作用,这是较早有文字记载的一种私证活动。后来,为了迎合广大罗马平民办理某些法律事务的需要,又出现了一种专职代写法律文书的人,叫"达比论",意即"代书人"。代书人都是一些具有法律知识的人,给当事人提供法律上的帮助,不仅代当事人草拟各种法体文书,还在文书上签字作证。他们按国家的规定向当事人索取报酬。这样,"达比论"逐渐代替了"诺达里",形成了代书人制度。这种代书人制度被学者们认为是现代公证制度的始祖。

2. 我国公证机构的发展

公证制度是世界各国通行的一项重要法律制度。中华人民共和国的公证制度是借鉴

· 187 ·

苏联公证制度设立、形成和发展起来的,走过了一段曲折的发展历程。20世纪50年代,除基于国际惯例办理的少量涉外公证外,国内公证业务基本处于停滞状态。"文革"期间,我国公证工作几近取消。

改革开放以来,这一法律服务工作开始恢复。1979年,司法部重建之后,即着手推动公证制度的复建与发展工作。1982年,国务院制定了中华人民共和国第一部公证法规——《公证暂行条例》。1993年以后,司法部根据建立社会主义市场经济体制的要求,启动了公证体制改革。2000年以来,中国公证事业进入深化改革和全面发展的新时期。

3. 我国现行的公证机构

根据我国《公证法》的规定,公证机构是依法设立,不以营利为目的,依法独立行使公证职能、承担民事责任的证明机构。公证处是国家公证机关,公证处依据事实和法律、法规、规章,独立办理公证事务,不受其他单位、个人的非法干涉。

根据自然人、法人或者其他组织的申请,公证机构办理下列公证事项:(1)合同;(2)继承;(3)委托、声明、赠与、遗嘱;(4)财产分割;(5)招标投标、拍卖;(6)婚姻状况、亲属关系、收养关系;(7)出生、生存、死亡、身份、经历、学历、学位、职务、职称、有无违法犯罪记录;(8)公司章程;(9)保全证据;(10)文书上的签名、印鉴、日期,文书的副本、影印本与原本相符;(11)自然人、法人或者其他组织自愿申请办理的其他公证事项。

三、司法鉴定机构

1. 我国司法鉴定制度的产生

司法鉴定是指在诉讼活动中鉴定人运用科学技术或者专门知识对诉讼涉及的专门性问题进行鉴别和判断并提供鉴定意见的活动。在现代诉讼中,越来越多非常重要的事实只能通过高科技手段查明,司法鉴定的运用越来越广泛。比如,伤害案件需要医生的专业判断,产品责任案件需要设计和安全专家的专业判断,刑事案件需要指纹与DNA鉴定来判断等。

我国古代的司法鉴定制度是以法医鉴定制度为核心的,从战国时期开始萌芽,到唐朝已经取得较大发展,宋元时期达到了高峰,明清时期又对宋元时期的文献和法律进行了补充和完善。世界上第一部系统的司法鉴定著作《洗冤集录》在中国诞生,它是我国古代司法鉴定制度的最重要的成就。从清朝末年开始,西方国家的法律文化开始影响中国,中国近代司法鉴定制度开始确立。1907年清政府颁布的《各级审判厅试办章程》对司法鉴定有较多规定。1928年国民党政府颁布的《刑事诉讼法》对鉴定也作了较为具体的规定。

我国现行的司法鉴定制度产生于20世纪50年代的刑事诉讼实践,50、60年代颁布了《鉴定工作细则》,公检法部门共同遵守。随着1979年现代法制重建,我国三大诉讼法

第一章 机 构

颁布施行,中国现代意义的司法鉴定制度开始逐步建立起来。

2. 我国司法鉴定机构的发展

司法鉴定机构是司法鉴定人的执业平台,是经过司法行政机关审核登记并取得《司法鉴定许可证》,接受委托人鉴定委托、提供鉴定意见的法人或者其他组织。

随着现代诉讼活动涉及专门性问题的多样化以及司法实践对鉴定范围需求的增扩,公检法等职能部门各自设立了一些"小而全"的鉴定机构。这些鉴定机构设置上"自立门户",管理上"各自为政",鉴定技术方法和标准上"各设自用"。公检法机关之间常常根据自己的"职权"采用其鉴定机构的鉴定结论,并以此来否定其他职能部门的鉴定结论,出现了公检法机关的鉴定机构之间的不断"重复鉴定"以及"久鉴不决"的现象,司法鉴定问题也成为社会关注的热点问题。

为了减少公检法机关的鉴定机构之间因人身伤害鉴定的互相排斥,1996年《刑事诉讼法》第120条将"人身伤害的医学鉴定"结论有争议的重新鉴定权授予了"省级人民政府指定的医院"。由此,中立的、能够与职能部门鉴定机构抗衡的、并具有补充功能的社会性鉴定机构产生,但它并未能消解实践中存在的"重复鉴定""多头鉴定"以及"久鉴不决"的现象。

为了维护司法鉴定的正常工作秩序,自1998年起部分省市开始制订有关司法鉴定问题的地方性法规。1999年国务院的"三定"方案赋予了司法部"指导面向社会服务的司法鉴定工作"的职能。司法部在2000年出台了《司法鉴定机构登记管理办法》《司法鉴定人登记管理办法》等规章、规范性文件。但是,这又引发了司法部与法院之间关于司法鉴定管理权的权属之争,我国的司法鉴定秩序更加混乱。经过全国人大常委会多次审议和搁浅,2005年2月28日第十届全国人大常委会第十四次会议表决终于通过了《全国人民代表大会常务委员会关于司法鉴定管理问题的决定》(以下简称《决定》)。《决定》明确了我国对从事法医类鉴定、物证类鉴定、声像资料鉴定的鉴定人和鉴定机构实行登记管理制度,国务院司法行政部门主管全国鉴定人和鉴定机构的登记管理工作。侦查机关根据侦查工作的需要设立的鉴定机构,不得面向社会接受委托从事司法鉴定业务。人民法院和司法行政部门不得设立鉴定机构。各鉴定机构之间没有隶属关系,鉴定机构接受委托从事司法鉴定业务,不受地域范围的限制。

相关知识

被誉为"当代福尔摩斯""物证鉴识大师"的美国康州警政厅厅长李昌钰博士是一位赫赫有名的海外华人,其精湛独到的刑侦技术、鉴识功力以及其骄人的政绩令世界警界瞩目。李昌钰出生于中国江苏省如皋,后随母亲迁往台湾。1960年于"中央警官学校"(现在的"中央警察大学")取得警察科学学位,并于台北市"政府警察局"工作;同年,晋升为警长,成为台湾省历史上最年轻的警长。1964年,他带着两个箱子和五十美元赴美国留学。在兼职三份工作以维持生计的情况下,他以两年半时间修完了四年的大学课程,后又获纽约大学生物化学及分子化学硕士、生化博士学位。1975年应聘在康州纽海芬大学刑事科学系教学,先后任刑事科学系助理教授、副教授,两年后升为终身教授及系主任。1979年应聘担任康州刑事鉴识科学化验室总管。一年后,升任试验室主任兼首席鉴识专家。当初由男厕所装修而成的简陋的刑事鉴识科学研究室,在他亲手建设下,已发展成为拥有4 000万美元的仪器设备、闻名世界的一级警政机构,这也是全美唯一获得美国刑事鉴定学会认证的、具有国际水准的州级刑事鉴定机构。

李昌钰投入刑事鉴识科学界以来,先后在美国各州与全球17个国家参与调查六千多起重大刑案,平均每年主持处理三百多个案件。先后出庭作证一百多次,主持研讨会八百多次,到世界各地讲学与培训刑事侦查人员达四五百场。他独立撰写的及与人合著的专业著作有二十余本,已发表的论文达两百余篇,编辑十种学术专刊。他至今已获得800多项荣誉,其中包括:美国鉴识科学学会颁发的鉴识科学领域的最高荣誉奖——刑事领域杰出服务奖,美国法庭科学学会颁发的杰出成就奖,国际鉴识学会终身荣誉奖等。他侦办过的许多刑案成为国际法庭科学界与警界的教学范例,其中包括美国著名球星辛普森涉嫌杀妻案、克林顿绯闻案等,不少案件因他的鉴定结果而对结局产生至关重要的影响。

拓展阅读

法律电影

1.《马背上的法庭》

《马背上的法庭》,导演刘杰,主演李保田等。该片讲述了我国大西南地区司法实践的现实。在边远的云南西北山区,崇山峻岭,层峦叠嶂,十多个少数民族零星散落于大山中,过着平静而质朴的生活。五十多岁的老冯(李保田饰)是县上的法官,为了解决山区村民之间的纠纷,每隔一段时间就牵着马匹、驮着国徽穿行于寨与寨之间,组成了一个奇特而庄严的流动法庭。本片荣获第63届威尼斯国际电影节地平线最佳影片。

2.《肖申克的救赎》

《肖申克的救赎》,导演弗兰克·德拉邦特,主演蒂姆·罗

马背上的法庭

宾斯、摩根·弗里曼等。该片讲述一个被冤枉杀人的银行家成功越狱的故事。1946年，年轻的银行家安迪（蒂姆·罗宾斯饰）被冤枉杀了他的妻子和其情人，这意味着他要在肖申克的监狱渡过余生。因为懂得如何帮助狱卒逃税，安迪在监狱里很吃得开。直到他知道了案件的真相，最终决定通过自己的救赎去获得自由。

肖申克的救赎

 思考题

一、名词解释

1. 立法机构　　　　　　2. 英国议会
3. 专业公安机关　　　　4. 监狱
5. 公证机构　　　　　　6. 司法鉴定

二、讨论题

2018年我国宪法第五次修正案通过，增设国家机构"监察委员会"，对所有行使公权力的公职人员进行监察，调查职务违法和职务犯罪，开展廉政建设和反腐败工作，维护宪法和法律的尊严。请你谈一谈：监察委员会的设立有何意义？监察委员会与其他法律机构是何关系？监察委员会的调查职权与刑事诉讼中的侦查职权有何区别？

第二章 器 具

导 读

作为法律设施的器具有很多,其中包括刑具、警械、法袍和法槌,反映了不同性质的法律文化的内涵。

学习目标

◆ 掌握几种警械的使用条件、我国法官袍和法槌的设计涵义
◆ 理解法律器具在法律文化方面的意义
◆ 了解我国古代的刑具和西方国家的特色刑具

第二章 器 具

> 法律应该是铁的,像铁锁那样。
>
> ——[苏]高尔基

第一节 刑 具

一般来讲,刑具指进行拷讯、拘禁罪犯和执行肉刑时使用的器械。在古代社会,刑具普遍存在于世界各国,拷讯自然人的刑具被广泛运用于各种刑事诉讼领域。刑具的普遍运用与有罪推定的刑事思想有直接关系。进入现代社会,世界大部分国家基本都确认了无罪推定原则,在整个诉讼过程中严禁刑讯逼供,因此作为拷讯意义上的刑具已经被普遍禁止,但是个别执行肉刑的器械还存在,如新加坡的鞭刑。

一、古代中国的刑具

中国古代的刑罚种类繁多,大致可以归为五类。隋以前的五刑为墨刑、劓刑、刖刑、宫刑、大辟,前四种为肉刑。汉文帝始议废除肉刑,至隋文帝制《开皇律》,基本上以笞刑、杖刑、徒刑、流刑、死刑新五刑取代了旧五刑,以身体刑(又称痛苦刑)取代了肉刑。

中国古代的刑具与刑罚同时产生,并随着刑罚的变化而变化。传说奴隶制早期,"大刑用甲兵,其次用斧钺;中刑用刀锯,其次用钻凿;薄刑用鞭扑"①。斧钺、刀、锯、钻、凿、鞭、杖等都是当时的刑具。据出土实物、甲骨文以及古文献的记载,商、周时代已有专用于拘禁罪犯的桎、梏等刑具。至封建时期,刑具逐渐规范化。汉以后对刑具的规格一般都有明确规定,称为法定刑具,但非法定刑具极其繁多。根据文献记载,我们主要介绍以下七种刑具。

1. 枷

枷是中国古代一种套在罪犯脖子上的木制刑具。《释名》中:"枷,加也,加杖于柄头以挝穗而出其谷也。"由此可知,枷本来是农具的名称,后来演化成刑具名。一般认为枷作为刑具可能始于晋代。对枷的轻重大小在法律中加以规定始于北魏。北魏规定大枷仅使用于"大逆、外叛"等重罪,其规格是:"长一丈三尺,喉下长一丈,通颊木各方五寸。"②北齐时一般徒刑犯若不锁即带枷。

枷

---

① 《汉书·刑法志》。
② 《魏书·刑罚志》。

隋唐以后,直至明清,对枷的轻重大小、长短和适用对象,均有定制。明代规定:"枷,长五尺五寸,头阔一尺五寸,以干木为之,死罪重二十五斤;徒、流重二十斤;杖罪重一十五斤。"清朝基本沿袭明制,枷的重量,初期定为重枷七十斤、轻枷六十斤。乾隆五年(1740年)改定:"应枷人犯俱重二十五斤,然例尚有用百斤重枷者。嘉庆以降,重枷断用三十五斤。"

2. 桎梏

桎梏是中国古代束缚犯人手、足的木制刑具。《经典释文》:"在足曰桎,在手曰梏。"桎、梏合称为械,桎、梏、拲又合称为"三木"。梏、拲都是戴在手上的刑具,两手各一木叫作梏,两手共一木叫作拲。有关桎梏的规格在《明律·狱具图》有记载:"长一尺六寸,厚一寸,以干木为之。男子犯死罪者用;犯流罪以下,及妇人犯死罪者不用。"

桎梏

镣

3. 镣

镣是系于囚犯脚上的锁链。明代称为"镣铐",也称为"锁铐",《大明律》规定:"镣,连环共重三斤,以铁为之,犯徒罪者带镣工作。"到清代,镣的重量有所减轻。到现代社会镣渐渐转变为手铐或者脚铐存在。我国监狱使用的手铐和脚镣即为镣的现代变形。

4. 夹棍

夹棍,也称为"三尺木",一般认为始于宋代理宗时期。宋代用"夹帮""超棍"作为刑讯工具。所谓"夹帮",即用"木索并施夹两毂(即胫)"。所谓"超棍",即"反缚跪地,短竖坚木,交辫两股,令狱卒跳跃于上"。清代将夹棍列为法定刑具。

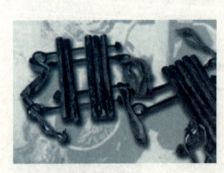
夹棍

5. 鞭

鞭是历史非常悠久的一种刑具。开始用竹制,称为"鞭杖",后来用生、熟皮革制成。《太平御览》卷六四九引《晋令》载:"鞭皆用牛皮革廉成。法鞭生去四廉,常鞭用熟靼不去廉,作鹄头,纽长一尺一寸,鞘长二尺二寸,广三寸,厚一分,柄长二尺五寸。"清代的鞭刑施用广泛,兵部督捕房的鞭刑具一般以马鞭为主,既鞭打马匹又鞭打人犯,成为两用刑具。

6. 老虎凳

老虎凳,由横凳和垂直的柱子或者靠背组成,两者呈90度。老虎凳始于清代,起源虽晚,流传却广。用刑时把犯人绑坐在长板凳上,上身和双手被绑在背后连着长板凳的木架上,双腿在凳面上伸直,膝盖以上的大腿用绳绑在凳上,于小腿与板凳缝中或脚跟下置放砖块,使受刑人的双脚向上抬起,通过牵拉腿部的关节韧带,给受刑人造成巨大的痛苦,导致肌肉撕裂甚至骨折。

老虎凳

站笼

7. 站笼

站笼,又称"立御",明清时期出现的刑具兼戒具。因囚犯套重枷昼夜站立而得名,和我国南北朝时期的"测罚"形异实同。枷重一般150斤,有的重达300斤。明朝厂卫所用的最毒刑罚就是用站笼拷囚,一经使用,犯人无不死亡。清代浙江等省以木制笼,笼顶加枷,开一圆孔,套于囚犯颈部,脚下可垫砖若干块,受罪的轻重和苟延性命的长短,全在于抽去垫砖的多少。

> **相关知识**
>
> 中国古代各种残酷的刑罚中,最惨无人道的莫过于凌迟。凌迟也称陵迟,即民间所说的"千刀万剐"。凌迟本意为"缓缓的山丘"。用于死刑名称,则是指行刑时将人犯身上的肉一刀刀割去,使受刑人痛苦地慢慢死去。凌迟在秦汉就已经出现。五代时期才合法,正式定名"凌迟"的是辽。在明朝以及明以前,这种刑罚主要用于处罚那些十恶不赦的犯罪,如谋反、大逆等。到了清朝乾隆时期,打骂父母或公婆、儿子杀父亲、妻子杀丈夫等触犯伦理道德的重罪,也要处以凌迟刑。戊戌变法后,清廷不得不顺应潮流对传统的弊政进行改革。光绪三十一年(1905年)修订法律大臣沈家本奏请删除凌迟等重刑,清廷准奏,下令将凌迟和枭首、戮尸等法"永远删除,俱改斩决"。

二、西方国家的刑具

古代西方国家的刑罚也相当残酷,采用各种刑具来惩罚威慑犯人。比如,柳条人,即用柴枝和茅草制成人形的刑具,把受刑者关在里面,然后在下面点燃着烈火,将其活活烧死。随着科技和文明的进步,现代刑具的改革逐渐向人性化发展,就死刑刑具而言,重在减少犯人的痛苦。在此,我们重点介绍三种西方国家的死刑刑具。

1. 十字架

十字架是一种古代执行死刑的刑具,曾流行使用于波斯帝国、大马士革王国、犹大王国、以色列王国、迦太基和古罗马等地,常用以处死叛逆者、异教徒、奴隶和没有公民权的人。刑具的形状是两条架成十字形的原木。行刑前,犯人会先行背着十字架的横木游街,直至走到行刑场所。行刑方法是先把犯人的双手打横张开,并用长钉穿过前臂两条骨之间,把手臂钉在一条横木上,再把横木放在一条垂直的木上,再把双脚钉在直木上面,然后把十字架竖起来,任犯人慢慢死去。若时限已到犯人还未死去,看守者会把犯人的双腿打断,加速犯人的死亡。

十字架

2. 断头台

断头台是一种执行死刑之器具,用以将犯人的头斩去。断头台由一个高的直立架和一块刀片组成,而刀片则用绳索悬挂在顶部。当执行死刑时,刀片垂直坠落,把头从身体截断。以法国为例,断头台的铡刀呈梯形,刀刃斜向,重约 40 公斤,其木制支架高 4 米(也有高 4.5 米的),支柱间距 37 厘米,断头台总重约 600 公斤。断头台设有木枷以固定犯人的头部,刀片与地面底槽的落差约 2.25 米,垂落的速度可达约每秒 7 米,能快速有效地斩断犯人的颈项。根据历史记载,断头台起源于法国并且是该国执行死刑的最主要方法。1981 年法国废除了所有由断头台执行的死刑,断头台从此完成了其历史使命。

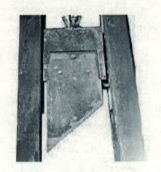

断头台

> **相关知识**
>
> 路易十六(Louis XVI,1754 年 8 月 23 日～1793 年 1 月 21 日)是法国波旁王朝的国王,于 1774～1792 年在位。
>
> 路易十六性格优柔寡断,即位后多次更换首相和部长,任由内阁内讧,从激进的改革到保守的节俭措施,政策变化无常。路易十六无心朝政,经常来到自己的五金作坊里,与各式各样的锁为伍,路易十六制锁的技术很高,且极富创意,几乎每一把锁都是一件艺术品。18 世纪 80 年代法国陷入财政危机后,路易十六经常借打猎等活动逃避复杂的国事。1789 年 5 月,他在首相雅克·内克等人的敦促下召开三级会议,

但拒绝第三等级制宪的要求,导致同年 7 月 14 日法国大革命的爆发,被迫签署《人权宣言》,10 月后从凡尔赛宫迁居巴黎。

1791 年 6 月 20 日,他化装成平民乘马车出逃,结果被发现,被押送回巴黎,扣押在杜伊勒里宫。同年 9 月他批准宪法,自称"法兰西人的国王"。1792 年 4 月他对奥地利宣战,8 月 10 日巴黎人民革命后被捕,同年 9 月君主制被废除。1793 年 1 月 16 日—17 日他被国民公会判处死

路易十六断头台

刑,1 月 21 日被送上断头台。有讽刺的意义是,传说路易十六当年曾亲自参与了断头台的设计。为加速断头台的杀人效率,他还命人将铡刀改成三角形,没想到自己却死在这部杀人利器之下。1989 年 7 月 14 日,法国庆祝革命 200 周年的庆典上,法国总统密特朗表示:"路易十六是个好人,把他处死是件悲剧,但也是不可避免的。"

电椅

3. 电椅

电椅是以电流使犯人因触电而死亡的工具,在 20 世纪的美国经常使用。在使用电椅时,犯人会坐在椅上,头和腿上各拴着一个电极。当行刑者为电椅通电后,约 8 安培的电流会通过犯人,使其内脏受损而死。美国的纽约州政府于 1889 年 6 月 4 日正式采用电椅作为处决工具,1890 年 8 月 6 日美国奥本监狱执行了第一例电椅死刑,1980 年代美国开始以注射方式取代电椅。

> 对国家机关,法无授权即禁止;对人民大众,法无禁止即许可。
> ——[德] 马克思

第二节　警　械

警械,是指警察按照规定装备的警棍、催泪弹、高压水枪、特种防暴枪、手铐、脚镣、警

绳等警用器械。警械是警察履行职责时依法所使用的专门器械，是保障警察维护社会秩序、履行职责的一种基本装备。同时，警械和武器的使用是警权中最为强烈的暴力，直接威胁到相对人的生命权和健康权，因此，现代法治国家都严格规定了警械的使用条件和法律责任，以防警察权力对公民人权的不法侵犯。

一、警械的分类

警械的内容在不断更新，为了更好地维护社会秩序，近年来也出现了一些新型警械。总的说来，警械可分为以下四大类。

1. 驱逐性、制服性警械

驱逐性、制服性警械主要包括警棍、电击器、麻醉枪、高压水枪、催泪弹、爆震弹、闪光弹等。其中，警棍最为常用。警棍的种类很多，由木头或金属等制成，可进攻也可防守。也有部分警棍被改装至拥有更大的攻击力，包括装有火器、喷雾器、电击或催泪等。

警棍

手铐

2. 约束性警械

约束性警械是为了防止犯人自杀、逃跑、行凶或进行其他破坏活动而采用的约束人身的工具，主要包括警绳、手铐、脚镣等。手铐是最常用的警具，是一种束缚人手腕的装置，多为金属制。它一般分为连接链式和板铐两种，现在以板铐居多。现代的手铐为了避免被轻易地开启，大多数具有双重锁的功能。除了手铐外，常见的还有铐住拇指指结的拇指铐与铐住脚腕的脚镣，与手铐不同的地方在于其铐环半径与重量，手铐的重量一般为0.3公斤左右，而脚镣常见的重量为1～3公斤左右。

3. 自卫性警械

自卫性警械主要包括防弹衣、头盔、盾牌等。防弹衣是用来吸收枪支发射的子弹或爆炸的碎片的冲击力量的个人身体护具。现在，世界各地警察机关使用的盾牌主要有防暴盾和防弹盾两种，防暴盾被用作控制暴乱，多为镇暴部队所使用，用于抵挡小型爆炸所产生的碎片、投掷物品、汽油弹，以及在近身攻击中提供保护。防弹盾通常由特种警察于高度危险的环境使用，用作抵抗武装罪犯的枪械攻击。

4. 震慑性警械

震慑性警械主要包括警笛、警报器、红色回转警灯等。

二、警械的使用条件

在四类警械中，与公民权利最为密切的是驱逐性、制服性警械和约束性警械的使用，我国《人民警察使用警械和武器条例》明确规定了这两类警械的使用条件。

1. 驱逐性、制服性警械的使用条件

（1）主体条件

只有人民警察才有权使用驱逐性、制服性警械，非人民警察未经法律、行政法规的授权，都无权使用。

（2）对象条件

人民警察只有在以下情形下才可使用驱逐性、制服性警械：

① 结伙斗殴、殴打他人、寻衅滋事、侮辱妇女或者进行其他流氓活动的；
② 聚众扰乱车站、码头、民用航空站、运动场等公共场所秩序的；
③ 非法举行集会、游行、示威的；
④ 强行冲越人民警察为履行职责设置的警戒线的；
⑤ 以暴力方法抗拒或者阻碍人民警察依法履行职责的；
⑥ 袭击人民警察的；
⑦ 危害公共安全、社会秩序和公民人身安全的其他行为，需要当场制止的；
⑧ 法律、行政法规规定可以使用警械的其他情形。

（3）程序条件

人民警察使用驱逐性、制服性警械必须事先向当事人发出警告，经警告无效后，才可以使用这些警械。所谓警告，是指以口头语言或者其他方式向违法犯罪人员发出立即停止违法犯罪活动，否则将受到强行处置的告诫。所谓警告无效，是指违法犯罪人员经警告后，非但没有停止，反而继续实施违法犯罪行为或者拒不服从人民警察命令的情形。

（4）限度条件

人民警察使用驱逐性、制服性警械，应当以制止违法犯罪行为为限度。这种警械具有较强的攻击性，易对人身造成伤害甚至生命危险。因此，在使用过程中必须遵循必要、择轻、适度的原则。例如，对违反计划生育等抗拒政令的行为，对违反道德行为等，均不能使用警棍等警械。如果使用威力较轻的警械能够明显制伏的，就不能使用威力较重的警械。一般情况下，不能对怀孕妇女、老年人，身体有明显残疾的人、病人和儿童使用警棍等

警械。

2. 约束性警械的使用条件

我国《人民警察使用警械和武器条例》第 8 条规定：人民警察依法执行下列任务，遇有违法犯罪分子可能脱逃、行凶、自杀、自伤或者有其他危险行为的，可以使用手铐、脚镣、警绳等约束性警械：

（1）抓获违法犯罪分子或者犯罪重大嫌疑人的；

（2）执行逮捕、拘留、看押、押解、审讯、拘传、强制传唤的；

（3）法律、行政法规规定可以使用警械的其他情形。

人民警察依照前款规定使用警械，不得故意造成人身伤害。

> **相关知识**
>
> 近年来，我国多起警察枪击案备受关注，警察如何使用枪支武器问题引发公众热议。比如 2006 年 5 月 19 日，贵州六盘水的陈军因卷入家庭纠纷，在"同警察贴身扭打，并有强烈的夺枪动作"时（警方说法），被警察在"无意识状态下"一枪毙命；2007 年 11 月 13 日，广州珠江医院副教授尹方明，因"不配合警方盘问"（警方说法）中弹身亡；2009 年 8 月 17 日，四川籍男子杨加赵因与警官张继红飙车发生纠纷，在"用胶棒拍击警察车窗，推开手枪转身逃跑"（警方说法）后，身中三枪，且均为要害部位，当场死亡；2012 年 1 月 12 日，贵州关岭县坡贡镇的郭永华、郭永志，在熙熙攘攘、人流如织的大街上，被该镇派出所副所长张磊连开 5 枪毙命，其中 2 枪对着脑袋、枪枪致命……
>
> 警察使用武器，事关公民生命安全，因此，各国立法对此都十分慎重，往往规定有严格的适用条件、程序和救济措施。以日本为例，为避免使用枪支进一步刺激犯罪分子，日本法律规定，警察在用枪指向犯罪分子并起不到威慑作用时，可向天空等安全方向开枪；再次开枪时，需口头警告对方"我要开枪了"，并且均要向上级汇报。
>
> 我国《人民警察使用警械和武器条例》第 9 条规定：警察判明有 16 种暴力犯罪行为的紧急情形之一，经警告无效的，可以使用武器。但关于何时对天警告性开枪，何时允许直接对嫌犯射击，何时可以射击嫌犯非要害部位，何时能射击嫌犯要害部位等均未提及，何谓"紧急情况"也需要警察自己考量，最终导致因警察击毙嫌犯引发争议不断。尽管我国公安部门针对不同警情规定了分级使用武力的标准，也规定了警察开枪的事后报告、调查制度，但遗憾的是，在我国相关立法及警务实践中，对于开枪事件的事后处置仍然失于粗疏和草率。如及时公开信息、实施心理干预等方面做得不够；勘验、调查工作仍由案发地公安机关负责，导致人们对警方是否存在"偏袒"，调查结论是否客观、公正产生疑虑。因此对于警察如何用枪，我国立法仍有进一步细化的必要。

> 法律需要被信仰，否则它形同虚设。
>
> ——[美]伯尔曼

第三节 法袍和法槌

法袍和法槌是重要的法庭器具，不仅是法官身份的象征，也是一种诉讼法律文化符号，它体现了人们经由历史传承和发展的关于司法的知识、观念和态度。法袍和法槌所创造的礼仪性和神圣感可以帮助法官说服、劝诫甚至强制当事人接受他们做出的判决，达到"匡复正义、衡平秩序"的法律目的。

一、法袍

大多数西方国家的法官都穿法官袍，英国的法官不仅穿法官袍，而且还戴假发。我国自 2000 年 5 月起，中级以上人民法院法官一改以往大盖帽军警式法官制服，统一换装为黑色的法官袍。

1. 西方法官袍的象征意义

（1）神秘。法官是世俗之人，但由于法律授予法官巨大的权力，因此须用法官袍把法官包装起来不与案件当事人在庭外接触，与其他不应接触的人也须保持一定的距离。让法官与世俗世界借距离产生神秘感，树立权威和公正。

（2）独立。法官是法律之下的法官，只对法律负责，独立思维，独立裁判。

（3）中立、被动、消极。法官袍是一种不适合野外工作的服饰，意味着法官的权力只能在法庭内行使，只可以在当事人有求于法院时才能行使。

（4）庄重。严肃黑色代表凝重、理性，法官在裁判时必须逻辑严谨，时刻警惕激情和偏见。

（5）文化品位。法官袍与硕士服、博士服最为接近，具有较高的文化品位，同时穿长袍的人有长者风范、经验丰富，也体现出法官是一种文职官员。

> **相关知识**
>
> 有些国家尤其是海洋法系国家，法官在诉讼中须戴假发。之所以戴假发，其隐喻是因为要给公众——无论是庶民还是嫌疑犯——以一种经验老到的感觉。事实上，英美法系的法官是经过严格的考试、培训和长期的审判经验训练出来的，大部分法官

法官假发

都经过几十年的锤炼,不但具有一流的法学知识,而且具备了高超的法律操作技术,在长期的审判中获得了国家和社会的尊重。法官的高贵和神秘是立法的吵闹、总统的风光不可比拟的,其背后的司法权力可与立法权、行政权并行不悖,而又相互独立。假发是体现法官这种独立权力的桂冠。银色的假发还代表德高望重。法官戴上假发会给人持重、信守法律而又主持正义的威严形象感,会引申出法律的神圣与威严之意。因此,假发不具有实际效用,而是象征戴假发的人的某种威信。假发与人的结合,塑造了法律的特殊意义,它具有表达法律文化和法律精神的符号,揭示了法律在特定场合下的实践,修饰、美化了法律实践的正义环境,象征法官在这种实践中的权威性力量,也喻示了法律作为实践中的知识,在对待是非问题上不但持守正义,而且也是相当稳重的。①

2. 我国法官服的变化

我国法官服的变化从一个侧面生动形象地体现了我国法制发展的进程。1949 年以后的一段时间,我国法官一直没有统一的制服。当时,稍加改良的中山装成为男装的主要款式,而女装也只是在男装的款式上稍加改变,当时人们称这种服装为"干部服"。1980 年底,最高人民法院特别法庭在审判林彪、江青反革命集团案的 10 名主犯时,法官、检察官、书记员统一穿的就是藏青色毛料中山装。

我国法官在审判活动中统一穿着制服的历史开始于 1984 年 5 月 1 日,当时的审判服式样为肩章和大檐帽式制服,质地为的确良。在其后的 10 余年中曾有过 3 次改变,但一直沿袭了肩章和大檐帽等装饰,与军警制服颇为类似,只是在颜色和材料上略有变化。

法官袍

随着社会主义民主法制建设的不断发展和完善,国际间的司法交流不断增多,对法官的形象提出了更高的标准。为了体现中国法官的公正形象,从国情出发并借鉴国外的有益经验,经国务院批准,2000 年人民法院的审判服开始进行改革。这次服装改革的主要内容:新式审判服按照管理体制要求,全国统一颜色、统一款式、统一标志;新式审判服取消大檐帽、肩章和领花,采用胸徽作为审判人员和检察人员的司法标志;新式审判服为佩戴胸徽的西服式制服,颜色选用国际上司法人员通用的深色;人民法院审判人员开庭审理案件时,逐步改着黑色法官袍。

法官袍的设计具有深刻的涵义:法官袍为黑色散袖口式长袍,黑色代表庄重和严肃;

---

① 易军:《诉讼仪式的象征符号》,《国家检察官学院学报》2008 年第 3 期。

红色前襟配有装饰性金黄色领扣,与国旗的配色一致,体现人民法院代表国家行使审判权;四颗塑有法徽的领扣象征审判权由四级人民法院行使,同时也象征着人民法院忠于党、忠于人民、忠于事实、忠于法律。法官穿着法袍象征着成熟的思想和独立的判断力,并表示始终遵循法律,对国家和社会负责。

鉴于我国目前大部分基层人民法院的审判场所简陋,且群众对法官袍的认识和接受还需要一定时间,因此法官袍暂限中级人民法院以上有关人员开庭审理案件时穿着。按照最高人民法院制定的《人民法院法官袍穿着规定》,在法庭开庭审判案件、出席法官任命或者授予法官等级仪式时,法官应当穿着法官袍。法官出席重大外事活动以及重大法律纪念、庆典活动,可以穿着法官袍。除此之外,法官在其他场合都不得穿着法官袍。

> **相关知识**
>
> 我国法官誓词:我是中华人民共和国法官,我宣誓:忠于祖国,忠于人民,忠于宪法和法律,忠实履行法官职责,恪守法官职业道德,遵守法官行为规范,公正司法,廉洁司法,为民司法,为维护社会公平正义而奋斗!
>
> 美国法官誓词:我希望能够有效、有序地主持庭审,使其不但成为一个能够作出公正判决的法庭,同时也能让所有出庭的人感受到公正和客观;我希望我能永远牢记,最重要的案件就是我正在审理的案件,因此我必须做到精力高度集中;我希望对自己的法律知识永不感到满足、懈怠,我将避免由于过于自信而不再对相关法律进行认真研究的现象;我将不在法庭上进行讽刺挖苦,因为我知道法官的一言一行,无论对治愈创伤还是造成创伤都将有深远的影响;我希望我将永远不会忘记我第一次出庭时的紧张不安,尤其是当一位新律师在我面前出庭时;我知道我作出的所有判决都得到上诉法院的支持是不可能的,一旦被改判,我想我会理解上诉法官也需要一份工作来维持生计,而且他们比我要聪明;我希望在我对罪犯量刑时,将永远牢记公众的利益,同时也不忘记一个联邦法官对人类生命和人的价值所具有的重大权力;我希望在解决重大疑难案件时,我有决心和能力,并且能够保持立场,不动摇;我将永远不会过于自信,以致停止寻觅自身的偏见和成见;我祈祷,当我法官生涯结束时,无论是在明天早晨还是在 30 年以后,别人都会说我的工作是完美的、为人是诚实的;我为美国的司法体制增了光,并且为人类的生命和正义贡献了我微不足道的力量。

二、法槌

法槌是司法实践中的一个重要标识物,是法官身份的象征,具有维持法庭秩序的功效,同时也增加了法律的权威性,起到了所谓的"一锤定音"的作用。法槌,在我国古代俗称"惊堂木",是一块长方形的硬木,有角儿有棱儿,取"规矩"之意,具有严肃法堂、壮官威、震慑受审者的作用。

现在我国法庭使用的法槌制作精巧。法槌及其底座均选用优质的实木制作,共分为两部分,一部分是底座,一部分是法槌,分别重1 500克和500克。底座是18厘米的正方形,高度为3厘米,底座的四角镶嵌着蝙蝠形的白色铜花。用铜丝围成的8厘米见方的正方形镶嵌在底座的中间,摆放其上的法槌总长度是26厘米,槌部高3厘米,直径4.5厘米,槌部两端呈对称的半圆形,中间的圆柱形上用黄色的铜片包着,铜片上面刻着法槌所属的法院名称。

法槌槌身及底座质地坚硬而有光泽,抗弯曲耐腐蚀,寓指人民法官刚直廉洁、坚韧不拔的优秀品质。底座以"矩"制形,与法槌方圆相衬,既寓意司法公正,又取"智圆行方"之意,象征法官应成为智慧和正义的化身。槌、座相击,声音清澈坚定,烘托出法庭的庄严神圣。槌体顶部镶嵌的天平铜片象征公平正义。槌体的正上方雕刻着传说代表公正的独角兽,寓意法院应保持廉洁公正的形象。法槌的手柄部分加刻麦穗和齿轮,寓意法院的审判权是人民赋予的。

最高人民法院规定了法槌使用的操作程序:法庭开庭或继续开庭,先敲槌后宣布;休庭或闭庭,先宣布后敲槌;判决或裁定,也是先宣布后敲槌。法官在维持法庭秩序时,可酌情敲击法槌,诉讼参与人及旁听人员听到槌声后,应立即停止发言和违反法庭规则的行为。

法槌

相关知识

法庭布局是诉讼文化的外在体现。法庭如何进行布局,是有一番考量的。法官席、公诉席、辩护人席、被告人的相对位置,除了体现预期要实现的诉讼功能之外,还体现了诉讼的基本精神和基本结构。

在英美法系国家,法庭布局与其对抗制诉讼的精神有着鲜明的对应关系。英美国家的法庭直接连接法官的办公室,法官从自己的办公室打开一扇门便进入自己的法庭。办公室可以作为法官与当事人双方律师进行某些私下协商的场所,协商的事项为诉讼的某些准备活动或者不宜公开——特别是不宜向陪审团公开的某些事项,这种私下协商切不可理解为妨碍司法公正的秘密交易。在法庭中,法官坐于审判席,居中,居高,取临下之势。法官席所处位置和高度,昭示法官乃主持公道之人,恪守其中立性,与当事人双方保持等距离,持不偏不倚之态度。法官席前为速记员席位,速记员负责法庭记录。一般来说,法官左手乃为证人席,证人面向双方当事人席,为陪审团所能观察。证人坐而为证,接受双方律师询问和盘诘。法官左前方为陪审团席,陪审员往往前后两排坐,其视线及于法官、证人和当事人双方。12名陪审员固缄默不语、耐心听讼,事实存否之认定大权操于其手,乃责任重大之人也。法官席对面为辩护席(法官右手)和检察官席(法官左手),辩护席和检察官席并排,无高下之分,这是控辩双方地位平等的表现。

　　大陆法系国家,如德国、法国等,其法庭布局与英美法系国家的法庭布局有一定差异。比如,法国重罪法庭是椭圆形模样,3名法官居中端坐,两翼分坐9名重罪案件的陪审员,检察官则坐在12名裁判者(法官和陪审员)的审判席的一侧,与审判席接近。被告人席在他们的对面,被告人前面与之紧邻的是辩护人席。法庭审判中,被告人可以与辩护人进行交流。证人在法官对面的位置作证。这种椭圆形布局,便于多达12个人的裁判者一字排开就座时视野不被遮挡,可以在各个角度看到法庭活动。在没有陪审团而单由法官审理案件的法庭,并非采椭圆结构,法官居中,检察官坐法官右手,辩护人坐法官左手,被告人在辩护人席后面,位置高于辩护人席。德国的法庭格局同样是法官席居中,较为特别的是公诉席,与法国法庭布局中公诉席的位置相似,作为官方"护法人"的检察官与法官位置一样,辩护人席与检察官席相对,但高度逊于对方,体现了诉讼职权主义的特点。

　　当代诉讼中的法庭布局着重体现当事人对等原则,依此原则双方皆立于同等地位,与公平原则颇相符合。由于政府权力过于强大,抑制这些权力,使其正当行使,同时提升辩护一方的地位、扩大其权利,使其能够尽可能对控诉方的进攻进行卓有成效的防御,这样做的最终目的不是确保有罪的人逍遥法外,而是在诉讼中达到一种适当的平衡,使无辜的人不被错误处罚。法庭布局上平等竞争关系的展示,透露出的基本诉讼精神即是如此。

　　改革开放以来,我国(大陆地区)法庭布局一直是法官席居中,审判长在法官席中央,其他审判员或者人民陪审员坐在审判长两侧,书记员在法官席一端。公诉席和辩护席在法官席的两翼,与法官席同高。公诉席在法官的右手(即法庭左侧),辩护席在法官的左手(即法庭右侧),呈现扇形向旁听席略为张开。被告人在法官席对面,面向法官。这种法庭布局曾有过一次调整:将书记员席分出来,布置在法官席前面,位置低于法官席;将公诉席与辩护席拉低,位置同样低于法官席;明确被害人及其诉讼代理人的位置在公诉席右侧;证人位置在控诉方与被告人之间,面向审判席;被告人位置不变。这一法庭布局的变化,形式上公诉人处于与辩护人同等的地位,法官裁判的尊崇地位突显出来。这种布局试图强化公诉机关的"原告者"地位,体现控辩平等的精神。不过,这只是形式上的变化,实质上我国的检察制度是在苏联影响下建立起来的,检察机关在宪法地位和诉讼地位上与法院比肩,其司法职能使其在诉讼中占有天然优势。只有将检察机关当事人化,才能使外在的法庭布局与内在的诉讼结构相一致。另外,我国的法庭布局还存在缺陷,即被告人与其辩护人的位置相距甚远,不仅会增强其孤立无援的感觉,而且被告人无法与其辩护律师随时交换意见,不能及时商议防御对策,这是法庭布局的一个明显缺陷,因而辩护人与被告人同席列坐于法庭右侧,应成为法庭格局调整的方向。①

 拓展阅读

《论犯罪与刑罚》简介

《论犯罪与刑罚》,作者贝卡里亚,中国大百科全书出版社2003年出版。

意大利刑事古典学派创始人贝卡里亚的这部著作,篇幅不大但影响却极为深远。该书初版于1764年,是人类历史上第一部对刑罪原则进行系统阐述的著作。全书洋溢着伟大的人道主义气息,它对刑讯逼供和死刑进行了愤怒的谴责,鼓吹刑法改革,极力推介罪刑相适应的近代量刑原则。该书被誉为刑法领域里的最重要的经典著作之一。

影片《绿里奇迹》

《绿里奇迹》的导演为弗兰克·达拉邦特,主演为迈克尔·克拉克·邓肯、汤姆汉克斯等。

1935年,美国南部惨淡肃杀的冷山监狱,有个编号为E区的监舍,里面住的皆为死囚,在监舍的另一头便是行刑用的电椅,因为走廊地板是绿色的,人称之为"绿里"。在本片中可较为直观地看到美国电椅行刑的场景。

 思考题

一、名词解释

1. 刑具 2. 桎梏
3. 十字架 4. 断头台
5. 约束性警械

---

① 张建伟:《法庭布局:诉讼文化的外在体现》,《人民法院报》2012年3月23日。

二、讨论题

随着犯罪手段的智能化和科技化,传统警用装备向智慧警务发展已成为推动公安工作转型升级的重要载体。请结合本章内容进行讨论,智慧警务建设有何意义？智慧警务的运用应该注意哪些问题？

主要参考文献

1. 一正：《西窗法语》，花城出版社1998年版。
2. 王娜娜、高健：《法律文化通识读本》，南京大学出版社2011年版。
3. 马小红：《礼与法：法的历史连接》，北京大学出版社2004年版。
4. 马小红：《中国古代社会的法律观》，大象出版社2009年版。
5. 郭建：《中国法文化漫笔》，东方出版中心1999年版。
6. 马作武：《中国古代法律文化》，暨南大学出版社1998年版。
7. 钱弘道：《英美法讲座》，清华大学出版社2004年版。
8. S. F. C. 密尔松：《普通法的历史基础》，中国大百科全书出版社1999年版。
9. 勒内·达维德：《当代主要法律体系》，漆竹生译，上海译文出版社1984年版。
10. 约翰·亨利·梅利曼：《大陆法系》，顾培东、禄正平译，知识出版社1984年版。
11. 博登海默：《法理学：法律哲学与法律方法》，邓正来译，中国政法大学出版社2004年版。
12. 哈特：《法律的概念》，中国大百科全书出版社1996年版。
13. 张文显：《二十一世纪西方法哲学思潮研究》，法律出版社1996年版。
14. 麦考密克、魏因贝格尔：《制度法论》，周叶谦译，中国政法大学出版社2004年版。
15. 张文显：《法哲学范畴研究》，中国政法大学出版社2001年版。
16. 沈宗灵：《法理学》，北京大学出版社2001年版。
17. 舒国滢：《法理学阶梯》，清华大学出版社2006年版。
18. 孟昭阳、高文英：《行政法与行政诉讼法学》，中国人民公安大学出版社2017年版。
19. 皮纯协：《行政法与行政诉讼法教程》，中央广播电视大学出版社2005年版。
20. 董和平：《宪法学》，法律出版社2018年版。
21. 樊崇义：《刑事诉讼法学》，中央广播电视大学出版社2005年版。
22. 张新宝：《〈中华人民共和国民法总则〉释义》，中国人民大学出版社2017年版。
23. 杨玉奎：《古代刑具史话》，百花文艺出版社2004年版。
24. 孙谦、韩大元：《立法机构与立法制度》，中国检察出版社2013年版。
25. 胡旭晟：《狱与讼：中国传统诉讼文化研究》，中国人民大学出版社2012年版。

图书在版编目(CIP)数据

法律文化纲要/张志京主编. —2 版. —上海：复旦大学出版社，2020.4（2023.1 重印）
ISBN 978-7-309-14892-3

Ⅰ.①法… Ⅱ.①张… Ⅲ.①法律-文化-中国-高等学校-教材 Ⅳ.①D909.2

中国版本图书馆 CIP 数据核字(2020)第 034719 号

法律文化纲要
张志京　主编
责任编辑/张　炼

复旦大学出版社有限公司出版发行
上海市国权路 579 号　邮编：200433
网址：fupnet@ fudanpress.com　http://www.fudanpress.com
门市零售：86-21-65102580　团体订购：86-21-65104505
出版部电话：86-21-65642845
上海崇明裕安印刷厂

开本 787×1092　1/16　印张 13.75　字数 277 千
2020 年 4 月第 2 版
2023 年 1 月第 2 版第 3 次印刷

ISBN 978-7-309-14892-3/D・1022
定价：45.00 元

如有印装质量问题，请向复旦大学出版社有限公司出版部调换。
版权所有　侵权必究